Digital Work-Shift

デジタル・ワークシフト

マーケティングを変えるキーワード30

栗木 契+横田浩一 編著

産学社

序章

デジタルで、打って出よう

マーケティングの次へ

「売上げは、すべてを癒やす」といわれてきた。売上げの伸びは企業に、組織としての成長をもたらし、未来に向けた展開の可能性を広げる。

しかし売れない時代に突入すると、そうもいかない。

売上げの大きな成長は見込みにくく、投資は絞らざるをえない。一方で、市場の変化には素早く対処しなければ生き残れない。

この新たな環境に適した動きをどのように導くか。

時代とともに変わってきたマーケティング課題

日本の産業の歩みを振り返ると、20世紀後半の成長の時代にあっては、多くの産業が、製品ライフサイクル概念でいうところの成長期を謳歌していた。各企業は、売上げの伸びを競い合っていた。

ヒット商品を次々に生み出す。販売網を全国に張り巡らし、整える。坂の上をめざして駆け上がる競争である。

とはいえ、そこは市場の全体が拡大していた時代である。市場シェアを多少落としても、企業は売上げの伸びを確保できた。

やがて国内における産業の多くが成熟期を迎える。20世紀が終わり、新たな世紀がはじまる前後の時期である。激化する国内市場のパイの奪い合いのなかで、市場シェアをいかに維持し、利益を確保するかが、多くの企業にとってのマーケティング課題となっていく。

この時代に台頭し、マーケティングにおける実務と理論の花形のテーマになっていったのが、顧客関係管理(CRM)であり、ブランド管理であり、営業革新であった。すなわち、新規顧客の獲得よりも、獲得した顧客の維持をめざす。画期的な新商品の投入よりも、投入してきた商品から構築されたブランド・イメージの活用をはかる。拡大志向の営業よりも、ITを活用した効率志向の営業を重視する。

これらのテーマをかかげたマーケティング・セミナーが各所で開催され、コンサルティング手法の開発が進み、学界との共同研究が活発化する。そんな時代がしばらくつづいた。

俯瞰すれば、そこでは多くの企業が、国内にあっては守りを固めるマーケティングへの移行を果たししつつ、生みだされたキャッシュを勃興するアジアをはじめとする海外の成長市場に投入するというストーリーを描いていたことになる。これは、「持たざる者のマーケティング」から、「持てる者のマーケティング」への移行だったと見ることもできる。

潮目の変化

時の歩みは止まらない。すでに世紀の変わり目から18年目である。

前世紀末から伸びが鈍化していた日本の総人口は、２００８年をピークに減少へと転じている。この変化は、企業が国内の競争を勝ち抜き、市場シェアを伸ばしても、売上げは減少することが珍しくない時代がはじまっていることを意味する。

企業城下町という言葉がある。現代にあっては、産業を代表する巨大企業は、天下の名城に比べられる。しかし中長期的に見れば、今後の国内の需要は確実に先細る。すなわち、肝心のお城の地盤が、時とともに沈下していくことが避けがたいという事態に多くの企業が直面しているわけだ。ここでお城に立てこもり、ＣＲＭやブランド管理や営業革新といった守りのマーケティングをつづけても、消耗戦に耐えながら、徐々に力を落としていく以外の将来の見通しは描けない。

事態を打破するには、既存の事業や産業の枠組みの外に打って出る必要がある。

この外部拡張のひとつの道筋が、グローバル化だった。しかし今後をにらむと、中国をはじめとする新興国の経済成長は鈍化しつつあり、世界経済の成長エンジンとしての期待は低下しつつある。

技術進化がもたらす成長のフロンティア

わが国の経営戦略論をリードしてきた三品和広氏の論考をふまえると、既存事業の枠を超えた成長を導くには、以下の３つの道筋があるといえそうだ（『経営戦略を問いなおす』ちくま新書、2006年)。第1は、既存事業とは異なる、新たな産業に参入する「多角化」である。第2は、既存事業に連鎖する、前と後の業務プロセスを自社で手がけるようにする「垂直統合」である。第3は、既存事業を営むエリアを拡大する「地域展開」である。

このように整理してみることで、グローバル化は地域展開のひとつであり、その鈍化によって、既存事業の枠を超えた成長の可能性のすべてが閉ざされてしまうわけではないことに気づく。

多角化と垂直統合。とはいえその先に広がるのは、既存企業がひしめく他産業への侵攻、あるいは未知の潜在需要の掘り起こしといった課題である。経験に富んだ経営者やマーケティング担当者であれば、いずれも難所の連続となることを覚悟するはずである。

「八方塞がりだ」と、さじを投げたくなるが、まだ早い。

企業が事業の成長を果たしていく道筋は、もうひとつある。技術進化の活用である。マーケティング論の重鎮である田村正紀氏はかつて、第二次世界大戦後に起こったマーケティングの重要な変化として、企業の技術革新への開発投資の増大をあげている(『マーケティング行動体系論』千倉書房、1971年)。

技術進化は市場のフロンティアを拓いてきた。そのための産業の投資は今もつづく。情報処理と通信の分野でつづくデジタル技術の急激な進化は、21世紀以降も止まることがない。

そしてそこから、市場のフロンティアが続々と生まれている。

伸び悩む既存の小売産業や広告産業を尻目に、アマゾンや楽天などのEコマース企業、あるいはサイバーエージェントなどのインターネット広告企業の成長がつづく。リクルートはデジタル技術を活用して、教育や住宅リフォームなどの新たな事業領域への参入を果たしている。アップルやアマゾンも、デジタル技術をテコに自動車産業への参入をねらっている。

これらの企業は、デジタル技術を取り入れた新しいマーケティングの展開に乗りだすことで、市場のフロンティアとの出会いを果たしている。こうした動きが近年、各種の事業展開の道筋、すなわち既存の産業内においても、多角化においても、垂直統合においても、そして地域展開においても、共通して新展開を生みだすようになっている。

デジタル・マーケティングは――かつてのCRMやブランド管理や営業革新がそうであったように――今や単なるツールやテクニックではなく、企業の総合的な経営の課題となっているのである。

本書のねらい

本書では、デジタル技術の進化から急速に広がっているマーケティングの可能性を、30のキーワードのもとで検討していきたいと考えている。

しかしいつの時代にあっても、フロンティアとは混沌とした空間だ。進化の止まらないデジタル・マーケティングの未来を指し示す確実な羅針盤があるわけではない。

本書もまたその例外ではない。

では、本書は読者の皆さんに何を提供できるか。

本書が向かうのは、デジタル時代のマーケティングの予測ではなく、省察(Reflerction)である。省察とは、起こった出来事の振り返りである。しかし未来に向かうのに、過去の振り返りが、なぜ有効なのか。

砂漠を進む隊商になぞらえて考えてみよう。

砂漠を迷走することなく、まっすぐに進んでいくには、どうしたらよいか？見渡すかぎり、真っ平らな砂地である。目印となるような山や木、そして羅針盤もない。まっすぐに歩みを進めているつもりでも、ちょっとした身体や隊列の癖で、歩みが右か左に傾く。そのまま歩みつづけていては、ぐるぐると回りつづけ、永遠に砂漠を抜けだすことはできない。

対策は、前を向いて歩みつづけるだけではなく、時々後ろを振り返ってみることである。砂の上に残された足跡を見れば、自らの歩みのゆがみに気づき、軌道修正をはかることができる。

これが省察の働きである。未来を確実に描きだせる人は存在しない。そのなかにあっては、省察を重ねながら未来に向けて進んでいくしかない。

本書は、そのための一冊である。本書では、企業がいかに未来に向けて進むべきかについて選択肢の幅を広げたり、取り組むべき課題についての理解を深めたり、起こりうる問題についての認識の幅を広げたりすることをねらいに、デジタル技術がマーケティングの幅広い領域にもたらしてきた各種の変化を振り返る。そしてそこから、新たな意味や感覚を焦点化していく。

本書の構成

本書が提供するのは、デジタル・マーケティングを総合的な経営の問題として省察するための思考の枠組みである。そのねらいは先に述べたように、各キーワードの用語解説を行うことではなく、各キーワードのもとで現代のマーケティングの新たな課題への挑み方を考え抜くことである。そしてそのために本書では、以下の3つのシフトを取りあげる。これらの3つの問題は相互に関連し、現代のマーケティングが直面する総合的な経営の課題を構成している。

第1は、マーケティングの仕事の進め方のシフト、すなわちマーケティング・プロセスの変化である。

第2は、マーケティングの勝ちパターンのシフト、すなわちドミナント・ロジックの変化である。

第3は、マーケティング人材のあり方のシフト、すなわち人材採用・育成の変化である。

多くの類書があるなかでの本書の特徴は、マーケティング・プロセスの変化とドミナント・ロジックの変化だけではなく、人材採用・育成の変化をあわせて考えようとする組み立てを採用していることである。

デジタル時代にあっては、マーケティング・プロセスとドミナント・ロジックだけではなく、働き方の変化も確実に進んでいる。マーケティングを導くのが人である以上、この時代にあって、人材のあり方に踏み込まないマーケシング論は、空疎である。人が動かなくては、デジタル技術がマーケティング、そして産業の未来を動かすことはない。

加えて本書では、デジタル・マーケティングをツールとしていかに使うかだけではなく、なぜそうしたツールが登場し、影響力を強めているかのロジックを掘り下げて考えるようにしている。省察を未来の経営につなげていくには、こうしたロジックによるレバレッジが役立つからである。

以上の構想のもとに、アカデミアとビジネス界の数々の俊英から、刺激的な論考が集まり、本書は生まれた。本書を読むことが、多くの人にとって、マーケティングそして産業の未来を思い描き、新たなビジネスの船出に乗りだす契機となる。そのような展開を願っている。

2018年2月1日

執筆者を代表して、栗木契

目次

第3部 変わるマーケティング人材（採用と育成がシフトする）

本文ＤＴＰ——ティーケー出版印刷
カバーデザイン——松田行正＋梶原結実（マツダオフィス）
編集担当——末澤寧史

第1部

変わるマーケティング・プロセス

（仕事の進め方がシフトする）

Keyword

エフェクチュエーション

1.

デジタル時代のマーケティング・プロセス

―― 栗木 契

たいへんな時代になった。

デジタル技術の発展により、社会を流通する情報の質と量、さらには速度が大きく変化している。マーケティング環境の流動性は高まり、未来の市場のあり方を見通すことは一段と困難になっている。

未来の予測が難しいなら、予測が成り立たない状況のなかでの合理的なマーケティングの進め方とは、どのような行動かを考えてみるべきではないか。

本章では「エフェクチュエーション」の行動原則に注目し、現代のマーケティングにおける標準的な企画と実行のプロセスとなっている「STPマーケティング」を、エフェクチュエーションがどのように補完するかを検討する。あわせてデジタル環境において、エフェクチェーションが果たす役割がなぜ高まるかを確認していく。STPマーケティングとエフェクチュエーションは、デジタル時代に合ったマーケティングの企画と実行を支える軸の双璧となりそうである。

1.
デジタル時代のマーケティング・プロセス

図1　STPマーケティングのステップ

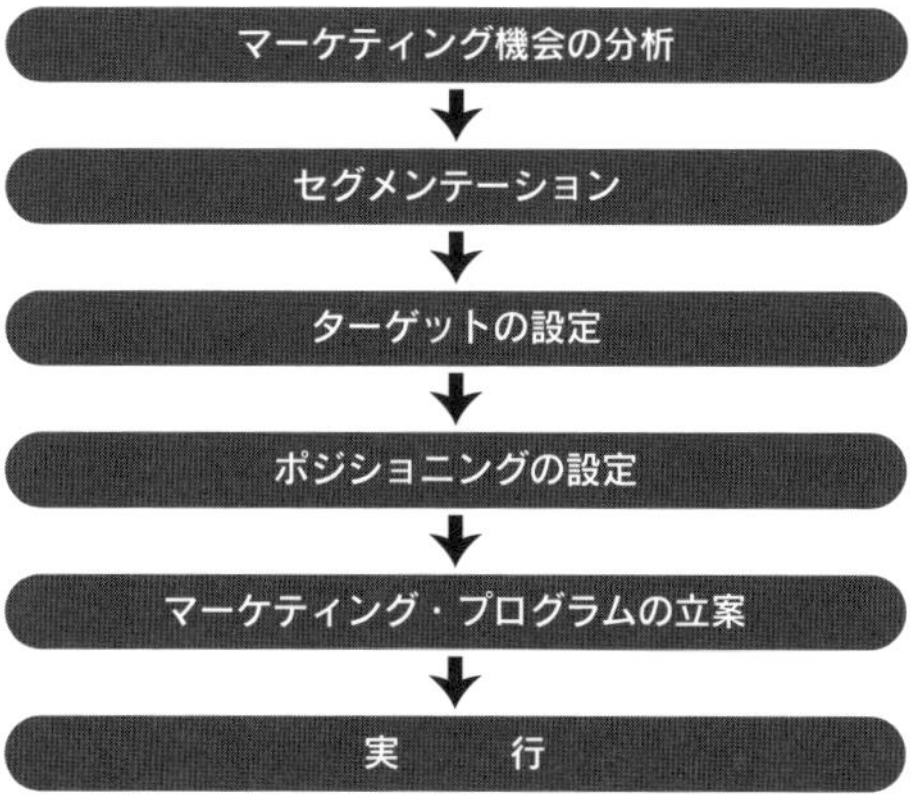

1. STPマーケティング

マーケティング論の世界的権威として知られるP．コトラー氏が提示した「STPマーケティング」は、マーケティングの標準的な企画と実行のプロセスとして、国内外で広く浸透している。

　このコトラー氏が定式化したマーケティング・プロセスは、マーケティングの企画と実行の手順を、図1のように描く（P．コトラー『コトラーのマーケティング・マネジメント ミレニアム版』ピアソン・エデュケーション、2001年）。この手順においては、「セグメンテーション（Segmentation）」「ターゲティング（Targeting）」「ポジショニング（Positioning）」が、全体の要《かなめ》となる。そのためこのプロセスは、「STPマーケティング」と呼ばれる。

本章では、このＳＴＰマーケティングの限界を補う新しい論理として、エフェクチュエーションという市場創造の行動原則に注目する。エフェクチュエーションの有効性は、なぜデジタル市場において高まるのか。スタディサプリの事例を手がかりに考えていこう。

2．スタディサプリはこうして生まれた

2－1．従来型予備校の展開力の限界を乗り越えるウェブ配信

「スタディサプリ」は、株式会社リクルートマーケティングパートナーズが展開するウェブ配信の教育サービス事業である。当初の大学受験講座と高校講座（旧「受験サプリ」）から、現在は中学講座、小学講座、さらには英語学習へと事業を拡大している（栗木契「年一万円受験サプリは採算が取れるか」『プレジデント』3月16日号、２０１５年、同「エフェクチュエーションから生まれた新世代ビジネス」『日経消費インサイト』6月号、２０１５年、同「高校の先生と人工知能、教えるのがうまいのはどっちだ?」『プレジデント・オンライン』6月3日掲載、２０１６年）。

「スタディサプリ」の受講生は、パソコンやタブレット、あるいはスマホなどからアクセスし、Ｗｅｂ配信されるビデオ講義で学習する。「スタディサプリ」の高校講座・大学受験講座には、現在では約1万の講義が用意されており、そこで教えるのは、トップ予備校などの教壇に立ってきた有名講師たちである。

高校生たちは、勉強に加えて、学校行事に部活動と忙しい毎日を送っている。そのなかにあって、特に地方に住む高校生たちにとって悩みとなっていたのが、高度な受験指導を提供する予備校や講師が、東京などの大都市圏に集中していることだった。

「スタディサプリ」は、この従来型予備校の展開力の限界を乗り越えるべく開発された。Ｗｅｂ配信によるビデオ講義であれば、場所や時間に制約されずに勉強できる。また教室が不要なことなどから、低コストの事業展開も可能である。

スタディサプリは、デジタル時代ならではの新しい教育サービス事業だといえる。ではこの新しいサービス事業をリクルートは、どのように確立していったのか。まずはＳＴＰマーケティングの組み立てで、その誕生のストーリーを振り返ってみよう。

【マーケティング機会の分析】

リクルートは、事業の開始に先立って、市場調査を繰り返し行っている。高校生を対象とした調査、国内の受験産業についての調査、海外のＷｅｂ配信の教育サービスについての調査などが行われた。

【セグメンテーションとターゲットの設定】

これらの市場調査でわかったことのひとつに、全国ベースで見ると、予備校に通うのは、大学進学を希望する高校生の3割程度にすぎないという実態があった。その背景には、先に述べたような、地方の受験事情があると考えられた。リクルートは、ここに注目し、大都市部中心の従来型の予備校ではカバーしきれない大学受験者をターゲットとすることにした。

【ポジショニングの設定】

リクルートは、Webを利用する教育サービスのアイデアを編みだした。Web配信によるビデオ講義であれば、場所や時間の制約なく一流講師の授業を聴講してもらうことができる。また教室が不要なことなどから、低価格でサービスを提供できる。リクルートは、このようにWebを用いることで、従来型の予備校とは差別化されたポジショニングで事業を展開することにした。

【マーケティング・プログラムの立案と実行】

以上のようなマーケティング機会、そしてターゲットとポジショニングをふまえて、リクルートは、「スタディサプリ」の開始にあたっては、大手予備校に引けを取らない大規模なプロモーションを全国に投入しながら、質の高い講義動画を、従来型の予備校での授業より大幅に低い料金で配信するプログラムを展開していった。

「スタディサプリ」の有料会員サービスは2012年に開始し、その後は、大学受験講座と高校講座を中心に拡大していく。2016年度には有料会員が累計42万人を突破するなど、成長がつづく。

2-2. 予測→計画→執行から逸脱する動きを取り込む

STPマーケティングは、マーケティングの企画と実行に、以下のような予測→計画→執行の流れを持ち込み、プロジェクトの整然とした展開をうながす。

①予測：事業目的のもとで市場調査を行い、標的として最適な領域を見いだす。
②計画：この標的に向けて、統合化されたマーケティング・プログラムを策定する。
③執行：計画したプログラムを、市場に集中投入する。

すでに見てきたように、「スタディサプリ」の企画と実行は、STPマーケティングのプロセスとしてたどることができる。リクルートは市場調査によって、大きな未消費の領域（時間的・経済的な制約で従来型の予備校に通えない高校生のセグメント）が眠っていることを見いだし、この領域を標的に、従来型の予備校とは差別化された、低料金のWeb配信の教育サービスを投入することで、その事業を成長へと導いていった。

しかし、「スタディサプリ」の実際の歩みを振り返ると、そこには以下のように、STPマーケティングの予測→計画→執行の流れとは相容れないような動きも見られる。このことも見逃さないようにしたい。

【途中での目標（ビジネスモデル）変更】

まずは「スタディサプリ」という有料教育サービスの誕生の経緯である。この教育サービスの開発プロジェクトは、市場調査のなかでリクルートの担当者が、地方の受験事情を知ったことから動きだした。しかしこの市場調査は「リクナビ進学」という、別の事業の一環として行われていたものだった。有料教育サービスに取り組むことは、そもそもの目標ではなかったのである。

「リクナビ進学」は、専門学校や大学などをクライアントに、広告収入を得て、進路選択のサポート情報を高校生に提供する事業だった。この時点では、当のリクルートの担当者も、予備校のような有料教育サービスを自社が手がけることになるとは考えていなかったという。しかしここでこの担当者が、市場調査での予期せぬ出会いを「関係のない話」と割り切らなかったことから、「スタディサプリ」という新しい有料教育サービスは生みだされていった。

【リソースの転用】

「スタディサプリ」の開始にあたっては、手持ちのリソースを、当初の思惑とは異なるかたちで転用する動きも見られる。リクルートは、「スタディサプリ」の有料教育サービスを開始する以前から、大学入試の過去問題などを無料提供する会員サービスを行っていた。この有料と無料の2つのサービスは、当初は別の経緯から開始している。

しかし「スタディサプリ」の有料サービスは、その市場導入にあたって、この無料サービスと組み合わせて提供されることになる。こうした無料サービスとの組み合わせは、リーチを広げ、利用者を有料サービスへと誘導する効果が期待できることから、多くのＷｅｂ

サービスで採用されている。「スタディサプリ」は、すでにあった社内のリソースを活用することで、うまく同様の構成を実現したことになる。

【行動から生じる予期せぬ出会いの活用】

立案された「スタディサプリ」のマーケティング・プログラムは、そのすべてが当初の計画どおりに実行されていったわけではない。実行のプロセスのなかで、いくつかの重要な変更が生じている。

「スタディサプリ」の受講料金は、開始当初は1講座5000円の買い切り型だった。従来型の予備校は一般に1講座8万~10万円くらいの価格設定であることと比べれば、「スタディサプリ」は最初から激安料金だった、しかし当初の利用申込みは低迷をつづけた。リクルートは途中で料金プランを見直し、月額980円で全講座使い放題の料金プランとすることで、「スタディサプリ」事業を立て直している。

あるいは、「スタディサプリ」の学校単位での採用のように、事業をはじめたことで生じた新しい動きもある。「スタディサプリ」を高校の補習などに利用すれば、生徒一人ひとりのレベルに合った学習が提供できる。しかし、リクルート側はこの可能性を当初は想定しておらず、「スタディサプリ」の存在に気づいた高校側から、利用についての打診があったことから、はじめて可能性に気づいたという。

2016年度には「スタディサプリ」を導入した高校は、1000校ほどに広がっている。リクルートは現在では、この動きを後押しするべく「スタディサプリ」を導入する高

図2　STPマーケティングか、エフェクチュエーションか

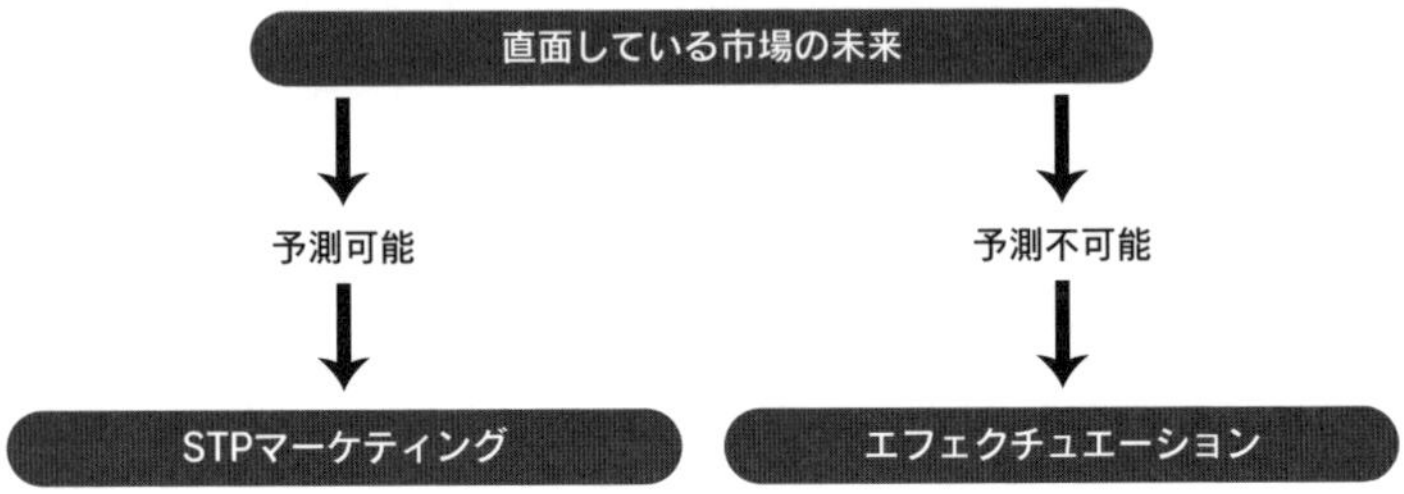

校に向けて、教員用の管理システムを開発したり、営業マンによる高校への訪問をはじめたりするなどの取り組みを行っている。

3. エフェクチュエーションの行動原則

「スタディサプリ」だけではない。マーケティングの企画と実行の実際は、STPマーケティングが示す予測→計画→執行の流れのようには、理路整然とは進まないことが少なくない（石井淳蔵『マーケティングの神話』岩波現代文庫、2004年、鈴木隆『マーケティング戦略は、なぜ実行でつまずくのか』碩学舎、2016年）。

なぜ、このようなことが起こるのか。その背景には、市場という場の不確実性と相互依存性があることを、アントレプレナーを対象に熟達者研究を進めるS．サラスバシ氏が指摘している（『エフェクチュエーション』碩学舎、2015年）。

市場とは、プレイヤーによるゲームのルールの書き替えが、避けがたく起こる場である。したがって、市場の秩序

を、普遍法則と同一視することはできない。サラスバシ氏は、こうした市場の予測不可能な不確実性（F．ナイトの第3の不確実性）に挑むには、エフェクチュエーションの行動原則にもとづく企画と実行が必要だと説く。エフェクチュエーションの行動原則としてサラスバシ氏が提示するのは、以下の5つである。

① 手持ちの鳥の原則（The bird-in-hand principle）

これは、すでにある自社のリソースを活かすことを優先するという「手段主導」の行動原則である。たとえば「スタディサプリ」では、事業の標的が定まる以前に確立していた社内リソースを巧みに転用している。これは、STPマーケティングが、事前の目標にしたがった「目的主導」の整然とした行動に向かいがちなこととは対照的な動きである。

② 許容可能な損失の原則（The affordable-loss principle）

これは、どこまでの損失が許容可能であるかを見定めて、その範囲で投資を行うという、「許容可能な損失」を優先する行動原則である。たとえば「スタディサプリ」では、いきなり現在のような、中学講座、小学講座、英語学習などを網羅する全ラインをオープンするのではなく、手持ちのリソースと必要最小限のアウトソーシングで事業を開始している。これは、STPマーケティングが、「期待収益の最大化」の実現に傾きがちなこととは対照的な動きである。

③クレイジーキルトの原則(The crazy-quilt principle)

これは、可能なところから行動をはじめ、その結果としてできあがったネットワークのなかで何ができるかを考えるようにするという行動原則である。たとえば「スタディサプリ」では、リクルートがWeb配信の教育サービスを開始したことで、ある高校の先生が補習などに利用する可能性を思いつき、その提案を受けて新たな取り組みが開始している。これは、STPマーケティングが、事前の予測や目的にもとづいて、事業のパートナーや参加メンバーを決めていくことになりがちなこととは対照的な動きである。

④レモネードの原則(The lemonade principle)

これは、予期せぬ出会いを大切にし、偶然を避けるのではなく、逆に利用し尽くすことを優先する行動原則である。たとえば「スタディサプリ」では、そもそもの市場調査の目的からはみ出してしまう気づきから、有料教育サービスの企画を開始している。これは、STPマーケティングが、状況の不確実性を小さくすることに向かいがちなこととは対照的な動きである。

⑤飛行中のパイロットの原則(The pilot-in-the-plane principle)

これは、事業機会をたぐり寄せるのは、その場そのときの人間の活動だと考え、注意と活動を怠らないようにする行動原則である。たとえば「スタディサプリ」では、当初の料金プランが受け入れられないと見ると、新たな料金プランへの切り替えが迅速に行われている。これは、STPマーケティングが、あたかも自動操縦のように進んでいくものとして、実行とコントロールのステップを扱いがちなこととは対照的な動きである。

4. デジタル時代のエフェクチュエーション

市場という場では、その相互依存的な構成をふまえると、予測可能な状況は部分的にしか成り立たない。したがって、マーケティングの企画と実行にあたっては、STPマーケティングに加えて、エフェクチュエーションの行動原則も活かすことを考えるようにしなければならない。

たしかに、市場の予測可能性が高い状況では、STPマーケティングの有効性が高まる。しかし、現在では多くの企業が、まずます変化が激しく、予測が難しい市場に直面するようになっている。

デジタル・コミュニケーションの進化は速く、社会を流通する情報のあり方は急激に変化している。この技術と社会のダイナミズムは、マーケティングの前提となる顧客のニーズ、製品やサービスの価値、効率的な支払い手段、あるいは有効なチャネルやメディアの構成を揺さぶりつづけており、未来の市場を予測することは一段と困難になっている。デジタル環境において進む、こうした変化が、エフェクチュエーションの有効性を一段と高めている。

加えて企業が、エフェクチュエーションの行動原則にしたがって、日々のマーケティングの企画と実行に取り組もうとすれば、市場からの迅速なフィードバックや、組織における柔軟な振り返りや意思決定が欠かせない。デジタル技術は、このフィードバックの迅速化や、振り返りや意思決定の柔軟化を後押ししてくれる。これも、デジタル環境では、マーケティングの企画や実行において、エフェクチュエーションの活用が広がりやすい要因である。

一方で、デジタル技術と手をたずさえた市場のグローバル化、あるいは技術ライフサイクルの短命化によって、多くの企業がマーケティングの企画と実行を、今まで以上に大規模かつ統合的に展開する必要に迫られている。これは、デジタル化のなかでは、STPマーケティングの重要性も増しているということである。そして、デジタル技術の活用によって、STPマーケティングを支える予測や計画や執行についても、その迅速化や高精度化が進んでいる。

STPマーケティングが、市場の予測可能性を前提としたときの企業の合理的な行動原則を示していたのに対し、エフェクチュエーションは、市場の予測不可能性を前提としたときの企業の合理的な行動原則を示す。

デジタル時代において大切なのは、この対立的な行動原則をいかに両立させつつ、高度化していくかである。なぜなら、デジタル技術の発展は、両者のマーケティングの企画と実行における必要性、そして活用の可能性を、同時に高めているからである。デジタル時代のマーケティングの企画と実行では、複線的な思考と行動の重要性が一段と高まっているのである。

【仕事・業務へのヒント】

デジタル時代にあって、マーケティング環境は大きく変化している。だからこそ、マーケティングの企画と実行の進め方にさかのぼって、問題を点検してみる必要がある。

STPマーケティングは、伝統的なマーケティングの企画と実行のプロセスの標準である。その基本的な発想は、マーケティング企画と実行に、予測↓計画↓執行の流れを持ち込み、プロジェクトを統合化された展開に導くことにある。

一方で、マーケティングの企画と実行にあたっては、STPマーケティングから逸脱する動きが生じる。これは、市場という場では、F．ナイトの第3の不確実性が避けがたいからである。そこでSTPマーケティングの限界を補うのが、エフェクチュエーションである。エフェクチェーションは、予測不可能な不確実性のもとでの合理的な企画と実行の行動原則を示す。

デジタル・コミュニケーションの発展は、マーケティングの企画と実行における、STPマーケティングとエフェクチュエーションの必要性、そして活用の可能性を同時に高めているといえる。デジタル時代のマーケティングの企画と実行では、複線的な思考と行動が欠かせなくなっている。われわれは、経験をロジックでレバレッジしなければならない時代を生きているのである。

Keyword

リーン・スタートアップ

2. アジャイル・マーケティング

——吉田 満梨

近年、製品・サービスのデザインや事業開発の領域で、まず必要最小限の機能をつくりこみ、ユーザーからのフィードバックをもとに、「検証による学び」を通じてそれを修正していくアプローチが注目されている。その背景には、従来は開発の前提と考えられてきた顧客価値が、事前にはますますとらえにくく、ダイナミックに変化をするものであることが認識されるようになったこと、そしてデジタル化が進むなかで、顧客とのインタラクションが幅広い産業分野で容易になっていることの2点があげられる。

本章では、こうした市場の二重の変化のなかで、フィードバックにもとづく問題解決が、さまざまなイノベーションを生みだす領域でどのように有効なのか、そしてその実行において何が重要になるのかを確認する。

1. フィードバックにもとづく問題解決の台頭

2000年代以降、「アジャイル」、「リーン・スタートアップ」、「プロトタイピング」といった言葉が、さまざまなビジネス領域で聞かれるようになった。もともとはそれぞれ、ソフトウェア開発、製品・サービス開発、インダストリアル・デザインという異なる領域で用いられていた手法である。そのため、相互に強調点は異なるものの、それにまさる大きな共通性を持っている。それは、ユーザーからのフィードバックを得て「検証による学び」を繰り返すことで、複雑な問題解決を効率化しようとする点である。

たとえば「アジャイル」は、米国のScrum inc.のCEOであるジェフ・サザーランド氏が、ハーバード大学の竹内弘高教授と一橋大学名誉教授の野中郁次郎氏が研究した日本企業のものづくりに関する論文から示唆を得て、システム開発に適用した方法論である。その方式は、伝統的なソフトウェア開発の手法である「ウォーターフォール」とは大きく異なっている。ウォーターフォール方式では、はじめに顧客のニーズにもとづいて、開発すべきシステムの機能要件をすべて確定することからスタートする。機能が定義されれば、次に概要と詳細の設計、開発（プログラミング）、テスト、運用といった各工程へと段階的に進んでいく。原則として、前工程が完了しなければ、次工程に進むことはないため、ユーザーの要求が明確化できなければ開発に着手できず、さらにそれらをすべてつくり上げた後でなければユーザーに試してもらうこともできない。その問題は、たとえば1年間を費やした開発の後でユーザーからの大幅な修正依頼が入り、その対応に追われるといった事態がしばしば起こることだ。

これに対して、アジャイル方式では、最初にシステム要件の全体を定義する代わりに、優先順位の高い機能や業務プロセスを明確にしたうえで、開発対象を絞り、そこに限定的なリソースを傾注する。「スプリント」と呼ばれる短期間（たとえば1カ月以内）で、ユーザーが評価可能な最小限のバージョンの開発・リリースを行い、顧客のフィードバックを得ながら、機能を追加したバージョンを開発・リリースするといったことを複数回繰り返していく。その結果、リスクを低減しながら、開発成果を向上させていくことが可能になる。

同様の新しい手法は、ソフトウェアだけではなく、製品・サービスの開発シーンにおいても登場している。製品・サービスの開発プロセスにおいても、伝統的には、全体を複数のステージに分けて、各段階で次のステージに進めるか／止めるか、を判断する、「ステージゲート」と呼ばれるプロセスが用いられてきた。ただし、どれだけ厳密なゲート管理を行っても、市場導入された製品が、ユーザーにほとんど受け容れられず失敗に終わるケースも少なくない。

これに対して、「リーン・スタートアップ」と呼ばれる手法では、市場や製品が提供する顧客価値などにかかわる事業仮説をまず立て、それにもとづいてできるだけ早く「実用最小限の製品（MVP: Minimum Viable Product）」をつくり、それを見込み顧客に見せて反応を得ることで、基礎となる仮説の検証を行うことを繰り返す。こうした「構築―計測―学習」のフィードバックループをできるだけ早く回すことで、誰も欲しがらない製品を開発してしまうリスクを最小化するのである。

さらに、インダストリアル・デザインの領域から一般的なビジネス現場にも普及した「プロトタイピング」では、デザインの原型をつくり、ユーザーとのインタラクションをテストすることを志向する手法である。これは、スケッチやモックアップ（模型）などと並んで、デザイナーによって、古くから用いられてきた手法である。２０００年代以降、こうしたデザイナーが用いてきた思考方法が、プロダクト・デザインだけではなく、サービスやプロセスの開発にも有効であるとして、より広いビジネスの領域に対しても適用されるようになっている。このデザイン・シンキングの活用方法については、本書の第3章で取り上げる。

ここでは、スタンフォード大学の「d. school」のディレクターを務めるデイヴィッド・ケリー氏が創立した、ＩＤＥＯのようなデザインコンサルティング企業の実践では、イノベーションを生みだすサイクルにおいてプロトタイピングが重要な位置を占めていること、そしてそこでのプロトタイプは、洗練されている必要はなく、あり合せの粗いものでよいとされることを確認しておく。なぜなら、デザイン・シンキングにおけるプロトタイピングの目的は、最終的な製品・プロセスに近いものをつくることにではなく、解決すべき問題に取り組むためのフィードバックを引きだすことにあるからである。

2. なぜ、新しい手法が必要なのか

以上の手法に共通する、フィードバックにもとづく問題解決を重視するアプローチは、なぜ多様なビジネスの領域で活用されるようになったのか。ここでは背景として、少なくとも2つの外部環境の変化への認識が指摘できる。

2－1.「厄介な問題」としての顧客ニーズ

第1の変化は、顧客のニーズの曖昧さと、市場のフロンティアの枯渇によって、そもそも問題自体を特定することが困難になっていることである。新しい製品・サービスの開発で活用される、フォーカス・グループインタビューや検証のためのサーベイ調査といった、伝統的な市場調査手法では、競合との明確な差別化や、継続的な顧客価値の実現の道筋を見いだすことは、ますます困難だと考えられるようになっている。

日本をはじめとする、現在の先進国の豊かな社会では、多くの人々のニーズや要求はすでに満たされている。このような状況のもとでは、アップルの創業者のS.ジョブズ氏の「多くの場合、人は形にして見せて貰うまで自分は何が欲しいのかわからないものだ」という言葉の通り、消費者が自らのさらなる欲求や願望を自覚していない場合が多い。そこでは、有効なソリューションを、開発に先立って市場調査から明確に定義することは難しく、さ

らに、事前に特定した消費者のニーズや欲求にしたがった開発が終わるころには、消費者が求めるもの自体も変化している、ということが起きかねない。

顧客のニーズや要求についての情報は、不完全で、矛盾し、変化するものであるため、しばしば理解することが難しい。こうした問題は、「wicked problem（厄介な問題）」と呼ばれる。厄介な問題とは、解決策だけでなく問題自体が明確に定義することが困難であり、ある問題の解決が、当初意図しなかった別の問題を引き起こすおそれがあるような、複雑な状況をともなう問題である。

先に見た、フィードバックにもとづく問題解決を重視するアプローチは、こうした厄介な問題に対処しながら、顧客価値を実現していくことができるひとつの有効な方法である。逆に、もし顧客ニーズや要求が当初から明確で、安定しているような場合には、顧客からの継続的なフィードバックにもとづく修正を繰り返すアプローチは、必ずしも有効だとはいえない。たとえば、同じシステム開発であっても、機能要件が発注企業によって明確に定義される委託開発のような場合には、伝統的な「ウォーターフォール」方式が有効な手法となる。

2-2. 企業と顧客の関係性の変化

一方で、こうしたフィードバックにもとづく実践が可能になるためには、迅速なフィードバックを提供してくれる顧客との継続的な関係構築が必要となる。

「プロトタイピング」がデザイナーの仕事において、「アジャイル」や「リーン・スタートアップ」が、情報技術を活用したソフトウェアやＷｅｂサービスの開発の現場において、先行して活用されてきた背景には、試験的なバージョンに対するフィードバックをクライアント企業や最終ユーザーから得られやすい環境があったことが指摘できる。したがって、フィードバックにもとづく問題解決が、より広いビジネスの領域で注目されるようになったもうひとつの背景には、顧客と連携しながら、試験的バージョンに対するフィードバックを得られるような環境が増えているという現実がある。

たとえば、不特定多数の最終消費者が購買を行う食品や日用品の開発やマーケティングにおいても、幅広い小売業者がＰＯＳシステムを導入した結果、各商品がいつ・どこで・何と一緒に購買されたのか、という動向を管理できるようになった。そうした情報を活用することによって、店頭の棚割りやプロモーションを改良することができる。さらに、インターネットやソーシャルメディアを利用することにより、企業と消費者のインタラクションが限りなく低コストで、リアルタイムに実現できるようになった。こうしたＷｅｂ上のメディアにおけるユーザーの発言を解析することで、新製品やキャンペーンへの反応を確認することも容易になっている。

3. セブン‐イレブン・ジャパンにおける「ストア・イノベーション」

株式会社セブン‐イレブン・ジャパンは、国内1万9887店（2017年10月末時点）

の店舗網を強みに、4兆5000億円以上を売り上げる小売のリーディング企業である。同社は、便利な売り場づくりを目指して、加盟店オーナーとともに品揃えの最適化に取り組む一方で、社会の変化に対応したさまざまなイノベーションにも挑んできた。

1980年代に開始したPOS情報を活用したマーチャンダイジングや、水道・電気・電話といった公共料金の収納代行サービスは、いずれも世界で初めての取り組みであり、2001年のセブン銀行の設立によって日本で初めての店内に設置されたATMも、今日では2万3000台を数え、社会に欠かせないインフラになっている。

そうしたセブン－イレブン・ジャパンが、2012年に、鈴木敏文氏（セブン&アイ・ホールディングス元会長）から、「20年後の社会はどうなっているか、その時、セブン－イレブンはどうあるべきか、を提案しなさい」というミッションを受けて発足したのが、「ストア・イノベーションプロジェクト」である。鈴木元会長から直接使命をうけた山口圭介氏（のちに、企画本部イノベーション推進部部長）をはじめとする最初のチームには、30代前半から40代前半の若手・中堅の専従メンバーが3名抜擢され、コンビニエンスストアという業態の枠を超えるものを含めた、過去の成功体験にとらわれない、さまざまなイノベーションを生みだすことが期待された。

プロジェクトメンバーが重視したのは、消費者が必要とする「モノ」ではなく、「コト」をベースに消費者を理解することだった。まず、最新のキッチンが展示された住設機器の展示会やギフトショーなど、さまざまな展示会などに足を運ぶことから着手して、消費者が求める「コト」の探索をはじめた。さらに、マクロな環境の変化から、たとえば、女性が自宅でお酒を楽しむようになるというコトに着目し、「家飲み」という新しいコンセプトを中心に売り場づくりを行った。お酒のある食卓という具体的な生活シーンから発想することで、さまざまな種類のお酒の品揃え、少量で美味しく飲める製品、これまでになかった商品との関連販売など、売り場づくりの多様なアイデアが生まれた。

こうしたアイデアは、検証されるべき仮説となる。現在プロジェクトメンバーは、仮説を見いだすために、マクロ環境の変化から価値観や生活観の変化を考えたり、顧客の購買行動のパターンを理解したりすることに加えて、チーム内外のさまざまな価値観を持つ人たちとの会話の場を重視している。そうした「ワイガヤ」の場から見いだされた声や気づきから、お客様にとって大切な、さまざまな「コト」が仮説として見いだされている。

そして、プロジェクトによる「コト発想」によって構築された仮説を検証する場として、2013年に川崎登戸駅前店（川崎市）、そして2014年より西院駅南店（京都市）、上田城大手門店（上田市）の3店舗でのストア・イノベーションの取り組みがはじまった。たとえば、川崎登戸駅前店では、高齢者や女性が多い住宅地での立地という店舗の商圏の特徴を反映して、「家飲み」というコトに対応する店舗の可能性を実験するためにワインの種類を増やしたほか、女性に人気のあるフルーツ系リキュールやウイスキーの品揃えを強化、さらに関連するおつまみもチーズや生ハム、ピクルス、ドライフルーツなど、「楽しいホームパーティ」を連想させる売り場づくりを実現した。

こうして、極めて新しい取り組みについて仮説検証を繰り返すことは、ストア・イノベーション店舗の売上げ実績にもつながっている。たとえば、コンビニエンスストアのトイレで「着替えるコト」を可能にしようというアイデアから、2013年にトイレにチェンジングボードを設置したところ、設置前と比べてストッキングの購入数が3倍以上に伸びる、といった変化も起こっている。川崎登戸駅前店では、2011年から2015年までの5年間のあいだに店舗売上は176・1%も成長した。また、従来は窓際にまとめて陳列していた雑誌の売り場を、男性誌と女性誌に分けて、女性誌の横には化粧品などの関連購買をうながす商品を並べる。家庭でお好み焼きやたこ焼きをつくることが多い関西では、関連商品を集積した売り場をつくる。同じセブン&アイ・ホールディングス傘下の生活雑貨専門店「ロフト」の文具・雑貨などの売り場を設ける。コンビニエンスストアでは初めての「TAX-FREE（免税）カウンター」の導入も試みられている。

当初3名の専従メンバーからはじまった「ストア・イノベーションプロジェクト」は、2016年5月には、13人の構成となった。メンバーそれぞれの経験は多様であり、性別や年齢といったバックグラウンドも多様であるからこそ、異なる価値観を持つ消費者のインサイトを見いだし、社内・社外のさまざまなステークホルダーと積極的にかかわることで、店舗での新しい取り組みをスピーディーに生みだすことが可能になった。

1974年に東京都江東区豊洲に日本初のコンビニ「セブン‐イレブン」が誕生してから40数年が経つ。同社は、経営者自身、あるいは、ストア・イノベーションのプロジェクトに見られるような機動的な組織によって、世の中の新たなニーズに対する気づきを生みだしつづけてきた。それらをPOSなどの仕組みで検証しながら新たな市場知識を生みだし、さらに全社的な取り組みとしてフィードバックしていく組織力があったからこそ、変化する社会に対応して成長しつづけてきた。

ストア・イノベーションのさまざまな取り組みもまた、プロジェクトチームメンバーによって単独で進められているわけではなく、加盟店のオーナーや、社内の他部門、社外の協力企業といった、多様なステークホルダーを巻き込んだ協力関係のもと、幅広い連携のなかで進められている。お客様にとっての新しい価値を実現する「仮説」を生みだす力は、今後より充実していくと考えられるが、究極的には、全国1万9000店舗以上の顧客接点とそこにかかわるあらゆる人々がその源泉となり、それが仮説検証の仕組みと強力なオペレーションと結びつくことで、イノベーションが継続的に生みだされていくことが期待される。

【仕事・業務へのヒント】

①**適切な仮説構築**

こうした「検証による学び」を重視するアプローチには、それに先立って、顧客がどう動くのかを見通して構築される仮説の設定が不可欠である。

ありきたりの仮説では、仮に支持されても、ありきたりの成果しか得られない。一方、奇抜なアイデアでも、「検証による学び」は、それを前進させる強力なツールになりうる。

検証されるべき仮説の構築は、担当者の経験にもとづく気づきや企業のビジョンによって進められる場合もあれば、過去のさまざまな調査から導出される場合もあるだろうが、いずれもそれが活用される文脈に対する理解や、ユーザーの自然な行動の観察を通じた対象への徹底した共感が重視される。

②**少数の〝ホットな〟メンバーのチーム**

ソフトウェアにおける「アジャイル方式」での開発、「リーン」なスタートアップ、「プロトタイピング」を実践するIDEOのデザイン・プロセスのいずれにおいても、チームは問題解決に必要な多様な専門性を持つ、少数のメンバーから編成される。こうしたチームは、問題解決のために必要な権限を与えられた自律的組織であり、上層部の指示を仰ぐことなく、迅速に「構築─計測─学習」のサイクルを回し、フィードバックにも臨機応援に対応することができる。プロセスの管理がメンバーの自己規律に委ねられるからこそ、高いモチベーションと目標を共有したチームによって、遂行される必要がある。

③ 仮説検証の組織文化

仮説検証を繰り返す問題解決のアプローチは、伝統的に用いられてきた事業開発・システム開発のプロセスとは大きく異なる。だからこそ、その実行には、新しい組織やマネジメントの考え方が要求される。たとえば、システム開発におけるアジャイル方式の活用に関するVersionOneによる調査では、アジャイル方式による開発プロセスが失敗する原因について、約半数の回答者が、「アジャイル方式と合致しない組織文化」によるものであり、それを変革する必要がある、と回答している。

セブン-イレブン・ジャパンにおいて、ストア・イノベーションプロジェクトのような先進的な取り組みが実現されている背景のひとつには、それが経営者主導ではじめられたプロジェクトである点だけでなく、同社がPOSによる仮説検証をマーチャンダイジングに活用してきた先行企業であり、元来フィードバックにもとづく学びを重視する文化が、組織に根づいていることの影響が考えられる。

Keyword

デザイン・シンキング

3. 右脳系思考によるイノベーション

――横田浩一

デザイン・シンキングは、米国スタンフォード大学デザインスクールで開発されたイノベーションのためのプログラムで、人々の創造能力を高めることを通じて、従来のマーケティングを補完し、市場創造につなげる可能性を持っている。その5ステップの要点は、プロトタイプをつくり、検証する作業を、早いスピードで回していくことにある。このメソッドは、デジタル領域と相性がよく、ヤフーなど多くの企業で取り入れられている。

デザイン・シンキングは、大組織においてイノベーションを起こすために右脳系人材が求められているなかで、それを育てるメソッドでもある。

1．デザイン・シンキングの位置づけ

「デザイン・シンキング」という言葉を、ビジネスの現場で耳にすることが多くなってきた。わが国でも日立製作所、三菱重工をはじめとして多くの企業での採用が紹介されている（『日経デザイン』2014）。海外では、IBM、コカ・コーラ、P&G、SAP、GEヘルスケアなどがデザイン・シンキングを全社的に導入していることが知られている。

デザインとは何か。デザインを色、形状を創造することに限定して理解していると、上述したような新しい動きの本質を見失うことになる。デザイン・シンキングは人々の創造能力を高めることを通じて、従来のマーケティングを補完し、市場創造につなげる可能性を持っている（廣田章光・横田浩一、日経消費インサイト2016、1～3）。

2．シリコンバレーとデザイン・シンキング

サンマティオからサンノゼに至る「シリコンバレー」と呼ばれるエリアには、各種のIT系企業本社、研究所とともにスタンフォード大学が立地しており、さらにその北西部のサンドヒルエリアには多数のベンチャーキャピタル企業が立地するエリアが存在する。研究・教育機関、企業、投資家が1箇所に多数集まるこのエリアは、さまざまな社会を変える新たな製品、サービスを次々に生みだしてきたことでも知られている。同時にここは、

公道で自動運転の実証実験を行うなど、エリア全体で実験的な取り組みが積極的に行われているエリアでもある。

この地域のダイナミズムを支えているのが起業数の多さである。１９９５年～２０１０年のあいだ、年間平均、１万７３００社が創業、転入し、１万２８００社が廃業、転出している（THE 2013 SILICON VALLEY INDEX）。

この創業、転入、特に創業の多さについては、スタンフォード大学が大きな貢献をしていることが広く知られている。理由のひとつがこの大学が持つ高い研究能力である。もうひとつの理由が、研究成果を市場創造に結びつける思考法である。高い技術、多くの資金があっても必ずしも社会を変えるような新たな製品、サービスが生まれるとはかぎらない。そこには新たな社会課題を発見しその課題を技術と組み合わせて解決する行動が必要となる。

この社会に眠る課題を発見し、市場を創造する行動をうながす、シリコンバレー流の方法、それがデザイン・シンキングである。

3. デザイン・シンキングを学ぶ意義

顧客のニーズをとらえて、そのニーズにもとづき製品やサービスを開発し市場導入を行う。このようなマーケティング志向による行動は、生産志向、販売志向との対比で説明されてきた。売れる製品をつくることがマーケティング志向である。これに対して、製品をつくること、そしてつくった製品を売ることを重視するのが、生産志向と販売志向である。マーケティング志向は優れた経営のモデルとして長年、内外の企業に浸透してきた。

P．コトラー氏らが説明するように、マーケティング志向は顧客を細分化しそれぞれのニーズを見極めたうえで、製品、サービスを開発する。これに対して、デザイン・シンキングは、マーケティング志向ではとらえきれない顧客のニーズを探索し、従来とは異なる価値次元の創造をともなう市場創造につなげる。

C．クリステンセン氏は、3つのイノベーションタイプを示している。マーケティング志向は持続型イノベーションに有効である。一方、無消費の現状から新たな消費機会を創造する2つの破壊型イノベーションに、デザイン・シンキングは有効である。顧客は常に明確なニーズを持っている、表現できるわけではなく、明確なニーズを持っていない場合、あるいはそのニーズを表現できないような場合も存在する。デザイン・シンキングはマーケティング志向では、とらえきれないニーズや、従来の業務枠組みでは見過ごしてしまう顧客をとらえ、製品、サービスを開発することによって新たな市場を創造することある。

このように、マーケティング発想とデザイン・シンキングは対立するものではなく、相互補完的に存在するものである。

一般に「デザイン」は、アイデアをより魅力的にする表現上の手段として理解されている場合が多い。しかしデザイン・シンキングを活用する企業は、「デザイン」をより戦略的に活用することを考えている。

デザイナーはアイデアを単に視覚化するだけではなく、そこからさらに新たなアイデア

図1　デザイン・シンキングの５つのステップ

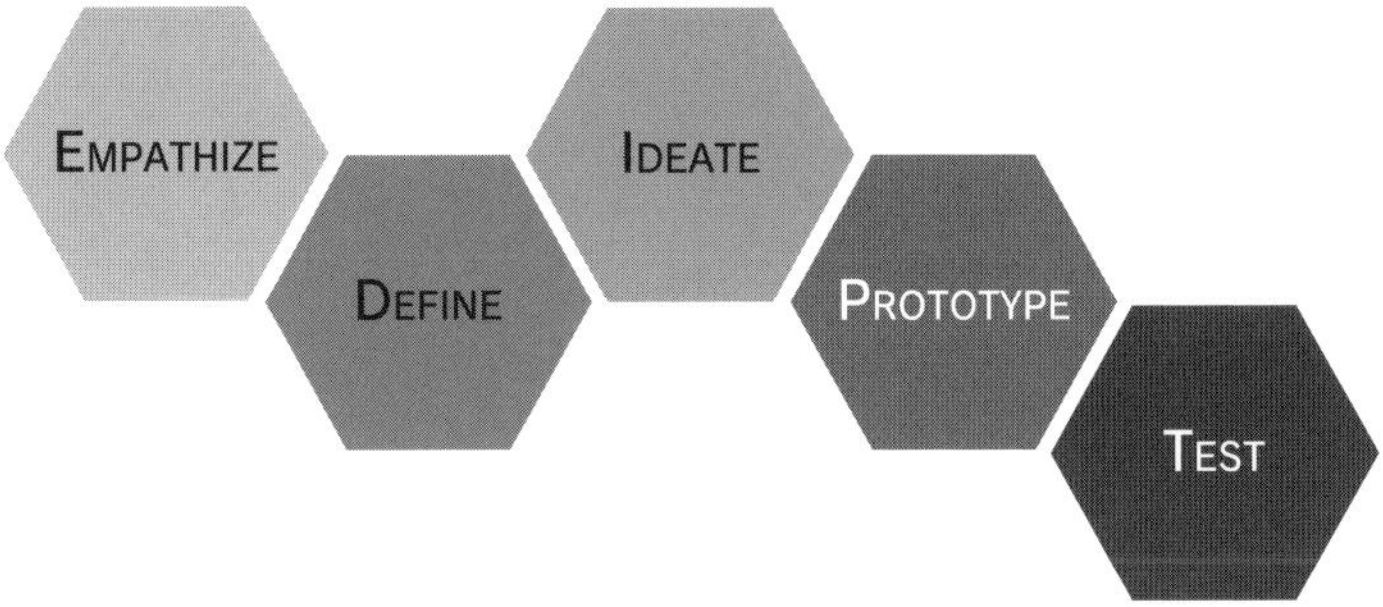

創発していく多様な手段を持っている。デザイン・シンキングでは、このデザイナーのように思考する手段を、企業経営のみならず、幅広い社会活動の現場に提供する。デザイン・シンキングは、デザイナーとしての教育を受けたわけではない人々でも誰もが有する直感、感覚、そして表現力を活用し、これらを日常的に活用することを可能にする。

論理的であることを重視するロジカル・シンキングに対して、デザイン・シンキングでは直感や感覚を重視する。ロジカル・シンキングでは左脳を使い、デザイン・シンキングでは右脳を使うといわれる。世の中、全ての事象において因果関係が明確であり、完全な予測が成り立つとはかぎらない。不確実性が増すほど左脳による思考の限界が増す。デザイン・シンキングの補完的な活用が必要となる。ここにデザイン・シンキングを学ぶ意義がある。

デザイン・シンキングは5つのステップからなる。まずは「共感」だ。ユーザーを深く理解し、彼らの生活や興味に理解を持つ必要がある。そして「問題定義」。正しい課題設定が重要だ。次は「創造」である。正しいアイデアを見つけるだけではなく、可能性を最大限に広げるために行う。そして「プロタイプ」。考えるためにつくり、相手がよりよく見える状態にする。実際にものをつくることで、相手の立場にたったアイデアを試すことができる。そして「テスト」これを相手に提案することで、新たな共感や課題が出てくる。この5ステップを何度も回すことがデザイン・シンキングのプログラムである。

4. ヤフーにおけるデザイン・シンキングの取り組み

日本企業においても、デザイン・シンキングへの組織的な取り組みは、少しずつであるがはじまっている。これは、多くの企業において、イノベーションを起こすことや、イノベーション人材の育成などの期待が寄せられているなかで、この手法に注目が集まっているからである。ここではヤフー株式会社の事例を紹介しよう。

ヤフーのデザイン・シンキングの取り組みは、デザイン・シンキングに興味を持った有志のメンバーで開催した社内勉強会からはじまった。その中心にいる瀧知恵美さん（2018年現在システム統括本部技術支援部UXデザイナー）は、美術大学で経験デザインを勉強した後、ヤフーに入社してデザインの仕事をしていた。瀧さんはもともと、通常業務のなかで、ユーザーのことを考えてサービスをつくることは当たり前だと思っていたが、社内では、ユーザーのことを考えてサービスをつくるフローが明確には確立されていないという課題意識を持っていた。そんな時に、社外でデザイン・シンキングのワークショップに参加する機会があり、それをきっかけに社内でも有志のメンバーでデザイン・シンキングのワークショップを行った。

実施してみると、興味を持つ社員が予想以上に多かったことから活動はさらに広がっていった。特に今までヤフーのサービス開発のやり方に課題を感じていた社員から好評だった。ワークショップを実施してみると、もっともっとユーザーのことを考えてサービスをつくらないといけないと思っている社員が多かったという。

ここからさらに、ヤフー流のデザイン・シンキングを活用したメソッド開発がはじまる。ヤフーにおいても、デザイン・シンキングの基本となる5つのステップをふまえているが、業務での活用にあたっては、案件の目的や状況によって活用方法を変えており、あらゆるケースでデザイン・シンキングの5ステップを順番に全て行うことはない。

社内研修はワークショップ形式で行っている。オリジナルのプログラムとして、インタビューのやり方を学ぶワークショップ、インタビュー結果の分析（業務でもつまずくことが多い）を学ぶワークショップ、コンセプトの検証方法を学ぶワークショップを用意している。

インタビューのやり方を学ぶワークショップは、インタビュー設計から行い、ユーザーの置かれた状況を設定して、インタビューでどのような質問をしたらよいか考え、参加者同士でインタビューをし合う形式をとっている。3人のメンバーで構成したグループで各々、インタビュアー、インタビューされる人、インタビューのやり方を観察する人と、役割を分担して臨む。

インタビュー結果の分析を学ぶワークショップは、インタビューを実施したことがある社員からのニーズが高い。インタビュー実施後の分析方法は確立されたものがなく、手探りで行っている場合が多いためだ。

ワークショップでは、インタビュー結果からユーザーの課題やニーズに関係しそうな発言をピックアップし、ユーザーの気持ちを手順に沿って検討していくプロセスを短時間で効率よく実施できるやり方をプログラム化し、提供している。コンセプトの検証方法を学ぶワークショップでは、まずは考えたアイデアを紙に手書きで描く程度の簡単なプロトタイプを作成する。その後ペアになってプロトタイプを使ってみてもらい、フィードバックをし合う。これは手書き程度のプロトタイプだが、それでもアイデアに対して新たな気づきを得ることができる。

ヤフーではすでに、デザイン・シンキングを活用したことによる効果もいくつか出てきているという。ユーザーインタビューなどの調査をもとにしたサービス改善によって、ユーザーの増加、ユーザーのサービス利用頻度の向上、売上げの増加などの効果が出ている事例もある。また、ユーザーインタビューやユーザビリティのテストを以前から実施していた部署もあるが、デザイン・シンキングを活用することで、体系的にユーザーに対する共感を高めることができ、同社の方針のひとつである「ユーザーファースト」が実現しやすいものにさらに進化しているという。

ヤフーにおいてデザイン・シンキングを活用したプロジェクトを進める参加メンバーに

ついては、基本的にマネジャー、企画職、デザイナー、そしてエンジニアなど、プロジェクトにかかわる多様なメンバーが参加することが推奨されている。スモールチームの場合は、チームメンバー全員でデザイン・シンキングを活用してプロジェクトを進めていく。プロジェクトチームの人数が多い場合は、企画職とデザイナーが中心になってデザイン・シンキングを活用しながらサービスのコンセプトをつくっていくが、ユーザーインタビューの結果はチームメンバー全員に共有するなど、なるべくチーム全員で意識を合わせながらプロジェクトを進めていく。

当初は有志ではじまった活動だが、現在のヤフーでは、デザイン・シンキングの実践経験があり、適切なアドバイスができるメンバーを「デザイン・シンキングエバンジェリスト」に認定し、推進役としての役割を明確にする制度もできている。このように独自の工夫を加えながら、ヤフーではデザイン・シンキングを実践、普及できる人財を育成し、組織に根づかせている。

5. 日本企業においてデザイン・シンキングを活用するためには

ヤフーのようにデジタル領域で事業を展開する企業とデザイン・シンキングは相性がよい。日本企業では株式会社デンソーなども、自動運転を題材にした研究開発にデザイン・シンキングを活用している。このようなセンサー、IT、通信、そしてロボティクスを結びつけたイノベーションを推進する人材の育成にも、デザイン・シンキングは有効だ。

「これからはイノベーション人材、すなわちビックピクチャーを描けて、それを実行できる次世代幹部や、新たなことに挑戦する若手を育てたい」

こうした話を大手企業の人事部長からよく聞く。このような人材育成は、産業を越えて多くの企業の共通の課題である。だからこそ、デザイン・シンキングのスキルを持った人材が求められるといえる。

現在デザイン・シンキングを社内で実践している人の多くは、会社からやらされたというよりも、個人的に「これがおもしろい」と感じて、あるいは「必要だ」と思って仕事に取り入れていることが多い。このような人たちをどのように組織化し、認め、企業の資産にしていくかが、これからの日本企業の課題だといえるだろう。

【仕事・業務へのヒント】

シリコンバレーのエコシステムには、多様なメンバーがつながる仕組み、アイデアを形にできる仕組み、既存企業とスタートアップ企業の役割分化の仕組み、実力主義型意欲形成、行動していないと乗り遅れる雰囲気、多様なファンドレイジングなどさまざまなサブシステムが組み込まれている。このような環境からデザイン・シンキングは生まれた。したがって日本企業がデザイン・シンキングを活用するには、組織内においてそのような環境整備を進めることが大切である。

また、デザイン・シンキングでは、マイノリティを観察して課題を見つけ、その課題解決を目標にスモールスタートすることが、イノベーションを導く道筋となると指摘されている。スモールスタートの事業を大企業でどのように実現するかは、そのエコシステムとつながりや、組織構築をふまえて検討していく必要がある。

最後に、デザイン・シンキングにはスピードが大切である。ステップを早いスピードで回すことによって、実現できることがある。そのなかで競争に勝つための手法がデザイン・シンキングである。

Keyword

グロースハッカー

4. グロースハック・マーケティング

——谷澤 正文

デジタル・マーケティングを支えているのは、情報技術の進化を受けたインターネットの利用の拡大と高度化である。そこでは、個人と個人の相互作用的なコミュニケーションによる情報拡散の速度の拡大、そして企業内での製品やサービスの改善のサイクルの短縮が生じている。そしてこれらの変化を受けて、企業が低コストで、アイデア（アナログかデジタルかを問わない）の社会的普及を仕掛けることが劇的に容易になっている。

グロースハックは、こうしたデジタル時代の環境変化をふまえて登場した、マーケティングの新しいあり方を示すひとつの体系である。デジタル・マーケティングはわれわれを、20世紀型のマス・マーケティングとは異なる、どのような世界へと導いていくのか。グロースハックは、この問いに対するひとつの答えを示している。

1. グロースハックとは何か

「グロースハック」、あるいは「グロースハッカー」でもよい。皆さんは、この言葉をご存知だろうか?

「ハッキング(hacking)」とは、「コンピューターの隅々までを熟知した者が行うハードウェア・ソフトウェアのエンジニアリング」を意味する言葉である。政府や企業のサーバーに対するサイバー攻撃、あるいは個人のコンピューターへの不正アクセスなどの行為が、ハッキングと呼ばれる場合もあるが、ハックやハッキングは、本来は悪意・害意を持った行為のみを対象にした言葉ではない。

また英語でのハックの意味には、「うまく対処する(hack it)」といったニュアンスもある。「グロースハック」を直訳すれば、「成長をうまくやる」といった感じになるかと思う。

あらためて各種の書籍などにおける「グロースハック」の紹介を見ると、「仕組み」「アイデア」「低コスト」「継続的」「プロダクト/サービス」「ユーザー獲得」「急成長」「エンジニアリング」「データ」「マーケティング」などの言葉が次々と出てくる。これらをまとめると、「グロースハック」とは、アイデアを低コストで仕組み化し、製品やサービスの改善を継続化し、ユーザー獲得を急成長に導く、データ・エンジニアリング型のマーケティングだということになる。

グロースハックは2012年のアメリカ大統領選において、注目を集めたことで知られる（http://skillhub.jp/blogs/71）。急成長志向のベンチャーであるスタートアップ企業のグロースハックの第一人者だったA．ジーン氏が、当時の共和党のロムニー陣営に招かれたのである。ジーン氏のチームは、好感度の高いＷｅｂサイトやＳＮＳのデザインを追求し、数時間サイクルでのＡＢテストを繰り返していった。最終的に大統領選を勝ち抜くにはいたらなかったが、ジーン氏のグロースハックは１億８０００万ドルの献金を集めることに貢献したといわれる。

「グロースハッカー」は、新しいタイプのマーケティングをになう責任者である。現在「データサイエンティスト」と並んで、シリコンバレーで最もセクシーな仕事ともいわれている。

２．成長途上の概念であるグロースハック

「グロースハック」は、まだ若い、成長途上の概念である。以下ではさらに、グロースハックのいくつかの事例を振り返りながら、さらにその本質を検討していくことにしよう。

グロースハックの紹介でよく用いられる事例に、「Hotmail」、「Dropbox」、「Evernote」などがある（金山祐樹、梶谷健人『いちばんやさしいグロースハックの教本』インプレス、２０１６年、R．ホリデイ『グロースハッカー』日経ＢＰ社、２０１３年）。

今では当たり前の無料ｅメールサービス。しかし、インターネット時代の初期には、個人用のｅメールアドレスの入手には、料金を支払う必要があるというのが常識だった。そのなかで無料ｅメールサービスの先駆けのひとつとなったのが「Hotmail」である。

Hotmail の成長を導いた試みのひとつは、その初期設定の署名欄に「無料で Hotmail をはじめよう」との記載が付記されていたことだった。

この付記は、大きなプロモーション効果を発揮した。Hotmail のユーザーがメールを送信するたびに、それが Hotmail の広告となったのである。かくして無料のメリットは、無料で人々のあいだに急速に拡散していった。サービスの公開から18カ月後には、Hotmail は1200万人のユーザーの獲得を達成し、その後マイクロソフトに4億ドルで売却された。

「Dropbox」は、オンラインファイルの共有サービスとして、現在広く利用されている。Dropbox は立ち上げ期に、ユーザーが他人に Dropbox を紹介すると、相互の利用量が増えるというキャンペーンを実施した。この仕掛けにより、Dropbox の登録数は60％押し上げられたといわれる。

同様の仕掛けは、情報管理サービスの「Evernote」にも見られる。皆さんは、重要な会合の席でノートパソコンを開くときなどに、まわりの目を気にすることはないだろうか。Evernote 社は、ユーザーから「打ち合わせ中にノートパソコンで Evernote を使っていると、上司に睨まれる」との不満を聞いた。同社は「失礼なことをしているわけではありません。Evernote で議事録を書いているのです」というステッカーを作成した。このステッカーを、熱心な Evernote のユーザーたちが、ノートパソコンの背面に貼って打ち合わせに出席したことが、歩く広告塔になった。

3.「お金をかけないで工夫する」だけではない

以上の事例の共通点は、いずれもがお金をかけずに成長を導くうまいやり方だという点にある。

しかしグロースハックは、単に「お金をかけないで工夫する」だけのマーケティングではない。加えてグロースハッカーは、中長期的な「事業やブランドのビジョンやポジショニング」を見すえながら、短期的には「常に顧客の声を聞き」、「データでの検証を繰り返しながら」、「最良な製品とサービスを追求するための改善をつづけ」、「顧客同士のリアル、デジタル上でのネットワークを活用して」事業を成長させていく。

あるいは、グロースハックは、動きが機敏なスタートアップ企業の利用に限定される手法でもない。グロースハックは、従来型の大企業にとっても新たなマーケティングの可能性となる。

20世紀には大企業が、大規模なキャンペーンを行おうとすれば、マスメディアを利用するしかなかった。そしてそこでは、一方的な情報発信を一斉に行う他に選択肢はなかった。しかしインターネットというメディアが登場して以降、企業と顧客が双方向で個別のやりとりを広げながら、製品やサービスの迅速な改善を繰り返していく可能性が拡大している。グロースハックは、この新しいマーケティングのフロンティアに挑もうとする企業に機会をもたらす概念である。その対象となる企業の規模や出自や業種に制限はない。

4. AARRR!

グロースハックは、単なる断片的な手法やアイデアの集積ではない。グロースハックを推進するうえでの基本フレームワークとなる「AARRR」を確認しておこう（梅木雄平『グロースハック』ソーテック、2014年）。

「AARRR」とは、Acquisition（ユーザーの獲得）、Activation（ユーザー経験の改善）、Retention（ユーザーの再訪／リピート利用）、Referral（ユーザーによる別ユーザーへの利用喚起）、Revenue（収益化）の5つの頭文字である。グロースハックでは、マーケティング活動をAARRRの5つの段階に分け、それぞれの段階で目指すべきKPI（Key Performance Indicators）を定め、各KPIを達成するためのマーケティング活動を考え、実行することが基軸となる。

AARRRの具体的な進め方を、「Eight」におけるグロースハックの事例を通じて確認していこう。Eightとは、2012年に公開された、無料の名刺データ管理のクラウド・サービスである（http://contents.8card.net/press）。Eightの利用者がスマートフォンのカメラなどで名刺を撮影すると、Eight側が名簿化し、スマホやPCでの名刺データ活用が可能になる。2015年1月には、Eightの利用者は100万人を突破している。Eightは個人向けであり、Eightを提供するSansan株式会社は、法人向けの名刺データ管理サービスについては別に事業を展開している。

【Acquisition（ユーザーの獲得）】

Sansan は、Eight のユーザー獲得のために、「コワーキング・スペース（共有オフィス・交流スペース）でスキャンし放題」というキャンペーンを２０１３年の11月から12月まで約１カ月実施した。これらのコワーキング・スペースには１スペース当たり１００人前後の会員がおり、自営業者から会社員までさまざまな人が出入りする場所となっていた。そこで Sansan が行ったのは、多数の名刺をまとめて読み込むための専用スキャナを置き、キャンペーンを告知するだけという、シンプルな取り組みだったが、期間中に取り込まれた名刺は６万枚を超えた（好評につきキャンペーンは延長、その後も全国のカフェなど各所で展開している）。

さらなる Sansan の仕掛けは、厚紙を配布するという、これもまたシンプルなものだった。スマホでの名刺の撮影は、机の上で撮影したり、手に持って撮影したりと意外に難しい。そこで名刺撮影の専用台として、厚紙を組み立ててつくるキットを用意して、「パシャーン」と名づけ、５０００枚を配布した。これをオフィスで机の上に置いておくと周りから「何それ？」と話しかけられ、会話が生まれ、既存ユーザーの周囲での利用が増えた。ＳＮＳなどでの話題の拡散のきっかけともなった。

【Activation（ユーザー経験の改善）】

次に Sansan は、アプリ起動後のチュートリアル（操作の提示方法）の改訂に力を入れ、ユーザー経験の改善につとめた。そこでのポイントは、「自分の名刺を撮影して登録する」というユーザー経験を、いかに自然なかたちで発生させるかだった。2週間に1度程度の頻度でチュートリアルを微調整し、最適化につとめた。プロフィール名刺登録率は当初の約60％から約80％に上昇した。

【Retention（ユーザーの再訪／リピート利用）】

リピート利用の促進において効果があったのが、Eight内でつながっている人へのメッセージを送れる機能を実装した際に、メッセージボタンの横に「試しにメッセージ機能を使ってみよう」との誘導を付け加えたことだった。これによりメッセージを使用するユーザーが増え、アプリ継続率が向上した。

【Referral（ユーザーによる別のユーザーへの利用喚起）】

ユーザーによる別のユーザーへの利用喚起については、SansanはEightのヘビーユーザーに対して、レビュー依頼をポップアップ表示することにした。ヘビーユーザーから好意的なレビューが寄せられ、レビュー件数の増加、レビューの平均点の向上が生じた。これがアプリ・ストア内検索の最適化につながり、新規ユーザーの獲得に貢献した。

【Revenue（収益化）】

Sansanは、Eightの収益化を急いでいない。これについてはSansanが、法人向けの名刺データ管理サービスを別途展開しており、そちらで収益を確保していることがひとつの理由だと考えられる。また Sansan は、Eight については日本国内だけではなく、海外展開も視野に入れており、世界中で年間約100億枚流通しているとされる名刺をデータ化することに、ビジネスの大きな潜在性を見てとっている。

公開時から無料で提供してきた Eight サービス。今後については、いくつかの機能を有料オプションで提供する可能性はあるものの、基本的には Sansan は、Eight の無料提供をつづけるという。同社の社長の寺田親弘氏は次のように述べている（http://japan.cnet.com/news/business/35031131/）。

「(Eight の）マネタイズは全然考えていない。データのダウンロードやスキャナ対応など、正直中途半端にマネタイズしようと思えばいくらでもできるが、(プラットフォームに）すごいポテンシャルを感じている。1000万単位でユーザーがいれば考えればいい」

まずは顧客に喜ばれるサービスの提供や改善で、顧客を増やし、マネタイズはその後からついてくると考える。これらのマインドがまたグロースハック的である。

【仕事・業務へのヒント】

成熟化した21世紀の日本。その市場において、今後の総体としての右肩上がりの成長の機会は見いだしにくい。しかし、そこではすべての企業の成長が、止まってしまうわけではない。新たなテクノロジーの登場や、生活や産業のあり方の変化をとらえて成長を遂げる企業は、今後の日本にも次々と出現してくるはずである。

成熟市場にあっても、個々の事業のレベルで見れば、成長の入れ替え戦は果てしなくつづく。サービスの重心がハードウェアからソフトウェアへと移行し、アクションの成果が数値データで把握しやすくなり、SNS環境の発展でユーザー間の口コミの拡散の速度が増す。このような環境変化を受けて、データとアイデアを駆使して、製品やサービスの成長を新たなやり方で実現していくことが、今は求められている。そのなかにあって、デジタルとアナログを融合したアイデアを低コストで仕組み化し、すばやいフィードバックで製品やサービスの改善を柔軟に継続し、ユーザー獲得を急成長へと導いていく。このグロースハックというデータ・エンジニアリング型のマーケティングが、ひとつの有力なアプローチとなっている。

グロースハックには、データやテクノロジーを駆使する左脳的な思考と、アイデアを生みだす右脳的な発想の双方が求められる。そのための人材育成、チーム編成、さらに組織体制などの問題は、今後の企業のマーケティングの重要課題となる。

5.

結果重視に向かうAI活用のゆくえ

――依田祐一・水越康介・本條晴一郎

本章では、AIを活用したネットビジネスの発達に注目し、マーケティング実践における「結果」と「理由」のとらえ方の変化を考える。ITやAI研究のますますの進展により、ビッグデータを蓄積し、豊富なコンピューティング資源を活用して、データを分析することができるようになってきている。特に、実際のネットビジネスでは、たとえばA／Bテストを高度に利用し、ユーザーの選択結果をリアルタイムに取得し、サービスに速やかにフィードバックするようになっている。

こうした新たな実践の現場では、そもそも、ユーザーがなぜその商材を選択した、しないのかについての「仮説」もなく、結果の「理由」もわからない。しかしAIを利用すれば、実環境で得た「結果」を重視して、その結果をもとに実際のサービスの提供方法を変更してしまうことができる。本章ではさらに、その行き先を考えることにしたい（依田祐一・水越康介・本條晴一郎「AIを活用したユーザーニーズの探索プロセスにおける『結果』と『理由』に係る一考察」『立命館経営学』、55（3）、pp.1-23）。

1. ビッグデータとＡＩ

ここでは、ＡＩを「人工的につくられた人間のような知能、ないしはそれをつくる技術」（松尾豊（２０１５）『人工知能は人間を超えるか』ＫＡＤＯＫＡＷＡ、p.45）と広義にとらえる。ＡＩにおける主な技術要素として、得られたデータから、隠れたパターンや法則、規則などを見つけだすための一連の手続きである機械学習（Machine Learning）と新たな機械学習の方法としてデータをもとに自らが特徴量を作りだす深層学習（Deep Learning）があり、両者を含めてＡＩの意味で用いる。また、今日のＡＩではビッグデータが重要な意味を持つ。このビッグデータ（Bigdata）の定義は数多くあるが、Volume（大容量データ）、Variety（多様な種類と発生源を有するデータ）、Velocity（入出力データの速度）、Value（価値あるデータ）の４つの頭文字Ｖの特徴を持つデータという定義が広く認知されており、この意味で用いる。

2. 仮説と理由の重要性

マーケティングにおいて理由と結果の関係を考える場合、マーケティングリサーチにおける仮説の重要性を確認することが有用であろう。いうまでもなく、マーケティングリサーチでは、リサーチの前に仮説の開発が重要であると考えられてきた。『なにを探しているのかがわからないなら、それを発見することはない』というリサーチの名言がある。仮説はわれわれが探求しているものについてのステートメントである（Aaker, David A. & George S. Day (1980), *Marketing Research*, John Wiley & Sons. Inc.（石井淳蔵・野中郁次郎訳『マーケティングリサーチ』白桃書房、1981年）、邦訳 p.39)」。仮説がなければ、どんなに探してみても、それを発見することはできない。仮説は、リサーチの目的であり、ある現実がなぜ起きるのかを説明する理由を含んでいる。

仮説検証という、今ではビジネスでも一般化した言葉にも、仮説の重要性が示されている（勝見明（2006）『鈴木敏文の「統計心理学」』日経ビジネス文庫、内田和成（2006）『仮説思考』東洋経済新報社）。たとえば、セブン‐イレブンは、仮説と検証を絶えず繰り返すことにより、ビジネスの精度を高めてきたという。この際、仮説はビジネスの道標であるともされる。同様に、BCGをはじめとするコンサルタントでも、絶えず君の仮説は何かと問われるという。仮説がなければ、情報は増える一方で何も判断できなくなってしまう。仮説の重要性は、マーケティングリサーチはもとより、ビジネスそのものにおいても示されてきたことがわかる。

3. 仮説は何のために必要だったのか

だが、一方で状況は変わりつつある。特に期待を集めているのは、ディープラーニングをはじめとしたAIの研究成果である。AIについては、これまでもビジネスの現場にお

5.
結果重視に向かうAI活用のゆくえ

いて注目を集めてきた。だが、ひとつにはコンピュータの性能の限界として、人々の期待に十分に応えることができずにきた。

その理由の典型的な説明は、どんなにコンピュータの性能が上がろうとも、無限ともいえる情報のすべてを処理し、正確な分析を行うことはできないということである。逆に、人間は、確かな経験に支えられて情報の絞り込みを意識的、無意識的に行い、優れた分析を可能にする。この絞り込みこそ、創造性であり、理由や仮説にほかならならないと考えられていた。

だが少なくとも、2016年の段階では、人間はコンピュータに勝つことが容易ではなくなってしまった。ドワンゴが主催したプロ棋士とコンピュータソフトウェアが対戦する将棋電王戦では、2012年にはプロ棋士が1勝3敗1引き分け、2014年には1勝4敗、そして2015年には3勝2敗となった。これを受け、将棋電王戦のきっかけとなった、情報処理学会が将棋連盟の協力を得て2010年より行われてきたコンピュータ将棋プロジェクトは、事実上トッププロ棋士に勝つという目標は達成されたとして2015年に終了している。

コンピュータは、なぜ、人間に将棋で勝てるまでになったのか。ひとつには、情報処理能力の向上があることは間違いない。すべての手を読みつくすまでには至らずとも、人間に将棋で打ち勝つ程度には、多くの手を素早く読みつくせるようになった。仮説の重要性が、もし、情報量の多さという問題を解決するためにのみ必要とされてきたのであれば、その重要性は今後ますます薄まっていくことが予想される。だが、より重要な点がある。

そもそも、ＡＩが将棋で強くなった理由は、ただ情報処理能力が向上したからだけではない。新しい発想が人間によって提示されたからである。すなわち、それまで、２つの駒の関係に焦点を当てて分析していたのだが、ある時から３つの駒の関係に焦点を当てた分析が行われるようになったのである（松尾、同上）。

このことは、依然として人間の重要性を示すようにみえる。人しか、新しい発想は生みだせない。だが、これこそ、今や覆されつつある常識かもしれない。すなわち、「ＡＩでは、対象に関する仮説を、人が予め設定する必要がなく（矢野和男（２０１６）「人工知能は組織とコミュニケーションをどう変えるか」『組織科学』、49（４）、p.43）」、人が思いもつかなかった解決策が見いだせるようになる可能性がある。ＡＩの新たな可能性としてとらえるディープラーニング、さらには、その技術が作りだす特徴量がそれである。

４．結果がわかれば理由は要らない？

特徴量は、ＡＩが自らの学習によって獲得する判断基準であるといえる。たとえば、それは、猫を猫として認識することを可能にする。ＡＩは、ビッグデータを解析することで学習し、特徴量を獲得する。

マイヤー＝ショーンベルガー氏とクキエ氏は、ビッグデータが世界を変えるとしながら大きく３つの変化を指摘する（Mayer-Schönberger,V., & K. Cukier (2013). *Big data: A revolution that will transform how we live, work, and think*, Houghton Mifflin Harcourt. 斉

藤栄一郎訳『ビッグデータの正体』講談社、2013年)。「すべてのデータを扱う」、「精度は重要ではない」、そして「因果から相関の世界へ」である。これらのうち、最初の2つは実質的にビッグデータの特徴を示しており、これらの特徴をもとに、AIを中心とした実際的な利用が進むことで、因果から相関の世界への変化が起きると考えられる。

因果から相関の世界への変化では、これまで重視されてきた仮説や理由が不要になることが強調される。冒頭では、アマゾンによる協調フィルタリング技術が紹介され、専属の書評委員による書評よりも、コンピュータがはじきだした顧客別のおすすめやベストセラーリストのほうが100倍も大きな売上げを生みだしたことが示される。この際、コンピュータは、なぜその書籍が売れるのかを何かしら把握するかもしれないが、それを根拠づけ、理由づけることはない。ただ、一緒に売れていることが明らかになったことと、A／Bテストのような比較実験を通じて結果が示されたことだけは事実であり、その事実の積み重ねこそがビッグデータの世界では重要になる。

彼らによれば、仮説と検証を前提とした知識の進化は、あくまでスモールデータの世界だからこそ必要とされてきた。しかし、データ集合が大きくなれば、特定の変数同士をピックアップして検証するということ自体が逆に困難になる。むしろ、ビッグデータをコンピュータが解析するという作業を通じて、世の中をとらえられるというわけである。

もっといえば、スモールデータの時代には、データが少ないというよりも、結果をたくさん集めるということが困難であった。たとえば、製品開発においてA商品とB商品のどちらが売れるのかを判断する際には、実際に売って判断するというわけにはいかない。生産や販売にかかるコストは大きく、生産をはじめる前に開発の判断をする必要がある。この時、A商品とB商品の違いが示され、理由付けられ、明確な仮説として構築されることによって、事前に予測し制御することがある程度可能になっていた。だが、ネットビジネスの場合には、実際にやってみることの困難性が低いことが多い。画面はすぐに変えられる。サンプルも予算さえあれば集まる。製品サービスであっても、ベータ版として上市して様子をみながらアップデートすればよい。

それは、「反知性的（西垣通（２０１６）『ビッグデータと人工知能』中公新書、p.40）」のようにみえるかもしれない。とはいえ、これらをさらに精査し、その理由を問う作業を進めることもできる。「多くの場合、答えだけで終わりにせず、理由を知ろうと、ビッグデータの作業終了後に因果関係探しが本格化する（Mayer-Schönberger & Cukier、同上、邦訳p.108）」こともある。

5．RankBrain

ＡＩやディープラーニングのビジネス上の可能性について、最も先端をいく企業のひとつはGoogleであろう。Googleは、ディープラーニングに関する研究で著名なカナダのトロント大学のジェフリー・ヒントン（Geoffrey Hinton）教授らが立ち上げたDNN research社を２０１３年3月に買収し、つづいてデミス・ハサビス氏（Demis Hassabis）らが英国で創業したディープラーニングの先端的な研究を進めていたDeepMind

Technologies社を２０１４年１月に買収する。同社の開発したAlphaGo（アルファ碁）と名づけられたＡＩの囲碁プログラムは、そのアルゴリズムが２０１６年１月に自然科学論文誌Natureに掲載され、囲碁の世界タイトル獲得経験者である韓国のプロ棋士イ・セドル氏に２０１６年３月に歴史的な勝利をしている。

近年、Googleは、検索システムにRankBrainと名づけられたディープラーニングを用いたＡＩの機能を適用しはじめた。RankBrainは、ビッグデータからパターンやデータを発見するＡＩとして検索結果の処理を支援するために使用されており、過去に行われた検索結果からより効果的だった検索を学習し、特定のクエリに対して最適と想定されるＷｅｂページを大量にあるなかから選択する検索アルゴリズムの一部をになっている。

RankBrainは、ランキング（順位づけ）を検索結果として導きだすためのシグナル（要素）のひとつといえる。ランキングでは、Ｗｅｂページのコンテンツやリンクが重要なシグナルだが、RankBrainも重要なシグナルである。RankBrainは、シグナルのサブセットをチェックし、どのようにシグナルを結合するか、どのように文章を理解しようとするかといった固有の認識（ideas）を持つとされる。

われわれが日常的に活用している検索の結果は、それ自体がわれわれのニーズをますますうまく汲み取るようになっているようにみえる。意図に反する検索の結果が得られる機会は随分と減っている。その背景には、ＡＩの発展がある。そして、重要な点として、ＡＩが示す結果がなぜ正しいのか、その理由はわからない。「（内部のGoogleランキング・エンジニア曰く）正直なところ、われわれからしても、ＡＩがどのように作動しているか、理解するのに長い時間をかけているし、いまだに正確に何をしているか理解しようとしている」。米Google社Software EngineerのPaul HaahrとWebmaster Trends AnalystのGary Illyesのスピーチ動画では、「GoogleでさえRankBrainが何をしているかわかっていないようです」とまとめられている。

【仕事・業務へのヒント】

AIがどこまでマーケティング実践を変えていくのかは、まだ定かではないところが多い。とはいえ、これまでみてきたように、「理由」よりも「結果」を重視する実践は、ネットビジネスを中心にして着実に発展している。この傾向は、仮説を重視する従来のマーケティングリサーチのような発想と異なっているが、有効性という点では、「理由」や「仮説」はAIのブラックボックスのまま、「結果」を重視できる時代に入りつつあるようにみえる。

もちろん、「結果」重視の実践は、インプリケーションと同時に課題も浮かびあがらせる。第1に、ビッグデータを蓄積し、AIに学習させて分析を行うという方法は、極めて個別的に行われる必要がある。同時に、理由もわからなければ因果も特定できないとすれば、水平展開は難しい。第2に、豊富なビッグデータの蓄積やトラフィックによる検証には時間がかかる。一定規模のサービスが確立されるまで、有効な答えは得られない場合が多い。

Googleは、現在もなお、人間による検索結果の評価を行い、AIのオフライン学習用のデータ蓄積に余念がない。AIには、良質な学習用のデータがあって初めて、効果的な学習をすることができる。もしAIに興味があるのならば、すぐにでもデータを集めて学習をはじめさせることが大事かもしれない。

Keyword

マーケティング・オートメーション

6. 次世代型営業のゆくえ

――栗木 契

マーケティングのデジタル化が進めば、営業も変わる。

日本において、チーム営業を重視した営業改革が活発に行われたのは、遠い昔の話ではない。しかし、デジタル環境の発展は、さらに、チーム営業のあり方すらも揺さぶるようになっている。かつては、相手先企業への訪問をチームで繰り返すことが必要だった案件も、現在では、オンラインの個人営業で一気に成約にまで持ち込めるようになっている。この変化をマーケティング・オートメーションが支える。

利用できる情報技術が異なれば、製品やサービスの販売方法も変わるし、顧客企業の購買窓口も変わる。こうした変化をふまえて、「営業3・0」とでも呼ぶべき、営業の新しいスタイルが芽生えつつある。進化のプロセスを振り返ることで、次世代の新たな展開の核心が見えてくる。

1．日本型営業の変遷

時代は、確実に変化していく。

20世紀の後半の日本経済の成長期。この時期の日本企業のマーケティングを支えていた営業のスタイルを、「営業1・0」と呼ぶことにしよう。上司に厳しく叱られながら、一人前の営業マンに成長していく。そんな働き方が当たり前だった時代の営業である。営業先の店舗の掃除を手伝うといった話もめずらしくなかった時代だ。

営業1・0は、営業マン個人の猛烈な働きに依存した。当時は大企業であっても、営業マン個人による取引先との属人的な信頼関係を軸に、ビジネスが進むことは珍しくなかった。

スマホやモバイルPCはおろか、携帯電話も普及していない時代である。営業の猛者たちの社外での行動プロセスは把握しにくく、工場やオフィスの業務のようには管理できなかった。そこで営業マンの評価については、プロセスではなく結果、すなわち、一人ひとりに課せられたノルマ（多くは、売上げ予算）の達成度合いを競わせるのが、通常だった。

この渦中で営業マンたちは、自らに課された数字目標をどれだけ上回るかを競い合っていた。これが元気な会社の姿であり、営業マンたちは、取引先に繰り返し通い、関係を深めていくなかで、ノルマを達成していった。

日本経済の全体が年々成長をつづけていた時代の話である。そこでは、営業1・0のスタイルで多くの企業が売上げを拡大していた。

2. プロセス管理とチーム営業

日本経済の成長期は、1990年代に入り終焉をむかえる。この変化を受けて、2000年前後の時期になると、多くの日本企業が営業1・0の見直しを進めるようになる。

この時期の日本企業の共通課題は、多くの産業で国内需要の拡大が難しくなり、競争が激化していたことである。

そのなかで多くの企業は、何としてでも売上げを増やそうとして、次々と新製品や新サービスを投入していった。その結果、一人の営業マンが扱う製品やサービスの数が増えるとともに、その一つひとつは高度で複雑なものとなっていった。同時に取引先の要求も厳しくなり、単に個々の製品やサービスを売り込むのではなく、サポート・サービスやコンサルティングなどを含めた、総合的でシステム化された提案を行うことが必要となっていった。

大きな時代の変化のなかで浮上してきた新しい課題。これに真正面から向かい合っていくには、営業マン個人の対応だけでは限界があった。このことを理解した多くの企業は、営業改革へと向かった。こうして「営業2・0」が確立していった。

ここにおける改革のひとつの特徴は、プロセス管理である（石井淳蔵『営業が変わ

図1　営業のプロセス

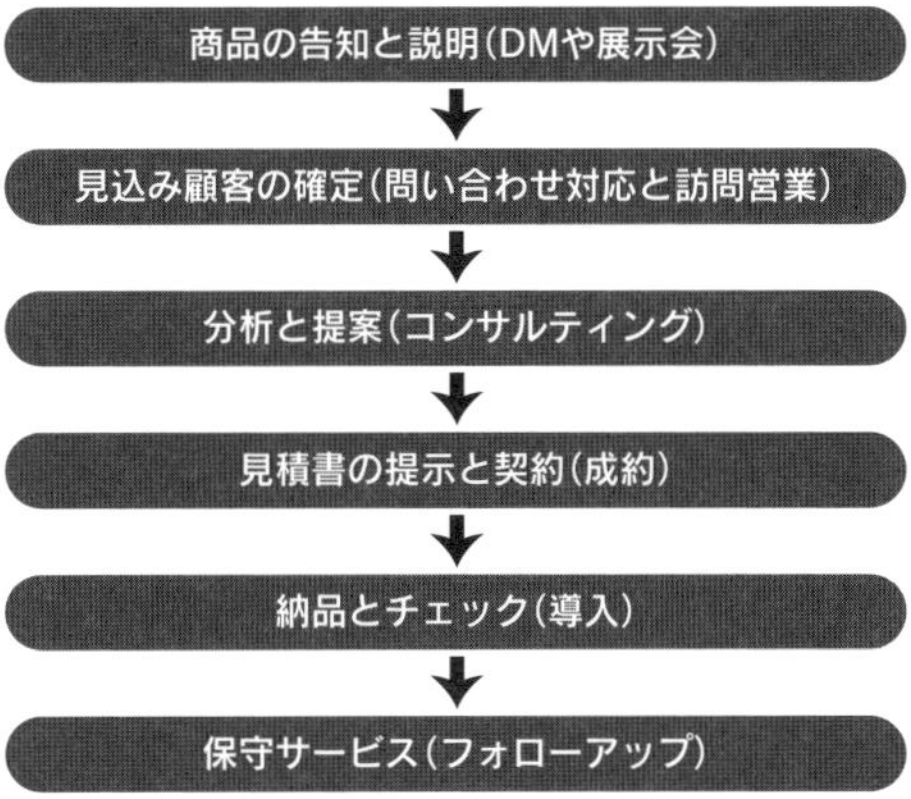

る』岩波アクティブ新書、2004年、高嶋克義『営業改革のビジョン』光文社新書、2005年)。新製品や新サービスの告知から、保守サービスへといたる営業のプロセスの進め方を、すべて営業マン個人にまかせてしてしまうのではなく、たとえば図1のようなステップに営業の標準を分解し、全社的にすべての営業活動をこの標準に沿って進めるようにするのである。そして、個々の案件のステップごとの成果を評価する指標を用意し、データベース化すれば、営業の進捗状況は社内の誰の目にも明らかになる。ステップごとに担当者や担当部門を分け、ひとつの案件を引き継ぎながら進めていくことも可能になる。これが、営業のプロセス管理である。

　プロセス管理の導入が進めば、営業のひとつの案件を複数のスタッフで分担して、チームで対応することが容易になる。チーム営業は、営業2・0のもうひとつの重要な特徴であり、たとえば、取引先との窓口となる営業マンが、適切なタイミングで、ダイレクトメール（ＤＭ）部門、ソリューション立案部門、システムインテグレーション部門、あるいは保守サービス部門などの専門スタッフと連携し、チームで対応していくことができれば、複雑で総合的な提案を、より高度に行うことが可能になる。

3. 購買活動の変化への対応

営業2・0への移行は、営業案件の複雑化と高度化、そしてシステム化に対応するものだった。そこで営業を受ける側の顧客企業に目を転じれば、同じ時期に購買活動に重要な変化が生じていた。国内需要が伸び悩むなかで、これらの企業の課題は売上げの拡大から、収益性の向上に転じていく。そのなかで、購買活動の軸となる、商談の統合化が進められていった。

商談の統合化とは、たとえば、地域ごとに仕入れを行っていたチェーンストアが、本部商談による全国一括仕入れに切り替える、あるいは、工場や営業所ごとに情報機器やソフトウェアを購入していたメーカーが、本社の情報システム部門による集中購買に切り替えるといった動きである。この商談の統合化の動きを後押ししていたのが、ＩＴの進化であり、コンピュータをはじめとする企業内の各種の情報機器が、回線でつながるひとつのシステムとなっていくなかで、商談を統合化することの有効性と必要性が増していた。

商談の統合化は、販売側の企業にも変化を迫ることになった。そこで営業に必要とされたのは、たとえば、取引先の年間の販売見込みを個店ベースで把握して、全国の配架計画を一括提案する。あるいは、各地の工場や営業所ごとの機器の稼働状況を把握して、効率的なバージョンアップにつながる全体配置計画を提案するといった対応である。しかしこうした対応を、営業マンが個人で実行することは難しい。

そこで出番となったのが、プロセス管理とチーム営業を組み合わせる営業2・0だった。販売側においても、ITが進化し、データベースの使い勝手が増していたことが、営業2・0を推進する追い風となった。

4. 必要なときに必要な分だけ利用する時代へ

ITの進化は、企業の購買活動の変化、さらには、これに対応しようとする営業のスタイルに変化を導く。この絶えざる変化の動きは現在も止まらない。

そのひとつが、2010年代に入り、広がりをみせているクラウドサービスの利用である。近年では、いつでもどこでもインターネットへのアクセスが可能な環境が整う。クラウドサービスとは、このWebを介したレンタル型のITの利用サービスである。一般消費者の音楽の聴き方が、CDの購入からWeb経由の定額聞き放題サービスに移行しているのと同様の動きといえる。

クラウドサービスを利用する企業は、必要な業務用情報システムなどを、自社が所有するサーバー内に構築するのではなく、Web経由でクラウドサービス企業のサーバーにアクセスしながら利用する。クラウドサービスであれば、企業は導入時に大きなコストを投じる必要はなく、月々の使用料を支払うかたちで、業務用情報システムの利用をすぐに開始できる。

プロモーションなどにおいても、インターネットの利用は広がっている。Ｗｅｂ上で展開されるターゲティング広告などでは､配信するエリアや対象者を絞ることが容易である。そのために小売りの個店単位で、当日に特売情報を発信するといった、柔軟な配信も可能になっている。

こうしたクラウドサービスやターゲティング広告の特徴は、シェアリングを通じて、必要なときに必要な分だけを効率的に利用できることにある。これらのサービスや広告を利用する企業は、サーバーや基幹システムへの大きな投資が必要となるわけではない。あるいは、スケールメリットを引き出すために、チラシの印刷や配荷に先だって小売企業の本部が個店情報を収集し、販売計画に沿って掲載内容を調整しておく必要もない。企業の個別の部門、あるいは店舗などの小ユニットの裁量での柔軟な購買が可能になる。

5. 営業3・0

かつての営業2・0への移行は、ＩＴの進化と連動しながら進んでいった。現在ではさらに、このＩＴの進化が、クラウドサービスをはじめとする、商談の分散化に向かう新たな動きを後押しするようになっている。

図2　営業1.0、2.0、3.0

	営業 1.0	営業 2.0	営業 3.0
IT	ー	個別プラットフォーム	共有プラットフォーム
販売商品	単品	システム	シェアリング
購買部門	分散	集中	分散
顧客接点	対面個人	対面チーム	オンライン個人

この動きに対応するべく、日本ＩＢＭ株式会社は、新しいデジタル営業を開始している。この営業1・0とも2・0とも異なる新たなスタイルの営業では、見込み顧客に対して、一人の担当者が、対面ではなく、Ｗｅｂ経由でアプローチし、成約までを担当する（図2）。日本ＩＢＭは一方で、依然として営業2・0的なチーム営業も展開しているのだが、近年ではこのオンライン・コミュニケーションによる個人営業の活躍する領域が拡大しているという。

なぜ、この「営業3・0」とでもいうべき、新しい動きが生じているのか。第1の要因は、販売する商品の変化である。製品やサービスの新たな買い方が生じているのだ。クラウドサービスのように、顧客企業が部門や店舗などの小ユニットごとに、必要なときに必要なだけ利用すればよい製品やサービスについては、大がかりな営業チームで対応していく必要性は低くなる。

第2の要因は、顧客企業の購買行動の変化である。現在では多くの場合、顧客企業は新たな商談にあたって、営業マンにコンタクトする前に、Ｗｅｂで情報収集をすませるようになっている。すなわち販売側としては、このプレ購買の動きを自社のWebサイトでとらえることで、見込み顧客を早期に判定し、アプローチを開始することが可能である。営業マンが顧客を発掘するべく、企業を一軒一軒、訪問して回る必要性は低下している。

第3の要因は、Web上の営業支援システムの充実である。Web経由であれば、テキストやビデオによるリアルタイムのコミュニケーションが可能である。履歴の管理や、サービスの試用などのツールも提供しやすい。見込み顧客にコンタクトをして、すぐに試用に誘導することも可能だ。こうした記録や発信の指示を、すべて人が行うのではなく、ITが自動的に作業を進めていくマーケティング・オートメーションの導入も広がっている。個人営業であっても、Web上であれば、高度な対応を効率的に行うことができるようになっている。

十年一昔という。かつての日本企業の営業2・0への移行期にあって、その雛形と目されていたのが、プロセス管理とチーム営業を融合した営業をいち早く展開していた日本IBMだった。(石井淳蔵『営業が変わる』岩波アクティブ新書、2004年)。同じ日本IBMが、現在では、営業3・0とでもいうべきオンライン型の個人営業に挑んでいる。ITの進化のなかで、営業の変化もとまらない。

【仕事・業務へのヒント】

何が有効な仕事の進め方なのか。デジタル化の進行は、マーケティングの一つひとつの業務のあり方を揺さぶる。

現在の産業社会では、マーケティングにたずさわる人たちにとっての仕事の問題とは、日々の仕事をこなしながら、仕事の進め方を見直すというメタ問題となっている。なぜなら、ITが進化し、社会のデジタル化が加速化してくなかで、マーケティングを支える各種の職能に求められる仕事の進め方が、急速に変化しているからである。営業の仕事もまた、この問題を避けて通ることはできない。

本章では、その一端を、時代とともに変遷してきた営業のスタイルのなかに確認した。ITの進化とともに、取り扱う商品のあり方も、販売先となる企業の購買部門も、有効な顧客接点も変化している。シェアリング型の製品やサービスを、分散した購買部門に、オンライン営業の利点を活用しながら販売する。このような営業では、個人営業が力を発揮しやすくなるが、そこでの営業マンの働き方は、かつての営業1・0の時代とは違ったものとなるはずである。

営業だけではない。新たな仕事のスタイルが、各所で求められている。今は、デジタル環境の変化への感度が、次なる営業、さらにはマーケティングを考えるうえで欠かせない時代だといえるだろう。

7. コミュニティ型メディアの活用

――水越 康介

日本の企業がFacebookを利用しはじめたのは2010年頃からである。それからわずか数年で、今では多くの企業がFacebookのアカウントを持つようになっている。そのなかで、実際の運用についてもさまざまな知見が得られるようになってきた。以下では、先駆的な試みとして知られた伊藤ハムの事例を紹介しながら、短期的ではなく、長期的にFacebookをはじめとするソーシャルメディアを活用する意義を確認しよう（水越康介「ソーシャルメディア発　ハム係長にみるソーシャルメディアの長期的活用」『日経消費インサイト』2014年4月号）。ソーシャルメディアでは、旧来的なメディアとは異なり、顧客との直接的なインタラクションが容易に実現できる。この特徴を活かすためには、商品告知やプロモーションといった短期的な目的だけではなく、顧客との関係性構築やブランド・ロイヤルティの向上といった長期的な目的が重要になるのである。

1. 設立の経緯と顧客層

伊藤ハム株式会社では、「ハム係長」というキャラクターを設定し、2011年3月からFacebookとGREEでの活動をはじめた。どこか憎めないキャラクターイメージと、そのキャラクターを通じたフォロワーとの密なコミュニケーションが大きな特徴である。2014年ごろには、Facebookのいいね数は6万以上、GREEのフォロワーも3万6000人以上おり、先駆的なソーシャルメディア利用として注目を集めてきた。

一般的にいって、ハムやウインナーは店頭購入の際にブランドを意識して選ばれることが少ない、いわゆる低関与商品である。また、特に近年ではチャネルからの圧力も強く、自らのブランドを打ち立てにくくなっている。伊藤ハムは、こうした問題に対応すべく、顧客と直接的なコミュニケーションを取ることができる場としてソーシャルメディアの活用を検討しはじめた。

その以前からも、伊藤ハムでは、サイト上でレシピの募集や公開を行っていた。当初はパソコン用のホームページとケータイサイトがそれぞれ用意され、ホームページについては広報部門が担当し、ケータイサイトについては通常の宣伝部門が担当していた。その後広報部門による一元管理が進められたが、当時はクックパッドなどの台頭もあり、必ずしも注目を集めていたわけではなかった。

そうしたこともあり、他社のソーシャルメディア活用などの勉強会が社内で行われるようになった。この勉強会を通じて社内でのコンセンサスがある程度得られるようになり、2011年3月、まずはGREE上に公式アカウントが作成され、翌4月にはFacebookページも立ち上げられた。

2つのサイトを利用することになった理由は、それぞれ少しずつ異なっていた。一方のGREEはモバイルメディアへの展開においてメインターゲットと想定される女性の利用が多かったこと、一方のFacebookは、同業界での先行事例になる可能性と将来的なグローバル展開を見込んでのことであった。英語やアジアの言語に対応するための検討もあった。

当時、伊藤ハムが考えたコミュニティでは、顧客は伊藤ハムへのロイヤルティの程度に応じて階層に分けられていた。最も裾野が広く、基本的にロイヤルティを有していないと考えられる潜在層にはじまり、徐々に伊藤ハムに興味を持つ興味・関心層やファン層、そしてさらに、高いロイヤルティを有すると考えられるロイヤルカスタマー層である。

それぞれの階層に対しては、異なったマーケティング上の施策が必要になる。たとえば、潜在層に対しては、企業や商品ブランドへの接触機会をまずは増やしていくことが必要になるだろう。これに対して、よりロイヤルティの高いと想定される階層の顧客の場合には、既存顧客としてより関係性を高める方法を考えるというわけである。

2. ハム係長というキャラクター

伊藤ハムのソーシャルメディア利用の特徴的な点としては、「ハム係長」というキャラクターを用いた点があげられる。その理由としては、ユーザーに親近感を持ってもらうことが第一であったという。そのため、「伊藤ハム」という企業名やロゴはあえて前面に出さず、専用キャラクターを立てることにした。

キャラクターの決定にあたっては、複数のキャラクター候補が準備された。その後、これらの候補について社内調査が行なわれ、特に評判の良かった「ハム係長」が採用されることになった。ただし、全面的に評価されたというわけではない。その容姿からして認められないと商品担当の責任者には言われたともされる。

当時多方面で広まりつつあった脱力系やゆるキャラのひとつといえるが、その設定は基本的に実在する広報担当のスタッフを反映しているなど、サラリーマンとしての姿が強調されている。当時、42歳、兵庫県西宮市出身、伊藤ハムで広報業務を担当という実在の係長を、そのままキャラクター化した設定だった。

企業に勤めている社員という設定のため、更新はほぼ業務時間内であり、夜間や休日は業務を行っていなかった。外出や帰宅時には、そのことが実際にわかるように、ハム係長のアイコンのデザインが変わるようになっている。そのアイコンのデザインは数が増えつづけて、喜怒哀楽や季節柄に合わせ、2014年には100種類を超えていた。

告知プロモーションを行わなかったにもかかわらず、開設直後から口コミでファンが増えていった。2011年6月には、NHKの朝の情報番組で取り上げられたことで、ファンを大きく増やすことができた。さらに2012年にはレシピ本も発刊されるなど人気はさらに高まっており、企業ブランドの存在感を高め、ファンを増やすという当初の目標は達成された。

Facebookページでは、閲覧してくれるユーザーに対して、ハムやソーセージなどを使ったおすすめのレシピ（飾り切り）や伊藤ハムに関するお知らせを日々更新している。これらの公開時期や内容ついては、その日の天候や状況に合わせてそのときに決める。ハム係長では、コミュニティへの投稿のタイミングやスケジュールは、その他の活動についてもそれほど明確に決められていない。むしろ、臨場感のあるやりとりが重視されており、その場でどうするのかが決められていく。特にレシピに関しては、先にも見たように企業サイトに置かれていたが目立たない存在だった。しかしこれらの情報がキャラクターから発信することで新たな価値を帯びるようになった。埋もれていた資源が生きたというわけである。

２０１４年ごろ、ＳＮＳの運営・管理は広報室の3名が中心となって行っていた。ただし、ハム係長の発する投稿・コメントの閲覧、返信といった実作業は社員1名が担当する。また、ハム係長の女性部下アサノフレミという新しいキャラクターの担当も、広報室の女性社員が担当して、ハム係長同様に性別や年齢など等身大の社員の姿をキャラクターに反映させている。同一アカウントを複数人で担当する場合、どうしてもコメントの個性にばらつきが出てしまう。一人のキャラクターという設定である以上、実際の担当者を絞り込む必要があったという。

運営・管理面で特徴的なのは、２０１１年6月に策定した「ブランドステイトメント」というコミュニケーション運営ガイドラインの策定である。ガイドラインでは、ウインナーの飾り切りやオリジナルレシピなど伊藤ハムが持つ情報を通して、ファンがコミュニケーションを楽しめる場として運営していることを宣言し、店頭や広告でのキャラクター利用を認めないなど利用規定を細かく定めた。

ステイトメントに関連して、ソーシャルリスクに対する決まりも定められるようになっている。たとえば、ハム係長に対して、社員はいいねボタンを押し、投稿内容をシェアすることはできるものの、コメントを書き込むことは禁止された。やらせであると思われる危険性や、不用意な発言が公式に流布してしまうことを避けるためである。

3. コメントを返す

この当時、毎日のように更新情報に対する反応など、ファンからの投稿が寄せられていた。これに対し、ハム係長はコメントに対する返信を行ってきた。

「お客様からの声にはとにかく素早く反応する」という方針の下、コメントが投稿されるとその都度返事をし、わからない部分がある場合には後から調べてコメントをつけた。2014年ごろには一日に50件程度のコメントがついたが、そのほとんどにコメントを返していたという。

一方で、こちらからの投稿に対するコメントバックに対しては、ケースバイケースで返信することもあればしないこともあった。明確なルールがあったわけでないが、ひとつの指針になるのは、その際のコミュニティの盛り上がりである。今ひとつ盛り上がりに欠けていると見た場合には、積極的にコメントバックに対応することで場を盛り上げる。また、逆にコミュニティが盛り上がっているというときにも、その流れに乗って再返信することがある。基本的には投稿して終わりにはしないようにしている。個別に返信できないという場合には、「多くの方からコメントをいただきました」といった総括的な返信をすることで対応する。

こうした返答は、いまだコメントをしていないユーザーや、さらにはいいねボタンもまだ押していない未知のユーザーも閲覧することができる。サイトを閲覧したユーザーは、ハム係長にコメントを返すとどういった反応が得られるのかを知ることができ、このコミュニティがどういうコミュニティなのかを理解できる。すなわち、外部の新しいユーザーを取り込むきっかけとなるわけである。ハム係長としてもこうした影響を念頭においており、たとえば、東京駅の近くでハムやソーセージのおいしい店を教えてください、といった本当は専門外のコメントに対しても答えることがあるという。そのやりとりの実際的な意味ではなく、そのやりとりを多くの第三者がみて、それぞれに意味を取りだすことが意識されている。

Facebook上で行われる活動では、実名が基本になる。また、実際の運営を特定の社員が専任していることもあり、ハム係長ではコミュニティに参加してくれているユーザーの実像がわかるという。ポジティブなコメントを返してくれるユーザーもいれば、どちらかというと批判的なコメントを返してくれるユーザーもいる。いずれにせよ、ハム係長ではそのコメントを行った人がどういう人なのかがある程度わかる。どのくらいの頻度でコメントしてくれているのかについてもだいたいわかるようになり、それぞれの相手にうまく合わせた対応ができる。こうしたやり方は、当初は、相手のサイトを確認し、そこで記載されている内容をみながらの作業であったが、徐々にそこまでしなくても相手がわかるようになった。

コメントを書き込んでくれるコア・ユーザーはある程度固定化されているが、その変遷も感じることができるという。2014年ごろのコア・ユーザーは5期目ぐらいであったという。新しいユーザーがコメントを書き込み、その書き込みの回数が徐々に増えていく。一方で、既存のコア・ユーザーのコメント投稿の期間が徐々に長くなっていき、やがて離脱していく。そうした緩やかな変化をみることができる。

4. 2つのキャラクターアカウント

ハム係長の女性部下アサノフレミというキャラクターも独自のアカウントで運用されている。こちらもハム係長同様に、性別や年齢など等身大の社員の姿をキャラクターに反映させている。

それぞれ、実際に担当する社員が異なるため、担当者の個性が反映されることになる。アサノフレミは女性設定であり、女性が実際に担当する。投稿記事の内容自体はレシピの紹介や飾り切りなどハム係長と大きくかわらないものの、お菓子であったりかわいいものであったりと、より女性的な感覚が強く打ちだされている。2014年2月時点で、いいねを5000ほど得ている。

もともとアサノフレミは、ハム係長のサポートというかたちで用意された。ハム係長の運営に何か問題が生じた際、中の人が入れ替わることもできる一方で、その場合にはキャラクターとしての一貫性が保ちにくくなってしまう。そこで、ハム係長とは別のキャラクターを立てておくことによって、それぞれのキャラクターの運営上の一貫性を保とうとしたのである。

こうして用意されていたアサノフレミがまさにハム係長の代理として役立ったのは、2013年10月にハム係長の担当者が骨折してしまい、その運営を1ヵ月ほど休まねばならなくなったときである。係長という設定上、ハム係長もまた怪我をしてしまって休職しているというイラストに変えられるとともに、更新を一度とりやめることになった。この際、アサノフレミがハム係長の投稿欄にコメントをシェアしたり、あるいはユーザーからのコメントに対して、アサノフレミが自身のアカウントから返信をしたりするなどして対応した。

Facebook内では、この2つのアカウントが主従の展開で運営されていることになる。一方で、伊藤ハムでは、これに合わせてGREE上でもハム係長が運営されてきた。この場合には、ハム係長というキャラクターが異なるソーシャルメディアに横展開されていることになる。

GREEのユーザー層は、伊藤ハムにとって重要な顧客となる主婦が多いと考えられている。最盛期に比べるとその規模は小さくなったものの、むしろそれゆえに今ではより濃度の濃いコミュニケーションがとれている。ただし、GREEの仕様上、ユーザーと1対1でコミュニケーションをとるのではなく、基本的には広く全体に向けてコメントがつけられる。

GREEのハム係長は、相手のタイムラインにまで降りたかたちでコメントをするようにしている。こうした試みをする企業はあまりないという。ユーザーからの反発が想定されるからである。実際、ハム係長の場合も、当初はそうした反応があった。しかし、まもなくそうした反応はなくなっていったという。

5. 社内の認知度向上と今後の展開

2014年頃には、ユーザーの認知度やロイヤルティの向上はもちろん、社内での認知度や評価も高まってきた。2013年には、Facebookユーザーと一般の消費者それぞれ500人について、伊藤ハムの認知度や好感度など主にブランドにかかわる項目の調査が行われている。これらの結果はいずれもFacebook利用の価値をサポートするものであったとともに、この内容報告会に際しては社長も参加し、その内容に興味を示した。

こうした社内での認知や評価の高まりは、一方で、これまでの長期的な利用方針とは相反するような短期的な利用を誘発し、新たなマネジメントを要請することにもなる。2013年に「株式会社鷹の爪」とのコラボレーションが実現したことをきっかけに、ハム係長のライセンス化などまでを見すえたマニュアルやスタイルガイドも作成されている。

これまで管理職を含め実質4名で運営されてきた組織体制は、2014年度から徐々に変えられていく。こうした組織体制の変化は、いよいよハム係長の活動が次の段階に入ったことを示唆しているともいえる。

【仕事・業務へのヒント】

デジタル時代に入り、Facebook や Twitter といったソーシャルメディアの活用は、ほとんどの企業にとって当たり前の作業となった。伊藤ハムにみる個人的なソーシャルメディアの運用は、今では組織的なマネジメントに置き換えられつつある。だがその一方で、「中の人」という言葉が示すように、ソーシャルメディアのアカウントは、しばしば組織ではなく個人を連想させ、その運営について専任の担当者を必要としている。伊藤ハムの係長の事例は、今でも多くの示唆を提供してくれる。

ソーシャルメディアをひとつのコミュニティとしてとらえるのならば、運営に際して大きく4つの点が重要になる。第1に、ネットワーキングであり、コミュニティに参加した人々を温かく迎え、同じブランドやキャラクターに興味を持つ仲間として認めるための活動やコメントを行うことが有用である。2つ目は、エンゲージメントであり、ただ仲間を迎えるだけではなく、それぞれの特性や階層をうまく選別することにより、コミュニティの安定性をはかることができる。コア顧客とライト顧客を分けてコミュニケーションを変えることや、あるいは複数のアカウントを使ってユーザー層を分けることなどが考えられるだろう。それから3つ目は、インプレッションであり、コミュニティの中に向けてだけではなく、外に向けて、コミュニティの有用性について情報を発信していく。この活動は、新しいユーザーの獲得につながるとともに、既存のコミュニティのユーザーにとっても、コミュニティに帰属する価値を高めてくれる。そして最後に、言うまでもなく、当該ブランドの使用方法や意義について提示していく必要がある。ウインナーの切り方はもちろん、ちょっと驚く利用方法など、当該ブランドの可能性をコミュニティを通じて広げていくことが求められる。

Keyword

オムニチャネル

8. ネットとリアル店舗の連動

——水越 康介

本章では、東急ハンズのソーシャルメディアやECサイトと、リアル店舗の連動がどのように進んできたかを紹介する（水越康介「ソーシャルメディア発 東急ハンズのTwitter活用術」『日経消費インサイト』2014年6月号）。この事例は大きく2つの点で興味深い。ひとつは、Twitterを活用する際に、複数のアカウントの役割分担が行われていることであり、もうひとつは、特にリアル店舗を含む在庫管理の一元化とうまく連動させることで、ソーシャルメディアやECサイトの展開がはかられてきたということである。

現在でもソーシャルメディアやECサイトをどのように使えばよいかに迷いを感じている企業は多いと思われる。本章の事例から見えてくるのは、このソーシャルメディアやECサイトの活用にあたって企業は、「デジタル技術をどのように使うか」という問いに加えて、「デジタル時代に合わせて、自らのあり方をどのように変えるか」という問いにも向かい合わなければならないということである。

1．3つの本社アカウントに個別の店舗アカウント

オムニチャネルとは、リアル店舗にECサイト、ソーシャルメディアなどの各種のチャネルを連携させて顧客との接点を構築しようとする小売企業の戦略や試みを指す。東急ハンズでは、以下に紹介するように各所で個別に展開されていた試みがつながっていくなかで、オムニチャネル化が進んでいっている。

株式会社東急ハンズのTwitterアカウントは、2009年7月6日、最初に@TokyuHandsが開設された。その後、@HintMarket、および@Hansnetという別アカウントも開設され、現在、これら3つのアカウントが運用されている。当時、中心となる@TokyuHandsで6万人以上のフォロワー、@Handsnetと@Hintmarketでそれぞれ約3万人をかかえていた。また、これらとは別に、希望する個店のアカウントが存在する。

3つのアカウントは、それぞれ提供される情報の内容が異なり、ヒト・モノ・コトに大きく分けられていた。まず、ヒトを担当する@Tokyuhandsは、何でも聞けるお兄さんといったイメージで運用され、人間味のあるコミュニケーションを通じて、東急ハンズに親しみを持ってもらうことが目的とされる。モノを担当する@Handsnetでは、販売されている商品についての紹介を行う。最後に、コトを担当する@HintMarketでは、イベント情報やオフィシャルな情報が提供される。

運営部門も少し異なり、ヒトを担当する@TokyuhandsはECサイトの在庫を担当する

新宿店、@Hansnet についてはＩＴ部門、そして @HintMarket については広報部門が担当していた。それぞれの担当は、当初より部門横断的に状況を共有し、その運用を随時確認し合っているという。

なお、Twitter 以外にも横展開として Facebook などが利用されているが、接客という観点からみれば Twitter の仕様のほうがうまく合っている。

2. 運用の背景

これらのアカウント運用がはじめられた２００９年頃、日本ではまだ Twitter の活用事例がそれほど多くなかった。そうしたなか、アメリカの大統領選挙でオバマ氏がソーシャルメディアを活用したことを知り、その可能性に注目したことがひとつのきっかけになった。また、現在では運用が終了しているが、大手家電量販店ベストバイが Twitter を用い、ユーザーからの疑問や質問に答えるサービスを提供していたことも参考になった。

手探りという状況のなか、あくまで実験的に、資源や人手をかけずにやれるところからはじめていった。最初から３つのアカウントを考えていたわけではなく、実際に運用し、顧客とのコミュニケーションのなかで、具体的にヒト・コト・モノに分けたアカウントのかたちが見えてきたという。

当初に考えられていたのは、商品やイベントの情報を発信することだった。しかし、実際に運用をするなかで、むしろ特定の商品が店頭にあるかどうかの在庫情報について、顧客からの確認が多いことに気づいた。顧客の声に対応するなかで、徐々に情報の発信というよりは接客としての側面が強くなっていった。

この変化が、東急ハンズというもともとの小売店としての考え方にもうまく合致していたことは重要であろう。一般的にいっても、小売店の店頭ではスタッフの接客が重要になる。在庫の有無はもちろん、顧客の要望にもとづいた個別の商品の説明が求められる。そうした接客が、そのままTwitter上でも必要とされることに気づいたわけである。

アカウントごとに情報の内容を分けることで、一方的にたくさんの情報を流すのではなく、顧客が必要に応じて情報を選択したり、確認したりできるようになる。2010年末頃には、現在の3つのアカウントの運用方針がほぼ固まった。

3. 店舗アカウントの役割

こうした本社運営の3つのアカウントとは別に、希望する店舗は、独自に店舗アカウントを運営する。これらのアカウントでは、各店が独自の情報をあげていくとともに、顧客に店舗の疑似体験を提供できればと考えられている。

店舗アカウントは、3つのアカウント以上に重要視されている。というのも、本社で運営されるアカウントでは、店舗レベルでの細かい情報をリアルタイムで把握し発信することは難しい。これに対して、店舗アカウントの場合には、その場で実際に確認して答えることができる。また、こうした臨場感のある対応は、まさに店舗の疑似体験を提供する。

店舗がアカウントを開設するかどうかは、基本的にそれぞれの店舗に任されていた。具体的な運営についても同様であるという。本社からは、バックヤードでアカウントを担当するスタッフを用意することだけを最低限として依頼している。その他、たとえば新宿店の場合、各フロアに担当者が用意されており、店頭の在庫情報や売れ行き状況をツイートできるようになっていた。実質店長が担当するという場合もある。

Twitterでは、フォロワーの数はもちろん、初めてシェアしてくれた人や、Retweetのチェックをしており、チラシの効果や購買との結びつきを調べる指標となりつつある。来店客数に影響しているという日経デジタルマーケティングの調査もある。

とはいえ、はっきりとしたKGIやKPIとして位置づけられているわけではない。むしろ、ソーシャルでの活動もまた顧客のために行われることが最も重要となる。無用な指標化はそうした目的を形骸化させる危険もあるため、注意が払われている。

4. 商品検索用のアカウント「コレカモ」

Twitterのアカウントとしては、さらにこの他に、2010年から運用されてきた商品検索用のbotアカウント「コレカモ」があった。コレカモは、もともと経産省によるネットをリアルにつなぐ企画「ITとサービスの融合による新市場創出促進事業（e空間実証事業）」のなかで、リアルの在庫情報をうまくネット上で提供する方法として考えられたサービスである。コレカモの導入は、特に在庫管理の仕組みと強く結びついていた。

もともと東急ハンズでは、店頭での接客に際し、在庫の情報をスムーズに提供することが日常的に求められてきた。こうした在庫の情報は、当初はネット上で公開されるものではなかったが、目的を考慮し、その情報を開放しようということになったのだった。

具体的には、ユーザーが商品の在庫情報を、Twitterを通じて検索できるようにし、botを通じて機械的に結果を返信できるようにした。商品名が入力された場合は、その商品を紹介し、ない場合は関連しそうな商品を提案する。さらに、「お腹すいた」といった直接商品に関係のない質問の場合は、ゆるい感じで、それっぽいものを返すようになっている。

キーワードが曖昧になりやすいこともあり、期待通りの答えが常に返ってくるというわけではない。また、当初は、商品画像も限られており、具体的なイメージを伝えることができないこともあったという。ユーザーによっては、機械ではなく人が実際にやっていると思っている場合もあり、そうしたユーザーからはゆるい発言に対する反発もあった。しかし、機械が自動で作業していることがわかるようになると、逆にそれを面白いものとして受け入れてもらえるようになった。画像についても、その後ECサイト上の商品掲載数を10万点以上に増やし、充実させることで対応した。

5. 在庫管理システムの構築へ

コレカモ自体は、それ以上として発展したわけではない。むしろ重要だったのは、コレカモに合わせて進められたECサイトの充実化である。ECサイトの充実化は、やがてコレカモを代替し、ECサイトで直接検索して在庫を調べられるようになっていった。店頭情報を即座にネット上にあげていく仕組みは、それまで培ってきた在庫管理の仕組みと強く結びついていた。

2011年2月には、ECサイトの在庫を新宿店に一体化させた。これに合わせて、アマゾンや楽天など他モールへの出店が容易になったという。在庫の一元的な管理と受発注の一元化が手元でできるようになり、ネット上の出店ごとのコストを最小限に抑えられるようになったからである。

自社のECサイトとアマゾンや楽天は、あまりカニバリゼーションを起こしていない。顧客層や購買方法が異なっているからである。アマゾンや楽天の場合、商品の検索結果にもとづいてピンポイントで購買行動をとる顧客層が中心になる。これに対して、直接自社サイトへ来るユーザーは東急ハンズが好きだからやってくるのであり、商品を探索しながら購入するような層になる。

こうしたことから、楽天やアマゾンでは商品掲載を増やしてヒットの確率を上げることが重要になる一方で、自社サイトでは、探索のしやすさを考えて商品掲載数を絞り込んだほうがいいかもしれないと2014年頃には検討をはじめていた。

商品掲載数については、別の側面からも考察が進められた。当初、ECは小型店舗の支援につながるのではと考えられていたという。小型店舗では商品点数がどうしても限られてしまう。この点をECで補完できると考えていた。しかし現状では、興味深いことに、むしろ大型店舗を支援しているような印象がある。大型店舗では商品点数が膨大になり、どうしても商品を探す手間が増える。この手間をネット上での検索が助けているというのである。

在庫の管理を含め、リアルの店舗の活動がうまくネットと結びつき、そのなかでソーシャルメディアの活用方法やＥＣサイトが変わっていく。メーカーではなく小売店によるソーシャルメディア活用のひとつの特徴をみることができる。

【仕事・業務へのヒント】

東急ハンズのオムニチャネル化は、一気に構築されたわけではない。その試行錯誤の歩みから学ぶことができるのは、企業はソーシャルメディアやECサイトを、自社の仕組みに合わせて利用する必要があるとともに、ソーシャルメディアやECサイトというツールの特徴に合わせて、自社の仕組みを変えていく必要があるということである。

東急ハンズにとってTwitterは、接客の延長線上にあると考えられていた。Twitterは、店舗スタッフが日常的に行ってきたフェイス・トゥ・フェイスの業務を、インターネット上に置き換えていくためのツールだとなる。これは、小売企業ならではの発想だといえるだろう。一方でメーカーであればどうするべきだろうか。今まで行ったことのない細かい接客を急に行うことはできない。慌ててそれを行おうとすれば、炎上するだけである。

同時に、東急ハンズにとって、Twitterで接客をしようとするのならば、在庫情報を一元化し、集中的に管理できるようにする必要があった。これも小売企業ならではの発想だが、他の小売企業は同じことができるだろうか。新興のネット小売企業ならばいざ知らず、大規模な既存店舗を運営してきた小売企業にとって、在庫情報の一元化はきわめて難しい問題であろう。

デジタル時代に入り、小売業には、メーカー以上に新しいビジネスと仕組みの構築のプレッシャーがかかっている。インターネットという、これまでになかった新しいチャネルが登場し、その存在感がいよいよ増してきているからである。そうしたなかにあって、アマゾンのような巨大な小売業と差別化していくためには、もはや路面店を保有しているというだけでは不十分ということかもしれない。デジタルの世界においても差別化していく必要がある。

ソーシャルメディアやECサイトをマーケティングのツールとして使うことは容易《たやす》い。しかし、その効果を十分に得ようとするのならば、それなりの対価が必要となる。

Keyword

エクスペリエンス・デザイン

9. マーケティングの焦点として浮上する顧客体験

――大地 崇

21世紀に入り、消費に占めるサービスの構成比が高まるとともに、付加価値の構築におけるデジタル技術の活用が高度化している。この経済のサービス化とデジタル技術の融合は、世界の先進国市場に共通の傾向であり、そのなかでマーケティング競争の争点は、顧客のエクスペリエンス（経験）へと移行している。

この顧客のエクスペリエンスをめぐる競争を勝ち抜くには、プロダクト・マネジャーやブランド・マネジャーの役割が重要となる。顧客のエクスペリエンスは、複数のマーケティング活動のかけ合わせのなかから生まれる。プロダクト・マネジャーやブランド・マネジャーは、これらの多岐にわたる活動の企画や実行の司令塔となる。

デジタル時代においては、マーケティングの個々の活動の相互依存性は一段と高まり、それらを統合した一貫性や連続性を実現していくことが重要になる。機能分化した組織が行う活動のパッチワーク（足し算）では、顧客のエクスペリエンスは曖昧で平凡なものとなってしまう。産業を越えて多くの企業が、マーケティング活動にかかわる権限の適切な集中化を再検討しなければならなくなっている。

1. エクスペリエンスをめぐる競争

「顧客の創造」は、古典的なマーケティング課題である。しかし、そのもとで顧客の「何を」創造するかについては、時代とともに課題は刻々と変化していく。

企業が市場において挑むべき創造の課題は、顧客の認知なのか、顧客の購買動機なのか、顧客の満足なのか、あるいは顧客の経験なのか。課題が変われば、マーケティングの仕事の進め方も変化する。

ソーシャルゲームを中心に事業を展開する株式会社ＤｅＮＡ（ディー・エヌ・エー）。その創業者の南場智子氏の講演を聞いた（２０１５年９月）。筆者には以下の２つの発言が印象に残っている。

「われわれのビジネスやサービスの成功のカギは、ユーザーが使ったときのエクスペリエンス。これが素晴らしければ、９割は成功が保証されています」

「素晴らしいターゲット設定やビジネスモデルを構築しても、経験のつくりこみで失敗すると、すべてがゼロになってしまう」

その具体例として南場氏があげていたのが、２０１５年に市場に投入されたＤｅＮＡのスマホアプリ「Mirrativ（ミラティブ）」だった。このアプリは、スマホの画面を丸ごと配信して、ユーザーたちが経験を共有することができるというもので、20カ国以上でリリースされ、週次で1億インプレッションを超えるサービスに成長している。

ミラティブの開発には、従前のDeNAのサービス開発とは違うユニークなアプローチがあった。それは、ユーザー・エクスペリエンスの定義から開発をはじめたことである。プロトタイピングをするとともに、真っ先に「これはどう使う」と考えたのである。こうして納得のいくエクスペリエンスをつくりこんでから、順次ターゲットやビジネスモデルを見定めていったのだという。

「これまでは、最初に戦略を考え、次にUXをやっていたけど、そうじゃない。まず、UXを考えて、それを活かす戦略を考えていく。別のいい方をすると、strategy leads UI/UXではなくて、UI/UX leads strategy なのです」

われわれ電通デジタルでも、製品やサービスの開発全体をサポートするコンサルティングサービスを行っている。そのなかで近年では、クライアント企業からターゲティングやポジショニングを工夫するだけでは、消費者を満足させることが難しくなってきているとの相談を受けることが増えている。

一昔前であれば、ニッチとなるニーズを探し、競合に先駆けて製品やサービスを投入し、その特徴をプロモーションで伝えることで、新たな市場を創造できる場合が少なくなかった。しかしデジタル時代を迎えた今は、市場競争は「微細で絶妙」なレベルのつくりこみに移行しており、多くの企業が対応に頭を悩ましている。

2. 勝負をわける、絶妙なエクスペリエンス

2010年、マイクロソフトは自社の検索サイトのリンクカラーを変更した（同じブルー系だが少し彩度を落とした）。同社のユーザー・エクスペリエンス・マネージャーのP.レイ氏の発表によれば、その結果として、クリック数の増加やユーザー関与の増大により、同社の年間売上高は8000万ドル増加した。

このニュースで注目すべきことは、巨大組織のマイクロソフトが、微細で絶妙な配色の違いが生む効果に注目していることである。芸術家肌のデザイナーの表現上のこだわりではないというところがポイントだ。利益創出ドライバーとしてのリンクカラーが、広く関心を集めるきっかけとなったニュースだった。

当時は、「こんなちょっとしたことで、ユーザーの情報の探しやすさや、アクションが変わるのか」と、関係者のあいだで話題を集めたものだが、現在では多くの企業のWebサイトでこうした配色効果の検証が行われるようになっている。

われわれ電通デジタルがサポートした、ある小売企業のプロジェクトでも、似たような微細なエクスペリエンスの影響に直面したことがある。顧客インタビューを行ったところ、

他の小売チェーンに比べて、「レジでの電子マネーの反応が遅い」、「電子マネーの種別を自分で選択する手間が煩わしい」といった不満が続出したのである。

電子マネー対応のレジ・システムを導入すれば、新しいニーズにこたえることができる。ここまでの小売企業の判断は正しかったのだが、その先の使い勝手にまで配慮が行き届いていなかった点に問題があった。そのため、顧客のエクスペリエンスは台無しになっていたのである。

3. エクスペリエンスという構成体

顧客のエクスペリエンスをデザインする。この課題にこたえることの難しさは、エクスペリエンスとは、複数の要素が複雑に絡み合う、相互依存的な構成体だということにある。たとえばホテルの検索サイトという、単純なＷｅｂサービスであっても、その使い勝手のよしあしは、単一の要因から生まれるわけではない。そこには、コードの最適化、検索画面のレイアウト、検索画面でのアシストの適切さ（入力途中に出てくる候補ワードの精度など）、あるいは登録項目の適切さなど、さまざまな要素が複雑に絡み合っており、そこにそれらが高い頻度で更新されているかという問題が加わる。そして、これらの一つひとつの要素を機能させるためには、その下層におけるサーバー、ネットワーク、そして端末の処理速度の問題などにも対処しなければならない。

このような構成体では、どれかひとつの要素を突出させるだけではサービスの品質を引き上げることは難しい。エクスペリエンスのデザインにおける中心問題は、複雑に絡み合う要素をどのようにすり合わせて、ひとつの方向にアライメントし、ねらう性能や機能を向上へとまとめ上げていくのかである。

4．エクスペリエンス・デザインは丸ごと買うしかない？

この数年間を振り返ると、エッジをエクスペリエンス・デザインに置いた企業が、より大きな企業に買収されるというニュースが相次いでいる（たとえば、アダプティブ・パスはキャピタル・ワンに、フィヨルドはアクセンチュアに買収された）。

その理由の第1は、エクスペリエンス・デザインが生む価値に、巨大なファンドや事業会社が気づきはじめたことであろう。第2は、エクスペリエンス・デザインが「すり合わせ」の塊であることだ。エクスペリエンス・デザインは、モジュール化が難しく、要素ではなく全体を手に入れなければ、その価値は霧散してしまう構成体なのである。

5．トレードオフのなかでのデザイン

ホテルの検索にしろ、スマホ画面の共有にしろ、ユーザーが欲しがるものや、事業者が販売したいものがあり、これらの取引をよりよいエクスペリエンスに仕上げていくことでビジネスを大きくする。エクスペリエンス・デザインのねらいは、ここにある。

エクスペリエンス・デザインの課題は、突き詰めると、ひとつの機能を、複数の相互依存的な要素から成る構造体に落とし込んで、どれだけ高度な運用に持ち込むかである。そこでは多くの場合、複数の要求や背反する条件が出現し、これらのトレードオフを解決することが、実現のカギとなる。

エクスペリエンス・デザインにおいては、こうしたトレードオフが生じた場合に、何を拾って、何を捨てるのかの決断を的確に導くことが重要になる。その指針となるのがデザイン・ポリシーであり、「ジャーニーマップ」（想定顧客の行動プロセスを「旅」になぞらえて描きだしたもの）や「ペルソナ」（想定顧客の人物像を、趣味や性格、居住地や職業などまで詳細に描きだしたモデル）なども、すべてはこのトレードオフに直面した際の選択が、ぶれないようにするためのアンカーだといえる。

問題は、顧客のエクスペリエンスという、数字や戦略として表現しにくく、多分にニュアンスに富む構成体を、企業が、組織としていかにつくりこんでいくかである。

そのなかで現在広まりつつあるのが、プロダクト・マネジャー制やブランド・マネジャー制である。これらの組織制度の特徴は、顧客へ届けるエクスペリエンスに責任を持つポジションに、開発する要素についての権限を集中させることにある。

6．エクスペリエンス・デザインの組織論

Ｗｅｂサービスやアプリケーション・サービスなどを提供する企業では、「プロダクト・

マネジャー」という、エンジニアやデザイナーとは明確に区別された職能が確立しつつある。プロダクト・マネジャーとは、マーケティング・リサーチ、企画の立案、ロードマップの管理、リリース時の品質保証、他部門との連絡・調整など、顧客のエクスペリエンスのデザインにつながる広範な業務に責任を持つマネジャーである。

こうしたマネジャーが必要なのは、エクスペリエンス・デザインでは、「これをつくったのは、彼・彼女だ」といえる人物の存在が重要となる。このデザイン・プロセスでは、プロダクト・マネジャーが、ある意味で「独裁的」に意思決定することで、製品やサービスの魅力が磨き込まれていく。

参考になるのは自動車産業である。自動車産業では、「開発主査制度」というかたちで、60年代からプロダクト・マネジャーにあたるポジションが導入されていた（藤本隆宏・キム B. クラーク『製品開発力』ダイヤモンド社、2009年）。自動車は小型車でも3万点を超える部品を使用し、公共空間で人を乗せて、高速に移動する重量物である。そのために、安全に対する高度な社会的要求、燃費や騒音などの環境負荷対応への要求、そして高額製品としての高水準な機能への要求に、その開発はこたえていかなければならない。こうした多面的要求は、開発プロジェクトの複雑度合いに直結する。そのために、開発主査が川上から川下の各エンジニアリングチームを統合的にリードし、プロモーションや販売などの各部門との調整を行う組織のあり方が確立していった。

このような組織体制は、意思決定が個人の感性に委ねられてしまうリスクがあるように見えるかもしれない。しかし、ＡＩが発達した現在においても、社会の多くの領域におけるマネジメントの高度な意思決定を、人間の感性に根ざした直感がになっていることを見

【仕事・業務へのヒント】

1980年代の自動車産業をフィールドに、開発主査制度に関する実証研究を行った藤本隆宏とキムB.クラークによれば、この開発主査というポジションがうまく機能するには2つのパターンがある。第1は欧州の高級車メーカーに観察されるパターンで、このような組織ではコンセプトやエンジニアリングへの哲学が世代を超えて組織内に浸透しており、個々の開発主査の力量が弱くても、問題は発生しにくい。第2は、日本企業に観察されるパターンで、開発主査が実務レベルに直接深く関与する。これはたとえば、サスペンションのような主要部品の設計やテストの細部まで、開発主査が議論して決定していくというアプローチである。

興味深いのは、この日本型の開発主査の特徴として、市場への「独自のパス」の保有があげられていることである。この独自のパスとは、エンドユーザーの声を直接聞く、サプライヤーの現場との非公式コミュニケーションを持つなどの情報ルートである。こうした情報源を持つからこそ、マネジャーは微細で絶妙なエクスペリエンスを具体的にイメージでき、コンセプトや開発を一貫してリードすることができる。この20世紀の教訓は、現在のデジタル・マーケティングの最前線に通じるものだといえそうである。

10. アド・テクノロジーの進化

――河合 友大

デジタル・ツールの活用が広がるとともに、近年の広告分野のテクノロジー（アド・テクノロジー）は大きく変化している。データ取得の方法も、ビジネスの進め方も、リアルタイム化と個別化が大きく進む。

「デジタル・マーケティング」は時代のキーワードであるが、これが「デジタル領域におけるマーケティング活動」という考え方にとどまってしまうのであれば、問題だ。ユーザーは依然としてリアルな存在であり、人々の生活はデジタル・ツールだけで成り立つわけではない。

デジタル化が進む時代であるからこそ、広告やマーケティングにおいては、デジタルとリアルの新たな融合を模索していかなければならない。デジタルに閉じることのない、融合型デジタライゼーションに踏み込んでいくことが求められている。

1. 進むデジタル化と生活者行動の変化

2007年のiPhoneの登場以降、スマートフォンの普及が急速に進んだ。現在の日本では、全体で6割近い人たち(40代以下では8割以上)がスマートフォンを個人で保有するようになっている(総務省『平成29年版 情報通信白書』、2017年)。

新たなデバイスの登場と普及は、人々の日常生活における行動に変化を生みだすものだ。スマホの普及とともに、インターネット利用のモバイル化が進んだ。すなわち、自宅や会社などの限られた場所や時間帯でインターネットを利用していた時代から、いつでもどこでもインターネットにアクセスし、調べたり、共有したり、レコメンドしたり、予約したり、購入したりする時代への移行が生じている。

一方で、この10年間ほどを振り返ると、AISAS、SIPS(電通HP、2011年)、Dual AISAS(電通『ウェブ電通報』、2015年)など、生活者のメディア利用や購買にかかわる行動を体系的にとらえるモデルが、広告やマーケティングの領域において、次々と提唱されてきた。これらのモデルはいずれも、インターネットの利用による生活者の行動の変化をふまえたものであり、いかに人々の生活にデジタル・ツールの利用が浸透しているかを、あらためて感じさせられる。

2. デジタルだけでは完結しない生活者行動

各所で消費にかかわるデジタル・ツールの利用の拡大が進んでいる。この新しい現象が注目を集めるなか、広告やマーケティングにかかわる実務者は、生活者の行動はデジタルだけで完結しないことにも目を配る必要がある。デジタル・マーケティングの可能性を十全に引きだすためには、デジタルに閉じないデジタル発想が欠かせない。

近年、伸びが顕著なインターネット保険。これを例に考えてみよう。インターネットで自動車保険を契約しようとする人は、比較サイトを利用したりしながら、各保険会社の商品について、その保険料、補償内容、顧客対応、事故対応などを検討し、インターネットで申し込みを行う。インターネット上で一見完結しているかのように見える購買行動である。

しかしながら、このようなケースでも購買行動は、インターネット上で閉じているわけではない。たとえば、この人は、インターネットでの比較検討をするまでに、自動車保険について家族や友人から話を聞いたり、自動車ディーラーで保険を勧められたり、TVドラマで自動車事故の悲劇を見たりしているかもしれない。あるいは、そもそもの話として、この人が自動車を普段どれくらい運転しているかなど、さまざまなリアルでの行動がこの人の自動車保険の購買行動に影響する。

依然として生活者はリアルな存在である。デジタル・ツールを利用しての購買行動も、多くはリアルな生活行動と各所でつながっており、デジタルだけで完結するわけではない。

3. アド・テクノロジーの進化

近年のデジタル化がもたらしたアド・テクノロジーの進化とその影響を、企業の①市場データ取得の変化、②ビジネス展開の変化の2点にわけて見ていこう。

3－1. 市場データ取得の変化

3－1－1. 行動データの精度と量が向上

マーケティング・リサーチでは、デジタル時代に突入する以前は、ユーザーに対する訪問面接、郵送アンケート調査、デプスインタビュー、グループインタビューなど、いわゆるQ&A方式のアスキング調査が主流だった。そこでは、調査対象者がアンケートやインタビューなどの質問に答えることで、生活上の行動や購買心理にかかわるデータが収集される。こうしたデータを、「アスキング・データ」という。

一方で、近年拡大しているのが、デジタル・ツールなどを経由して収集される「行動データ」の活用である。行動データとは、人々のインターネット上、あるいはリアルでの行動をトラックすることで得られる情報である。デジタル時代を迎えて、広告やマーケティングに利用可能な行動データの精度と量は劇的に向上している。

たとえば、「Yahoo! や Google などの検索エンジンでどのようなキーワードで検索したか」「いつ／どの場所からインターネットにアクセスしているか」「どのようなカテゴリのサイトを訪問したか」「自社サイトで、どのページを訪問し／どの商品ページを見て／サイトにどのくらいの時間滞在したか」といった行動データが、インターネット上では容易に獲得できる。リアルとインターネットでのマーケティング・リサーチの重要な違いは、インターネットでは行動データの獲得の範囲や容易さが増すことである。

さらには近年では、小売店舗の防犯カメラやショッピングカートなどに搭載したデジタル・ツールで把握した行動データ、各種の電子マネーやポイントカードの利用にもとづく行動データなどの活用も進んでいる。

3-1-2. リアルタイムでのユーザー・データの取得が可能に

デジタル時代に入る前は、アスキング・データであれ、行動データであれ、高い頻度でのユーザー・データの入手は、現実的な選択肢ではなかった。そこには、調査対象者にかかる負荷、あるいは調査費用の壁があった。そのため、ユーザー・データの入手については、最大でもキャンペーン実施前・中・後くらいの頻度で行うのが常識だった。

デジタル時代に入り、インターネット上で取得できるデータは、膨大かつリアルタイムなものとなっていっている。たとえば、現在では、前日の「『○○』という検索キーワードの検索数」「自社サイトの訪問者数」を翌朝に知ることは、さして難しいことではない。迅速な行動データの把握が可能な領域が広がっている。

3-1-3．自社サイト内に加えて、インターネット全体での行動データ取得が進む

近年では、自社サイト内の行動データを取得するだけではなく、「どのサイトから自社サイトに来たのか」「自社サイト以外にどのようなカテゴリのサイトを見ているのか（場合によってはどのような競合他社のサイトを見ていたか）」も把握できるようになっており、このような行動データの活用が進んでいる。

3-1-4．スマホ保有率上昇でリアルタイムの行動データの取得が拡大

スマホの保有率が上昇するなかで、ユーザーの位置情報の獲得も進む。以前より、PCを通じてユーザーが、どのエリア（たとえば、都道府県）からサイトにアクセスしているかは把握できていたが、近年ではさらにスマホ保有率が高まるなか、GPSやWi-Fi経由でユーザーが今どこにいるのかという、リアルな位置情報の精度が高まっている。皆さんもYahoo!やGoogleなどで検索を行うときに、位置情報取得の許諾要求に対してOKをしておくと、その位置に近い関連情報が表示される経験などをしているかと思う。

3-2．ビジネス展開の変化

3-2-1．顧客に対するターゲティング精度の向上

リアルタイムの行動データの取得が可能になったことで、現在では企業は、ユーザーニー

ズをふまえた製品やサービスの情報を、リアルタイムで提供できるようになっている。

たとえば、私がスペインに旅行に行きたいと思い、Yahoo!やGoogleなどで「スペイン旅行」と入力したとする。スペイン旅行についての広告、口コミサイト、個人のスペイン旅ブログなどの情報の所在を示すURLが次々に出てくる。さらには、私が格安で旅行をしたいと思い、「スペイン　旅行　格安」と入力すると、「格安」視点でのスペイン旅行の情報が並び、新婚旅行の可能性を考えて、「スペイン　新婚旅行」と検索すれば、ハネムーン押しの情報が並び、広告の誘導先も新婚旅行特集ページとなる。

さらに新婚旅行のような場合には、検討期間も長くなる。検索を行った時点ですぐに意思決定をして、申し込むことは少ない。このような購買行動に対しては、その後その人がインターネットで他のサイトを見ているときに、スペイン旅行のバナー広告を表示するという、いわゆるリターゲティング広告という手法がある。スペインの素敵な風景や、観光名所、お値打ちプランなどを、ニュースサイトや情報サイトを利用するたびに表示するのである。ユーザーが迷っているタイミングをとらえて、何度も広告を露出することで、スペインに行きたいという気持ちをふくらませ、自社サイトでの商品の申し込みをうながすことをねらった広告である。このように、デジタル・マーケティングの時代に入り、ユーザーのリアルタイムのニーズにこたえた個別のコミュニケーションが一段と容易になっている。

3-2-2. 投資対効果の可視化が進む

同じく旅行商品を例にとろう。旅行会社にとってみれば、近場のアジアよりも、長旅となるヨーロッパのほうが、受注1件当たりの販売金額は大きくなる。そうであれば、広告費としては、アジアよりもヨーロッパのほうが大きな金額を投下しても採算が合う。

デジタル広告においては、アジア、ヨーロッパ別の広告費、それぞれの広告が誘導した顧客の成約数などが容易に算出できる。それぞれの旅行商品の利益額とあわせて、マーケティング戦略の判断材料のひとつとすることができる。もちろん、クロスセル、アップセル、LTV視点も加味しながらのROI評価にも応用できる。

従前からの新聞広告やチラシなどでも、投資対効果は算出できた。だがさらにデジタル広告においては、リアルタイムで実績を追うことができる。そのため、特定時間、曜日、週、時期といったより細かいレベルでの投資対効果が把握できる。

3-2-3. PDCAのスピードアップ

デジタル時代の広告やマーケティングにおける仕事の進め方の重要な変化は、スピードアップである。デジタル時代に入る以前も、事前調査などをふまえて、戦略をしっかりと練り上げたうえで、マーケティング施策を実行するということは行われていた。そのうえで事後調査を行い、次の戦略を立てることでPDCA（Plan-Do-Check-Action）サイクルを回すという業務の流れは、今も昔も基本的に変わっていない。

しかし、デジタル時代に入り、2つの点で大きな変化が生じている。1点目は、リアルルタイムにデータが取れるようになり、その投資対効果がわかるようになったことにより、デジタル時代以前と比較してPDCAを回転させるスピードがあがったことである。2点目は、PDCAの回転スピードの向上を受けて、初期の戦略立案時点でマーケティング成果の見込みを立てることが難しい場合には、まずはトライアルを行い、リアルタイムで実績を追いながら、必要に応じて実施する活動を変更することで創発的に戦略を確立していくアプローチが採用しやすくなっていることである。複数の異なる施策を同時並行で走らせて(たとえば、健康食品のインターネット販売であれば、「商品の魅力を高めるために、定期商品をつくる/別の味を用意する」「初回からの定期申込者には、最初の数ヶ月価格を下げる/送料無料にする」など、結果を比較するA/Bテストも容易に行うことができる。STPマーケティングとエフェクチュエーション(本書第1章参照)を組み合わせた展開をとりやすい時代になったといえよう。

4. 分断されたデジタル・マーケティング

デジタル時代のアド・テクノロジーを活用したマーケティングの難しさは、緻密な戦略を立てつつ、これをスピーディに実行していかなければならないことだ。多種多様な生活者の行動に対して緻密なカスタイマイズを行おうとすれば、描きださなければならない戦略シナリオの量は膨大なものとなる。さらに、デジタル時代に入る以前であれば、主たるペルソナやカスタマージャーニーをイメージとして描くレベルで終わっていたケースが多かったが、デジタル時代に求められるシナリオはより緻密で具体的な行動ベースのものとなる。そして先に述べたように、PDCAを次々と回していかなければならず、高回転の対応が必要となる。これらの課題を受けて、データ分析から施策の実施にいたるプロセスの自動化（MA：マーケティング・オートメーション）が進んでいる。

デジタル・マーケティングをめぐる実務上のもうひとつの問題は、企業内において「マーケティング部門」と「デジタル・マーケティング部門」の分断が見られるケースが少なくないことである。マーケティング部門は、従前からのアスキング・データを中心に企画を進めがちであり、そこで作成されるペルソナは、行動ベースの緻密で具体的なコミュニケーション・デザインを進めていくデジタル・マーケティング部門の活動にうまくブリッジさせにくい。

そこでデジタル・マーケティング部門のメンバーが、デジタルだけでは完結しない生活者行動に通じていれば、マーケティング部門の企画をデジタルなアド・テクノロジーにうまく落とし込むブリッジ機能をになうこともできるのだが、そう都合のよいケースはあまりないのが現実である。デジタル・マーケティング部門のメンバーは、デジタル・ツールの使いこなしには通じているが、デジタルからリアルに越境する生活者行動に向き合うマーケティング経験は豊富ではないことが多い。

図1　デジタル・マーケティングとマーケティング・デジタライゼーションの違い

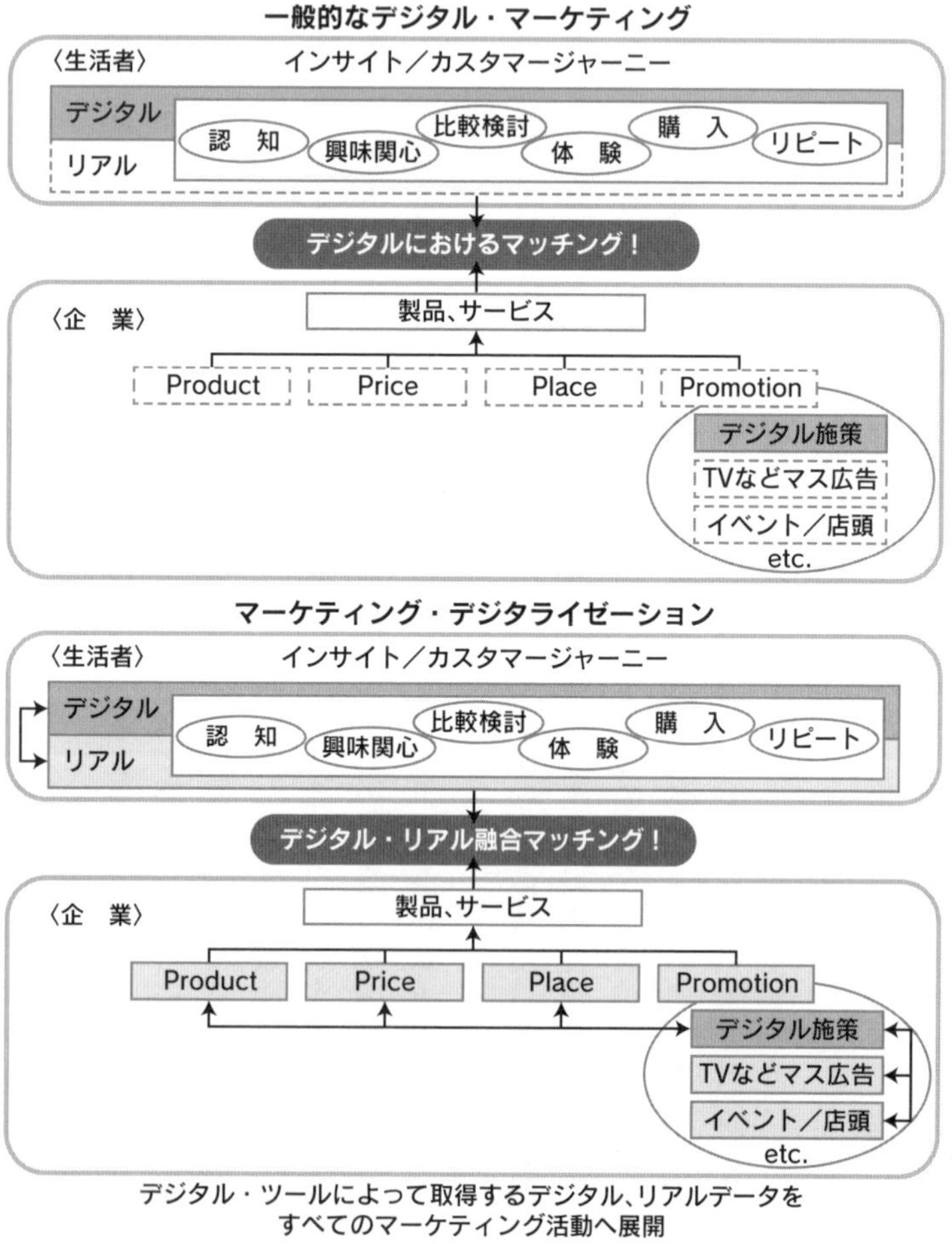

デジタル・ツールによって取得するデジタル、リアルデータを
すべてのマーケティング活動へ展開

【仕事・業務へのヒント】

デジタルなアド・テクノロジーが生活のなかに広く浸透していくなか、デジタル・マーケティングの重要性は飛躍的に増している。しかしながら生活者は、依然としてリアルな存在である。

デジタル・ツールによる生活者への情報提供、あるいはそこで取得したデータから、ビジネスにつながる付加価値を引きだしていくためには、デジタルからリアルに越境する生活者行動に対するインサイトを、臨機応変に引きだすことが必要だ。

この「デジタルに閉じないデジタル化」の必要をふまえて、「マーケティング・デジタライゼーション」という概念を提唱したい。デジタル時代のアド・テクノロジーを十全に活かすには、デジタル・マーケティング部門が、旧来からのマーケティング部門から独立した状態を脱却していくことを考えなければならない。マーケティング・デジタライゼーションをになうのは、従前からのアスキング・データに加えて、デジタル・ツールによるリアルタイムの行動データを活用して、マーケティング活動を展開する、融合型の組織であり、人材である。デジタルなアド・テクノロジーの進化を受けて、マーケティング・デジタライゼーションの実現という新たな課題が出現している。

第2部

変わるドミナント・ロジック

（勝ちパターンがシフトする）

Keyword

デジタル・ディスラプション

11.

成長市場の追い風をとらえるデジタル・マーケティング

――栗木 契

デジタル時代に入り、事業の創造的破壊の可能性が広がっている。

デジタル環境のもとでは、センサーとITとロボティクスが結びつくことで、従前とは仕事の進め方、利用の方法、さらには競争や共同の相手となるプレイヤーが大きく変わっていく。この変化を取り込んだ製品やサービスのイノベーションを実現することで、小さな会社が成長のボトルネックを克服し、大きく飛躍することが可能になっていく。この可能性への挑戦が、デジタル・ディスラプションだと考えることができる。

デジタル・ディスラプションは、市販されている機器やソフトなどの組み合わせでも実現する。デジタル分野に精通した特別な企業でなくとも、デジタル・ディスラプションに挑むことは不可能ではない。千載一遇のチャンスを取り逃さないためにも、デジタル・ディスラプションはハイテク産業だけのものではないことに向き合っていく必要がある。

11.
成長市場の追い風をとらえるデジタル・マーケティング

図1　国内建設投資の推移

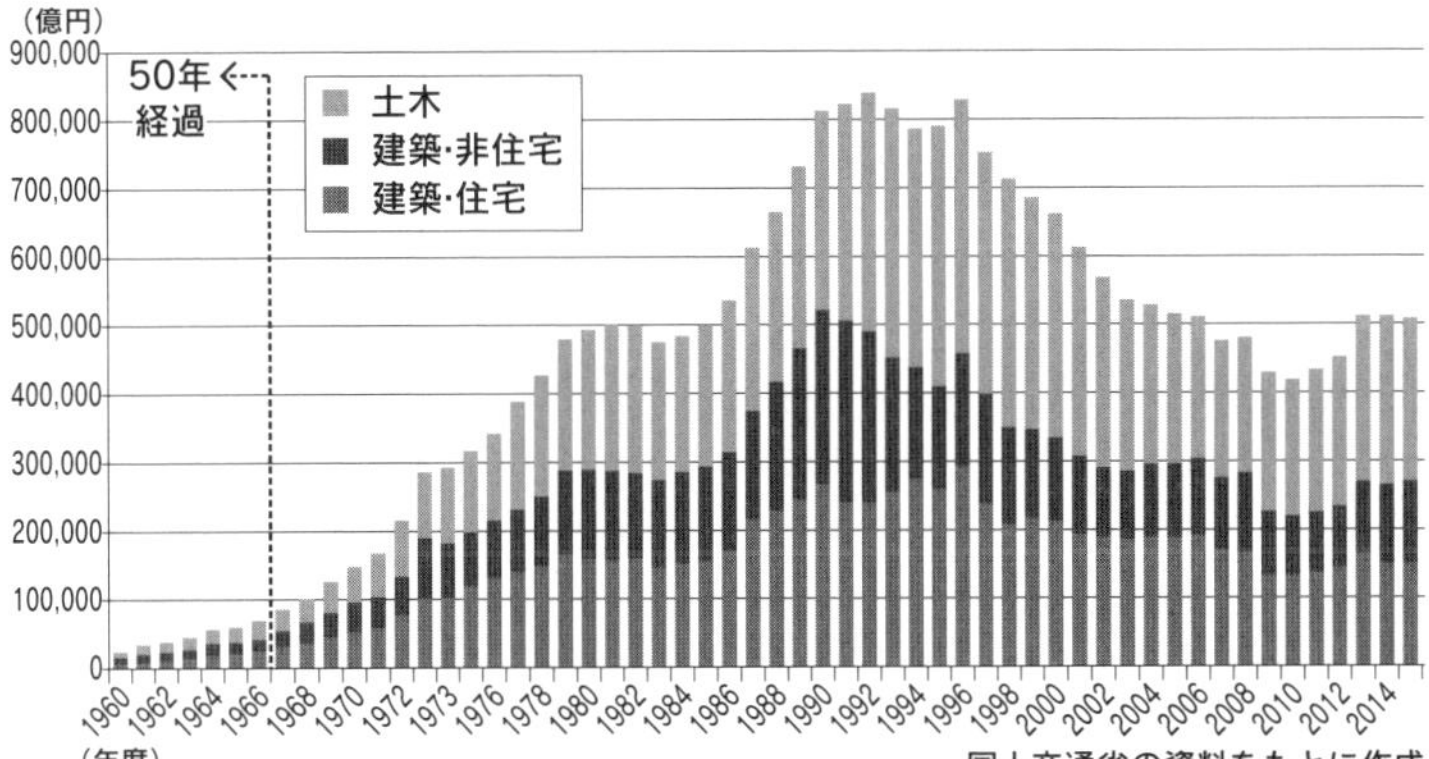

国土交通省の資料をもとに作成

1. 今後の成長が見込まれる静脈型産業

成熟した日本の社会と経済。「今どき、新たな成長市場を見いだすのは難しい」と思われがちだ。しかし、意外なところに成長が見込まれる市場があったりする。

モノを生産し供給する「動脈型」産業が、かつてに比べて細っているのは自明だが、すでに蓄積されたストックの再利用や処理にかかわる「静脈型」の産業についてはどうだろうか。ビルやインフラの解体や更新は、静脈型産業のひとつである。高度経済成長期以降、日本国内には、ビルやインフラなどのストックの蓄積が進んだ。今後は、その解体や更新を請け負う企業への需要が拡大していくことが見込まれる。市場となるのは、建築後50年以上が経過した建物や施設である。

現在日本は、老朽化した建物や施設の急増期を迎えようとしている。

現時点で建築後50年を経過しているのは、1960年代なかばまでの時期に建築された建物や施設である。しかし1960年代なかばまでの日本国内の年間建築投資は、10兆円に満たない。それが1980年には50兆円、1990年には80兆円前後の水準へと、その後の年間建築投資は急拡大する。そしてそれ以降も40兆円を割り込むことはない。つまり、解体や更新の対象となる建物や施設が、今後国内で増加するトレンドが、今後長期にわたりつづく。

「つくる」ことが花形だった時代と決別し、新たなビジネスモデルを組み立てる必要が高まっている。

2. デジタル・ディスラプションを取り込む

現在の国内の閉塞感の背景にあるもうひとつの問題は、デジタル・ディスラプション（digital disruption）というフロンティアを、多くの日本企業がうまく事業に取り込めていないことにある。

デジタル時代に入り、事業の創造的破壊の可能性が広がっている。デジタル・ディスラプションとは、破壊的イノベーションの一種であり、デジタル情報を駆使した手段によって主導される（J．マキヴェイ『デジタル・ディスラプション』実業之日本社、2013年）。

たとえば自動車産業では自動運転にシェアリングと、センサーとITとロボティクスが結びつくことで、従前とは仕事の進め方、利用の方法、さらには競争や共同の相手となるプレイヤーが大きく変わろうとしている。自動車産業だけではない。デジタル環境のもとではイノベーションに参加する際の障壁は、小規模なスタートアップ企業にとっても高くはなく、デジタル時代の創造的破壊の頻度と範囲は大きく広がると見込まれている。

このデジタル・ディスラプションによって、追い風を大きな飛躍に結びつけようとしている企業がある。解体業を基幹事業とするベステラ株式会社だ。

3. デジタル技術を活用した「リンゴ皮むき工法」

ベステラは東京・墨田区に本社を置く。2015年にマザーズに上場、2017年9月には東証一部に昇格した。製鉄・電力・ガス・石油などの大型プラントの解体工事を主要な事業としており、2017年1月期の売上高は41億である。規模を追うのではなく、プラント解体工事のなかでも施工計画や施工管理などのマネジメント領域に業務を特化する「持たざる経営」を貫いてきた。

ベステラの特徴は、解体工事の司令塔的な役割をになう企業であるにもかかわらず、実際の工事は外注することである。すなわち、人を出して現場で作業を行うのは別の会社であり、ベステラ本体は施工のための重機なども所有していない。では、同社の強みは何なのかというと、自社で開発した数々の独自の工事手法である。

プラント解体の実際の工事は、複数のプレイヤーが参加する分業構造のなかで進む。そのなかのマネジメント領域に特化してきたベストラは、デジタルな情報手段によるイノベーションに取り組みやすい。人材や重機の余剰を危惧する必要のないことも、デジタル・ディスラプションを進めることを容易にしている。

ベステラは、センサー、ロボティクス、画像処理などのデジタル技術を活用することで、解体や更新の工事の現場を変えてきた。2004年には、その第1弾ともいえる「リンゴ皮むき工法」を発表している。

「リンゴ皮むき工法」とは、ガスタンクなどを、りんごの皮をむくように解体していく工法である。従前のガスタンクの解体は、つくった時の逆を追う工程で進められていた。足場を組み、鉄板を一枚一枚はがしていく。はがした鉄板は、大型クレーンで吊っておろす。危険な高所作業をともなう長期の工期が必要となる。

ベステラは、ここにロボティクスを持ち込んだ。鉄を切除するロボットを大型クレーンから吊してタンクの中心部からグルグルと這うように自走させていくのである。切断された鉄は、りんごの皮のようにつながり、ゆったりと地上に降りていく。ポイントはタンクの下部を先に切断することにある。この工法は、風の影響も受けにくく、安全であり、かつ足場も不要で工期も短くなる。

4.「3次元計測」駆使し課題を解決

ベステラのデジタル・ディスラプションの第2弾は、「3次元計測（3Dスキャン）」である。3次元計測とは、すでにある建物や施設の内部あるいは外部などを計測してデジタル・データ化し、パソコン上などに3次元空間で画像化した図面情報として再現する技術である。

ベステラはこの3次元計測サービスを2015年から開始しており、原子力発電所や火力発電所などの大規模施設をはじめとした各種の3次元計測サービスを受注している。

3次元計測は、次のように行われる。まずはデジタル・レーザ・スキャナを使い、対象となる建物の内部などを3D点群データ化する。そしてこれを、デジタル撮影した画像データと組み合わせてコンピュータ上でモデリングを行い、3次元空間画像化する。

この3次元空間画像は、単なる写真とは違う。建物や施設の図面として必要な情報も備えており、寸法などの正確な確認、さらには入れ替え設備の移動についての動画シミュレーション、あるいは解体の手順の動画シミュレーションなどを行うことができる。もちろんデジタル・データなので、2次元の図面に変換し、プリントアウトすることも可能だ。

なぜ3次元計測が、建物や施設の解体や更新の工事に必要なのか。

第1に、解体や更新の工事では、「図面がない」ことが少なくない。50年前に建設された建物や設備だと、図面が残っていないことは珍しくない。

第2に、解体や更新の工事では、仮に図面が残っていたとしても、それは2次元の図面である。50年前に3次元CADはない。一方で、今後の解体や更新の工事の需要増をにらむと、この2次元の図面を読み解くことができる専門人材の不足が予想される。

第3に、解体や更新の工事では、「図面と現物は異なる」ことが少なくない。50年も経てば、その間に、増改築が繰り返され、建設当初の図面と現状の設備は一致しない。あるいは経年変化のなかで、パイプなどに歪みが生じることもある。特に各種のプラントなどでは、このパイプ内を慎重な扱いを求められる化学物質が流れていたりする。したがって、解体や更新の工事にあたっては、建設時の図面に頼り切っていては危険であり、現物を見ながらの勘と経験での作業が進められてきた。ここでも、今後をにらむと人材不足が予想される。

これまでにベステラは、大手設計会社をクライアントに大型設備の現況データ計測を実施してきた。3D点群データと3D‐CADを駆使して精密な改修や解体のプランニングにつなげている。また3D点群データは、自動運転などロボティクスのベースとなることから、ベステラではロボットと重機を組み合わせた自律解体をめざして大学等と共同研究を進めている。

5. デジタル・ディスラプションに挑む

デジタル・ディスラプションに取り組むことで、成長市場の追い風のもとにある国内企業は、その風をより強く、そして大きく受けとめることができるようになる。ベステラの事例はこの可能性を示している。各種のデジタル技術の発展は著しい。この動きを取り込まずに、漫然と眼前の市場の成長余地に向きあっている企業は、千載一遇のチャンスを取り逃すことになるだろう。もちろん非成長市場の逆風のなかで事業を前進させていくのにも、デジタル・ディスラプションは有効だ。

ベステラの事例で興味深いのは、「3次元計測」のようなデジタル・ディスラプションに挑むことで、大型プラント解体に限定されない各種の建物や施設の解体や更新、さらには自動運転などへと事業を拡張していく可能性をつかんでいっていることである。

加えて、デジタル分野に精通した特別な企業でなくとも、デジタル・ディスラプションに挑むことは不可能ではない。デジタル・ディスラプションには、先端テクノロジーの社内開発は必須の要件ではない。ベステラは、「りんごの皮むき工法」や「3次元計測」を、市販されている機器やソフトなどの組み合わせで実現している。そのなかでのベステラの差別化の源泉は、デジタル・スキャナをどのように現場で動かせば、効果的に計測を行うことができるかといった、実は泥臭いノウハウの社内での蓄積にある。

【仕事・業務へのヒント】

成熟した社会や経済にも成長機会はある。今後の日本においては、静脈産業が拡大していくことが見込まれる。本章ではこの静脈産業のひとつである、ビルやインフラの解体や更新をになう産業に注目した。

さてここで、もうひとつの見逃してはならない潮流がある。デジタル・ディスラプションの可能性が急速に広がっていることである。デジタル環境のもとでは、センサーとITとロボティクスが結びつくことで、従前とは仕事の進め方、利用の方法、さらには競争や共同の相手となるプレイヤーが大きく変わっていく。

考えてみてほしいのは、仮に今、あなたが解体工事にかかわる企業の経営者なら、そこでどう動くかである。

この静脈産業への追い風を期待しつつ漫然と、これまでと同じ帆をあげつづけるのか、それとも好機を生かすべく勝負をかけて、さらなる飛躍をデジタル・ディスラプションでめざすのか。

成長機会をとらえて一気に業容を拡大するには、一方では人手不足などのボトルネックを解消していく必要がある。この努力を欠くと、せっかくの風をとらえる帆をあげることができないままに、いたずらに時間を浪費することにもなりかねない。デジタル時代であることをいかしたイノベーションが求められる由縁である。

Keyword

ソーシャルベンチャー

12. コーポレートブランディングとグッドカンパニー

――横田 浩一

デジタル化が進み情報が回遊するSNS時代においては、ブランディングもその本質を新たな角度から問われるようになっている。今は、顧客からも従業員からも、企業の情報が簡単に発信され、受け取られる時代である。企業は社会にとって必要な存在でなければならないし、そのビジョンや存在価値が一段と厳しく問われるようになっている。

もちろん企業の存在価値が、品質のよい商品をつくり、優れたサービスを安定供給することにある点には変わりない。しかし近年では、顧客はもちろんのこと、従業員や株主、社会などのステークホルダーとの関係を幅広くふまえての「よい企業」であることが求められるようになっている。明確なビジョンを持ち、それを従業員や顧客と共有する会社が生き残っていける。そんな時代の転換への対応を企業は求められている。

1. IKEUCHI ORGANIC の取り組み

IKEUCHI ORGANIC の前身である、池内タオル株式会社は1953年の創業。1983年に現在の社長である池内計司氏が社長に就任した。当時はB to B向けのタオル製造会社だったが、1994年ジャガードのタオルハンカチを開発、販売したことをきっかけに、1999年に自社ブランド「IKT」を設立し、B to C事業を開始した。以降、自社ブランドを育てることに挑戦していく。

この当時、タオルの材料であるコットンの産地は、枯葉剤を撒いて収穫する方法が主流だった。当然、枯葉剤が体にいいわけがない。そう感じていた池内社長は、枯葉剤を使わず手で摘むオーガニックコットンを、コストは高くなるが、消費者に届けたいという思いを実現しようとした。

「母親が自分の命を大切にする赤ちゃんには安全なタオルを届けたい」をテーマに発売したオーガニックコットンのタオルは、業界初ISO14001に認定され、着実にファンを増やしていった。2000年には米国進出を果たし、2001年、2002年には日本初の風力発電100%の工場を稼働した。東京白金台にも直営タオルショップを出店し、2003年の1月には小泉純一郎首相（当時）によって、その取り組みが施政方針演説で紹介された。

このように池内タオルはブランディングを進め、順調に事業を展開していた。しかし、想定外のことが起きた。２００３年、主要取引会社であったハンカチ問屋の倒産により、連鎖倒産をしてしまったのである。民事再生法の適用となった。

２００４年２月には民事再生計画が認可され、池内タオルは事業を再開。池内社長は倒産に負けず、その後もオーガニック路線を突き進む。その翌月にはバンブータオルをアナハイム・ナチュラルプロダクトショーで発表。ＮＹホームテキスタイルショーで再びFINALIST AWARDを受賞した。２００８年には第12回「新エネルギー大賞」を受賞。このように自社ブランド展開を少しずつであるが着実に伸ばしていった。

２０１１年３月には、その年に収穫されたコットンをボジョレーヌーボーの解禁と一緒に楽しむ「コットンヌーボー」のイベントを実施するとともにその商品を発売開始。２０１４年にはIKEUCHI ORGANICと社名を変更し、オーガニック製品に専念する決断を行った。IKEUCHI ORGANICは「最大限の安全と最小限の環境負荷」、「すべての人を感じ、考えながらつくる」、「エコロジーを考えた精密さ」を行動指針にしている。最大限の安全と最小限の環境負荷でテキスタイルをつくる企業として、生活のために織り編まれたファブリックだけではなく、社会の組織をも織物（Fabric）と見立て、より総合的な豊かな生活をLife Fabricとして提案し、より自然にピュアになっていく未来をめざしている。この２０１４年には、アンテナショップであるＳＴＯＲＥを東京・表参道にオープン、９月には京都店、そのあと福岡店を開店した。

２０１５年にはIKEUCHI ORGANICのコットンが京都センチュリーホテルのリネンに採用され、２０１６年には全室採用となった。IKEUCHI ORGANICはタンザニアでコットンを摘む労働者のために、毎年ひとつの井戸を掘る活動をつづけている。また、同社は、創業120周年（2073年）までに乳幼児が食べることができるタオルをつくることを目標としている。このように徹底してオーガニックにこだわり、質にこだわって活動している。

2015年にIKEUCHI ORGANICを訪問した筆者に、ある女性社員は「私は池内社長よりこのタオルを愛しています。だからIKEUCHI ORGANICに転職したんです」と、同席していた池内社長の前で語っていた。このようにIKEUCHI ORGANICは、その製品や方針について、従業員が強く共感し、誇りを持つ会社に育っている。

2. デザインで地域を変えるTSUGI

新山直広氏は、TSUGIというデザイン会社を福井県鯖江市で経営している。新山氏は大阪府吹田市出身で、京都精華大学に進学し建築を専攻した。大学4年生のときに、鯖江市河和田地区で実施されたアートキャンプに参加。これをきっかけに、「人口が減り、いまある資源をどう生かすかが大切になる。これからは地域の時代」と確信した。

そこで新山氏は、地域おこし関係の会社で働きたいと決意し、大学の先生が興した会社に就職することにした。こうして鯖江市に移住し、社会人の第一歩をスタートすることになった。しかし新山氏にとって、移住生活の現実はそれほど甘いものではなかった。

「鯖江はものづくりと町が一体となっているところ。産地に元気がないと町も衰退する。自分は流通まで案内できるようなデザイナーになって地域に貢献しよう」

これが働きはじめて2年目に、新山氏が出した答えだった。その後、社会人3年目になり、デザイナーとしての勉強をしに東京へ行くことと決断した。東京行きを周囲に伝えたところ、一本の電話がかかってきた。鯖江市長の牧野百男さんからの励ましの電話だった。「君は、ここ（鯖江）ではまだ何もやっていないだろう。鯖江はブランド化が大切だ。職員になって、役所のなかでデザインをしたらどうか」

社会人3年目の若者に、市長が直接電話をかけてきてくれた。新山氏はその情熱に心を動かされた。そして鯖江市役所商工政策課のデザイナー専門の臨時職員として採用された。

市役所職員として新山氏は、眼鏡産地である鯖江紹介サイトのリニューアルを行い、アクセス数を3倍に増やすという成果を出した。さらに紙媒体やイベントなど、各種のデザインを体験した。同時に、役所という広い視座から地域の課題を考えるようになった。「ブランド力がない」「海外との競争がある」「人材育成が不十分」「ライフスタイルの変化に対応できない」「産地に活気がない」「20年後にこの産地はあるのか」などのさまざまな課題について考え、同年代の移住者たちとも議論を重ねた。この体験を経て新山氏はTSUGIを立ち上げた。

当初のTSUGIは、サークルのようなかたちで2013年に設立された。木工職人をはじめデザイナー、めがね職人、エコロジストなど、20代の鯖江への移住者による「デザイン＋ものづくり」の集団だった。1年目はサークルとして仲間づくりを目標に、ワークショップやトークイベントなどのイベント運営を中心に活動した。2年目は、情報発信や福井のものづくりを伝える活動にシフトした。体制が整ってきたことから、2015年に新山氏は市役所を退職し、TSUGIの法人化を実現。「過去から未来へと継ぐ、地域の魅力を再価値化し、〝次〟の時代を見すえた創造的な産地へ」というビジョンを描いている。

TSUGIが拠点を置く鯖江市河和田地区は、三方が山に囲まれた小さな集落である。豊かな森の恵みを受けながら漆器や眼鏡をつくり、職人たちがつねに手を動かしてきた町だ。周辺は国内屈指の地場産業集積地で、繊維産業や越前和紙、越前打刃物、越前焼、越前箪笥といった伝統的工芸品の生産が半径10㎞圏内で行われている。TSUGIは、この土地で脈々と紡がれてきた地域資源を見つめ直し、磨くことでこれからの時代に向けた創造的な産地づくりの一端をになうことをめざしている。

TSUGIはさらに、隠れている地域資源を拡張することで河和田を創造的な産地にすることもめざしている。納品して終わりではなく、販路までコミットすることをポリシーにしている。TSUGIは、眼鏡素材を使った軽くて肌なじみがいいアクセサリーブランド「Sur」をつくり、東京や名古屋の百貨店を中心にイベント販売を企画している。「Sur」は供給数が少ないことから、なかなか買えない希少価値のあるブランドとして人気を集めている。またTSUGIは、地域のために伝統工芸職人塾を月2回座学で開き、これからのつくり手を育てる活動にも取り組んでいる。

すでに30代になった新山氏。東京の大手広告会社に就職した同級生が、最近よく遊びに来てくれるようになり、自分の取り組みをおもしろがってくれると語る。

「20代前半は地域で働く自分が最先端だ、自分の時代は必ずくるはずだと思いながらも、東京の大企業で働いている彼らの姿が正直輝いて見えていました」

「しかし今では、都会で働く同級生は転職も視野に入ってきていて、そのなかで私の生き方が刺激を与えているようです。なぜなら、儲けるために働くわけではなく、『おもしろく儲けたい』という働く幸せの価値観を追求しているからです」

このように小規模企業や個人企業において、環境やソーシャルデザインなどをテーマに、その会社の特徴を生かしたビジネス展開をはじめる企業が増えている。そこでのブランディングのカギは、「社会的課題解決」と「よい商品」であり、その裏側には「幸せな働き方の追求」が見え隠れする。特に今の一部の若者は、社会的課題に挑戦する地方のソーシャルベンチャーを「クール」と受けとめはじめており、小さなグッドカンパニーが優秀な人材を惹きつけるようになっている。

3. グットカンパニーのブランディング

これまでのビジネスモデルは、いかに稼ぐかの仕組みと考えられており、お金の循環をうながす仕組みにスポットがあてられていた。しかし、ビジネスモデルから生みだされるのはマネーという要素だけではない。ビジネスモデルは価値を循環する仕組みなのであり、人の思いを共創する仕組みととらえたほうがよいのかもしれない。

IEUCHI ORGANICの池内社長は、環境とのかかわりを深めていく同社の姿勢について「社会にいいことをしようということももちろんあるが、ビジネスを追及していったらこの形になった」と述べている。

自分だけが儲かるというビジネスは、すぐに限界に直面することになりやすい。ビジネスであるからこそ、社会課題解決をテーマに、ステークホルダーと価値を共有し、サスティナブルに成長することが重要であり、それが実現できることを本章の事例は示している。このような姿勢が、ステークホルダーとともにブランドを継続的につくりあげていくグッドカンパニーを生みだしている。

【仕事・業務へのヒント】

社会課題解決をテーマにしたビジネスには、消費者の共感を得やすくブランドをつくりやすいという利点がある。そしてそのブランディングにおいては、自社だけが儲かればよいという発想ではなく、皆で共創していくという姿勢が重要になる。多くのステークホルダーとともに社会課題を解決していこうとする取り組みは、顧客と従業員、パートナー企業と株主の垣根を低くし、一体化して「よい会社」をめざすことにつながっていく。

社会課題は、イノベーションの種の宝庫だ。「困りごと」には課題解決が必要になる。さらにそこには行政やNPOなどからの支援もあおぎやすい。

加えて重要なのは、本章で取り上げた2社のように、社会課題解決に挑むグッドカンパニーは、優秀な人材を惹きつけることである。デジタル時代に入り、IKEUCHI ORGANICはB to BからB to Cへと事業を拡大した。インターネットの登場と発展は、明確なビジョンやブランドコンセプトがあれば、小さな会社であっても広く消費者さらには社会とつながっていくことを可能にしている。

もちろん、デジタル時代の環境変化の追い風は、小さな会社にだけ吹いているのではない。大きな組織でも、明確なビジョンやブランドコンセプトを持って社会課題解決に取り組むことの重要性が増しているはずだ。

Keyword

オープン・ビジネスモデル

13. マーケティング業務のオープン化

――栗木 契

かつては社内で行われていたマーケティング業務を、社外からの調達に切り替えるべきか。

デジタル化が進むなかで、従前のマーケティングの前提が揺さぶられている。コールセンターに物流システム、あるいはファシリティ・マネジメントにデータ分析と、社外のサービスを利用したほうが、低価格で高度なサポートを柔軟に享受できようになっている。背景には、市場のグローバル化と成熟化、さらにはデジタル化がある。

とはいえ市場の現実は複雑である。この時代のなかにあるからこそインソーシング化に舵を切るという、逆の打ち手で活路を開こうとする企業も存在する。デジタル化が進む時代にあっても、市場を読み解き、勝負をかけるには、重層的な論理が必要である。

1. 乗るべきか、乗らざるべきか

オープン化は、昨今の企業経営のトレンドである。日本の電力の小売販売が全面自由化されたのは2016年である。システムは集権的にコントロールするよりも、市場の調整にゆだねたほうが効率的である。この主流派経済学のテーゼに沿ったオープン化は、電力供給にとどまらない、多くの産業において進行している（J．マクミラン『市場を創る』NTT出版、2007年）。

とはいえ、表面的な模倣に走っては、逆に機会を逃す。本章では、このトレンドに対して取るべき道筋の見極め方を検討していこう。

2. かつてのグローバル・トレンドだった内部化

21世紀に入り、ソニー、シャープ、そして東芝と、かつての日本をリードしていた優良企業の経営が難航するようになった。これらの企業の困難の背景には、現在の統合型エレクトロニクス企業がかかえる共通の問題がある。

統合型エレクトロニクス企業の全盛期は、20世紀の後半だった。この時期に、これらの企業は、事業の高度化や拡大をめざして、新たなマーケティングや製品開発や素材開発、さらにはそれらを支える基礎研究まで内部化（インソーシング化）していく方向へと進んだ。そして手にした圧倒的な生産と開発の能力は、「ものづくり日本」の高度な実現として賞賛された。

この内部化の動きは、後に世間で揶揄されたような「ガラパゴス化」を志向したものではなかった。彼らが仰ぎ見ていた「坂の上の雲」は、ＩＢＭやＧＥといった当時のアメリカのリーディング企業だった。これらのアメリカ企業は、世界の一流大学を超えるような基礎研究にまで乗りだし、産業のフロンティアを切り拓くイノベーションを生みだしていた。日本のエレクトロニクス企業は、世界のビジネストレンドに敏感だったからこそ、内部化へと進んだのである。

3. オープン化に転じる優良企業

グローバルな産業のあり方の何かが変わった。変化はエレクトロニクス分野だけに起きているのではない。日米欧の先進国における経済の成熟化、爆発的な発展をとげたデジタル技術、高度化と専門分化が果てしなく進む科学技術研究、世界経済における新興国の台頭と存在感の増大と、時代の文脈は確実に変化している。

時代の寵児のアップルは、すべてを自社内にかかえこむのではなく、コア技術のほかは外部を活用することで、イノベーションを加速化している。オープン・イノベーションと呼ばれる動きだ。

かつての日本企業が仰ぎ見ていたIBMやGEはどうか。これらの企業は依然として、世界の優良企業群の一角にある。しかし彼らも自前主義を離れ、戦略提携やM&A、さらにはアウトソーシングといったオープン化を志向するようになっている。P&Gもしかり、あるいはレゴもしかりである。世界の多くの産業のリーディング企業が、内部化からオープン化に舵を切っている(武石彰「オープン・イノベーション」『一橋ビジネスレビュー』60巻2号、2012年、H．チェスブロウ『オープンビジネスモデル』翔泳社、2007年)。

4．オープン化の基本図式

オープン化の長所は、分業から生じる各種の効果に根ざす。発電と送電、設計と製造、仕入れと販売、あるいは所有と利用。各種の事業を成り立たせる諸活動を、ひとつの企業が丸抱えしようとするのではなく、複数の企業で分担するシステムへと移行することで、規模の経済や範囲の経済をより高い水準で引きだす(加護野忠男・井上達彦『事業システム戦略』有斐閣、2004年)。このような動きを、オープン化という。

クラウドサービスは、オープン化の利点を活用した事業のひとつのあり方である。図1を見てほしい。企業のデータセンターが個別にピーク時のトラフィックに対応しようとすると、ほとんどの時間帯は余剰能力をかかえこむことになる。この不効率を解消するのが、クラウドサービスである。トラフィックのピーク時が異なる複数の企業が、クラウドサービス会社の提供するレンタルサーバーを共同利用すれば、需要は平準化され、個別に投資

図1　サーバーによるトラフィックのピーク時への対応

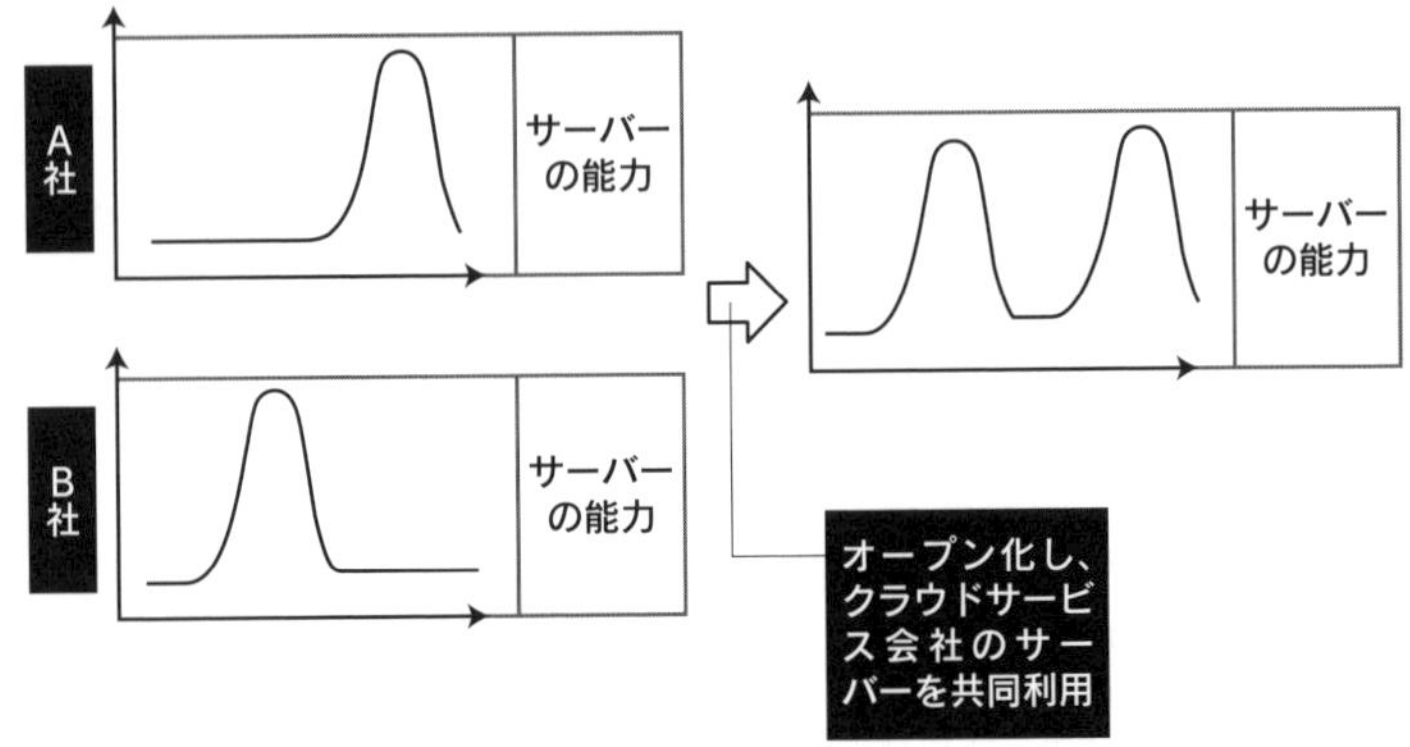

する場合と比べて、はるかに効率的な運用が可能となる。

オープン化は、クラウドサービスにかぎらない、さまざまな領域で展開されている。なぜ、このような展開が各所で試みられているのか。

グローバルな産業のあり方が、デジタル化を受けて急速に変化していくなかで、製品ライフサイクルの短縮化が進み、技術の賞味期限は短くなる一方である。他方で、技術やマーケティングの研究や開発のコストは、とどまることのない高騰をつづけている。しかし、そのなかにあっても企業は、市場の未来を切り拓く研究や開発を止めるわけにいかない。

企業経営者の立場で、問題を見渡してみよう。グローバル化とデジタル化が進む今の時代にあっては、自前で全てをまかなうやり方では到底間に合わず、外部との連携を深めなければ、市場競争を乗り切ることは難しい。

自社が得意としていない領域をこじ開けようと投資をしても、その回収のハードルは高まる一方なのである。人口減少社会では総体としての需要は縮小していく。だからこそ、無理な投資をすることなく市場を切り拓く道筋を考えなければならない。

国内外の各企業がオープン・イノベーションへと舵を切った背景には、こうした環境変化がある。そして近年ではＩＴの進化、さらには戦略提携やＭ＆Ａやアウトソーシングにかかわる市場の発展などが進んでいることが、これらの動きを後押ししている。

とはいえ、かつてノーベル経済学賞を受賞したＯ．ウィリアムソンが理論化したように、研究や開発をはじめとする重要な事業の要素を、外部の連携先にゆだねるオープン化にはリスクもある（丸山雅祥『経営の経済学・新版』有斐閣、２０１１年）。取引コストが高まり、高度な機密性、ノウハウのすり合わせ、柔軟な挑戦が阻害されてしまうのである。

5. 古くて新しい問題

オープン化は、新しい問題なのか。答えはイエスであり、ノーである。

エレクトロニクス産業やエネルギー産業では、オープン化は近年の動きだ。しかし産業によっては、古くからオープン化が進んでいた産業もある。

西村吉雄氏は、ＩＣにおける設計と製造の分業化は、雑誌における出版と印刷の関係に似ているという（『電子立国は、なぜ凋落したか』日経ＢＰ社、２０１４年）。

出版産業では、出版社がコンテンツを制作し、印刷会社が製本を行うという分業が、近年のデジタル技術の登場や、産業のグローバル化を待たずとも、すでにできあがっていた。この分業体制のなかで、出版社は、企画や編集に特化し、取材やライティング、あるいはデザインや校正などは外部スタッフを使う。印刷産業も同じだ。刷り部数や、求められる表現によって、適した印刷機は異なり、印刷会社ごとに得意の技術や工程に特化する棲み分けが早くから確立している。

オープン化時代の異なる活路

印刷・出版は、時代の成長産業なのではない。紙のチラシやカタログ、あるいは書籍や雑誌の国内市場は縮小傾向にあり、ピークの1990年代後半と比べて6～7割ほどの規模にまで落ち込んでいる。しかしこの逆風下の20年間に、業績を立て直したり、着実な成長をものにしたりしている企業もある。ではそれは、どのような企業なのだろうか。

グラフ株式会社はそのひとつ。グラフを経営するのは、高名なデザイナーの北川一成氏である。グラフは、デザインと印刷の両者を手がけることから生じる可能性を追求してきた企業であり、特殊だが高度な印刷表現を得意とする。

そのためにグラフは、多種類の印刷機を自社内に揃えるようにしている。多くの印刷会社が、専門特化によって投資効率を高めようとしているのとは、逆の行き方だといえる。さらにグラフでは、インクの配合割合のデータベースなどについても、インクメーカーに頼ることなく、独自に構築している。

こうした方向転換の結果、現在のグラフでは、色の管理をはじめとする印刷表現の高度化を実現している。さらには、印刷技術を知りつくしていることから生まれる大胆で繊細な北川氏のデザインが、高級ブランドなどに向けた付加価値の高い仕事の受注をうながしている。

脱オープン化がもたらす高度化と柔軟化

あさひ高速印刷株式会社も、この20年間に経営改革を重ねてきた企業だ。同社はこの間に財務の健全化を果たし、前向きな投資を行う余力を増すことに成功している。あさひ高速印刷では、印刷だけではなく、その前後の工程である文字入力や編集、あるいは製本や検品などを自社内で一貫して行うことを重視している。こうした内部化は、コスト面では不利なのだが、機密性の高い印刷物の受注などでは強みとなる。あさひ高速印刷では、製本までの工程がひとつの工場内で完結し、管理が行き届く。

あるいは、取扱説明書のように、正確さへの要求が高い印刷物でも、こうした内部化が強みを発揮する。ミスが起きた場合に、前後の工程も含めてその原因を洗いだし、再発防止策を練ることが容易だからである。現在のあさひ高速印刷は、たとえば、製本の工程でのミスが起きにくいレイアウトなどを、クライアントに提案することができる。このような対応が可能なのも、同社が印刷の前後の工程を内部化し、それらのすり合わせから生まれる効果の学習を重ねてきたからである。

株式会社枻出版社は、バイクやスポーツ、ライフスタイルなど、趣味の雑誌や書籍を得意とする出版社である。近年の出版不況のなかにあって、売上げを２０１０年の76億円から2015年の100億円へと着実に拡大している。

柮出版社の特色も制作の内部化である。柮出版社では、企画や編集だけではなく、執筆や撮影、さらにはデザインなどにかかわるスタッフを社内にかかえ、基本的に外部に頼らない。柮出版社は、趣味性の高いムック本や手帳などの臨機応変な投入にたけている。この動きが可能なのは、既刊本のコンテンツの著作権が社内にあるからだという。さらに柮出版社は、企業や行政機関などから、広報誌やブックレットの企画制作を受託する事業にも手を広げている。クライアント側からすれば、機密性の高い情報が制作途中で流出してしまうリスクが少ない柮出版社は、あさひ高速印刷株式会社などとも同様に、魅力的な選択肢となる。

さらに柮出版社は、出版事業に加えて、独自のスタイルによるゴルフショップやレストランを開店したり、設計事務所を設立したりするなど、事業の多角化にも積極的である。こうした多角化では、ゴルフや食や建築に通じた社内スタッフが活躍する。柮出版社にとっては、すでにある内部リソースの転用なので、新しいトライにあたっての費用面のハードルは低い。そのために思い切った意思決定が可能となる。

マーケティングに欠かせない「両にらみ」

オープン化は、デジタル時代の市場環境に合った経営指針である。連携のなかで専門特化を進めることは、事業の効率性を高め、企業が新たな取り組みへと向かう余力を生みだす。

とはいえ、マーケティングとは複雑な問題だ。同じ環境下にあっても逆の進路をとることで、道を切り開く企業があることを忘れてはならない。時代の流れに逆行するかのような内部化へと向かう印刷・出版企業がある。効率は犠牲になっても、提供できる商品の品質が高まったり、事業展開の柔軟性が増したりするのであれば、付加価値の向上や新市場の創造がうながされる。ここに活路が開けるというのも市場だ。

大切なのは、オープン化の効果を認める一方で、その限界も見落とさないことである。これができるかどうかで、事業の質や活力を高める道筋を、どこまで広く考えることができるかが変わってくる。

【仕事・業務へのヒント】

マーケティングの活動は、ひとつの企業の社内で完結するものではなく、パートナーとの連携のなかで成し遂げられる。この連携の必要性は、巨大グローバル企業であっても変わらない。

デジタル化は、こうした組織の内外のインタラクションや情報の流れを大きく変える。この現在進行形の変化をふまえたパートナーとの連携の見直しが、現在ではさまざまな産業で必要となっている。そのためにも企業は、自社のリソースをふまえつつ、オープン化の長短を見極める論理を確立しなければならない。

規模の経済とは、事業において、製品やサービスの産出量が増えるごとに、単位当たりの平均費用が低下するという原理である。企業がオープン化を進め、コア以外の業務を外部の専門企業に委託するとともに、コア業務への受注を増やすことは、コスト削減を果たしながら業務の高度化を実現することにつながる。だが一方で、そこには、取引コストと学習の問題が生じる。取引コストの問題とは、オープン化を進めれば、委託した業務の結果を検証するコストが増したり、新規の事業展開のための取引相手の探索や初期契約のコストが増したりするという問題である。学習の問題とは、オープン化を進めれば、社内のリソースの蓄積を進める機会を逃すことになるという問題である。

以上の論理を押さえれば明らかなように、グローバル化とデジタル化が進む市場環境のもとでは、企業には2つの選択肢が生じる。第1は、企業間の業務提携、業務委託、サービスの共同利用などがもたらす、オープン化の新たなメリットを見逃さずに活用していくという選択肢である。第2は、オープン化にともなう取引コストや学習の問題を見逃さずに、内部化を通じた強みを新たな局面で構築していくという選択肢である。自社とパートナーとの関係を固定的なものと考えず、この2つの選択肢の組み合わせを、デジタル環境に合わせて再構築していくことが、今必要となっている。

Keyword

分権型組織

14.

シフトをとらえる組織デザイン

——栗木 契

多くの産業において、国内需要の伸びが停滞している。しかし過度に悲観することはない。需要は拡大しにくくなったのであって、消滅してしまったわけではない。問題は、そのなかで生じている変化である。

市場のデジタル化とグローバル化が進めば、需要は多様化し、シフトしていく。この変化にこたえようとすれば、企業は自社のマーケティングを、組織デザインにまで踏み込んで、稼ぐ仕組みを見直さなければならない。

日本経済の成長期に躍進した多くの企業は、均質で巨大な市場を押さえるのに適した組織デザインを採用してきた。しかし、市場が変われば、有効な組織デザインも変わる。デジタル時代のマーケティングを確立するには、社員一人ひとりの働き方までをも含む、組織デザインの問題に向き合う必要がある。

1．ニーズは消えたのではなくシフトした

日本経済の成長期は、国内人口の拡大期でもあった。人口が伸びれば、需要も拡大する。この時期の日本企業の課題は、拡大する需要に向けて、いかに安定的に商品を供給するかにあった。

しかし、その後の国内のマーケティング環境は大きく変化する。現在の日本は、総需要が伸びない停滞の時代にある。人口動態の基調は、少子高齢化だ。そこをデジタル化やグローバル化という横波が襲う。

この時代における企業のひとつの成長機会は、シフトしていく需要の取り込みにある。たとえば、店舗購買からｅコマースへのシフト、外食から中食へのシフトなど、拡がらない市場のなかでも、消費のありようは時間とともに変化していく。

ここに、今の時代の事業を成長に導く余地がある。シフトする需要を見逃さずに取り込んでいけば、停滞する国内市場のなかにも確実に成長の機会はある。だが、かけ声をかけるばかりでは、組織は動かない。

では、シフトする需要にいかに対応するか。自社のマーケティング課題に向き合い、改革をつづけている企業がある。総合旅行企業の雄、株式会社ＪＴＢである。

2. 変わる情報環境

デジタル化は、社会に何をもたらしたか。かつては、われわれがニュースや街の情報を知るには、テレビ、新聞、雑誌、ラジオといった、限られたメディアに頼るほかなかった。ところが、デジタル化の進んだ今では、これらのメディアのほかにも、各種の企業や公共団体、そして個人が、Ｗｅｂサイトのニュースページ、ブログ、あるいはＳＮＳで、ニュースや情報を次々と発信するようになっている。その結果として、Ｗｅｂ上には膨大な数の断片的な情報があふれかえっている。

当然ながら、一つひとつのメディアの影響力は低下するが、人々にとって信頼できるメディアが不要になったわけではない。同じ構図の変化が、旅行産業においても起きていた。

3. 旅行産業のシフトとＪＴＢ

3－1. 頭打ちとなった成長

かつての旅行市場において、大きなボリュームをなしていたのは、セット型の旅行商品だった。日本の経済成長期には、職場旅行が盛んであり、個人旅行でもパッケージツアー（ＪＴＢであれば、国内旅行の「エース」や海外旅行の「ルック」などの募集型企画旅行）

が人気を集めた。

セット旅行を主力商品とした総合旅行企業の成長は、1990年代に入り、頭打ちとなる。要因は、国内の人口動態の基調の変化だけではない。旅行者が求める商品やその購買方法のシフトが、この時期から次々と起こる。背景には、インターネットの普及とグローバル化の進展があった。

そのなかでJTBもまた、販売の低迷を余儀なくされる。問題はニーズがなくなったことではなく、そのシフトにあった。人々が旅行を楽しまなくなったわけではない。旅行のあり方が変化したのである。

3－2．セット旅行の時代

セット旅行は、1980年代までの市場環境に適した旅行商品だった。旅行者からすれば、セット旅行は、移動や宿泊の手配を一つひとつ行う必要がなく、利便性が高い。当時はまだインターネットはなく、これらの手配には、電話やファックスを用いたり、窓口に出向いたりする必要があった。加えてセット旅行には、もうひとつの大きな利点があった。大量仕入れを活かした価格面での優位性である。

歴史的にはセット旅行は、旅行産業のひとつの重要なイノベーションだった（高橋一夫編『旅行業の扉』碩学舎、2013年）。セット旅行を大量に供給しようとすれば、あらかじめ行程を組み、需要を見込んで、交通や宿泊や食事などの手配を済ませておく必要がある。この役割をになうのが総合旅行企業であり、その革新性は、旅行者からの注文を受けての手配ではなく、事前仕入れを大規模に行う点にあった。この規格化された早期の大量仕入れが、有利なレートを交通機関や宿泊施設や観光施設から引きだした。

　セット旅行の強みは、規模の経済を導くことにあり、そこでは、単一で巨大なマーケットに向けて、均質なサービスの仕入れと販売を大規模に展開する企業が有利となる。小回りは犠牲になってもよい。セット旅行の時代に求められていたのは、全国一律の展開を進める集権型のアプローチだった。

3-3．進む旅行商品の多様化

　1990年代以降の旅行産業に何が起きたのか。この時期に生じたのは、グローバルな規制緩和の流れのなかでの格安航空券やLCCの登場、そしてインターネット販売の普及だった。これらは、セット旅行の相対的な価値を低下させ、旅行者が交通機関や宿泊施設と直接取引を行う動きを強めた。デジタル化とグローバル化が進むなかで、セット旅行がその力を発揮できる領域は縮小していく。

　デジタル化とグローバル化は、旅行商品のあり方や、その購買方法の多様化を導いた。この動きはB to C（一般消費者向け）の旅行商品だけではなく、B to B（法人向け）の旅行商品でも生じた。

　グローバル化が進むなかで、日本企業の特徴だった家族的経営は見直されていった。かっての家族的経営のもとでは、企業への帰属意識の醸成を目的にした「慰安旅行」が盛んだった。セット旅行のひとつの出番は、ここにあり、総合旅行企業は、日本の各地の観光名所に大量の団体客を送り込んでいた。

しかし時代は変わる。B to B の旅行商品の成長領域は別のところに移っていく。たとえば近年では、グローバルに事業展開する企業が、社内外の意見交換のために必要とする「国際会議」、あるいは、各種企業が営業成果へのモチベーションを高めるために行う「報奨旅行」などの必要が増加している。

3－4．慰安旅行からの転換

これは、JTBをはじめとする、総合旅行企業にとっては悩ましい事態だった。同じ法人向け営業でも、「慰安旅行」であれば、旅行業は、どの顧客企業にも同じようなセット旅行を提案していればよかった。そこでは、万人受けする、お値打ち感のある旅行商品が求められていたのである。

ところが「国際会議運営」や「報奨旅行」の受注を伸ばそうとすれば、顧客企業の営業成果や生産性向上につながる企画が求められる。旅行企業は、一つひとつの顧客企業がかかえている、個別の事業課題をふまえた提案を行わなければならない。

あるいは近年は、自治体でも、観光振興に力を入れるところが増えている。しかしここでも、全国一律の対応では事業機会は広がらない。観光依存度は地域により異なる。旅行企業は、各地の事情に応じて取り組みを変える必要がある。そして、個人向けの旅行商品においても、全国一律のセット旅行のコスト上の優位性が低下したなかでは、地域の顧客層の違いをふまえた限定企画の投入の必要性が高まる。

3－5．集権型から分権型の組織へ

シフトしていく旅行商品とその購買方法。これらにうまくアプローチできていれば、JTBをはじめとする総合旅行企業は、1990年代以降の販売の低迷に陥ることはなかったはずである。

ではなぜ、多様化する旅行商品を、総合旅行企業はうまく取り扱えなかったのか。そこには、組織の問題があった。

多様化する旅行商品への対応には、本社が主導する集権型の組織は不向きである。集権型の組織は、セット旅行の全盛期の総合旅行企業ように、全国一律の統制のとれた動きで、規模を追うには適している。しかし、地域や分野によって異なる対応を機敏に行っていくには不向きである。意思決定のたびに本社の判断を仰いでいては、顧客に密着した、柔軟で迅速なサービスは実現しない。

これは、JTBにかぎった話ではない。たとえば、キリン株式会社の話になるが、高知支店の独自の提案がいかに現地の事情をふまえた優れたものであったとしても、集権型の本部は次のような葛藤にさらされるといったことが起こる（田村潤『キリンビール高知支

店の奇跡』講談社＋α新書、2016年）。

「高知だけを特別扱いすると、他の四国3県から文句が出る。どう応えるのか」

これが組織の常である。そもそも本部のスタッフは、高知の顧客の事情に通じていない。本部の判断はにぶる。

さて、この問題に気づいたJTBは、2006年より新しいグループ経営体制への移行に踏みきった。本社を15の事業会社に分社化し、従来からのグループ会社についても経営の独立性を高めたのである。ねらいは、分権型の組織デザインへの移行にあった。改革後のJTBでは、社員の評価の方法や賃金の体系も、事業会社ごとの判断で異なるようになった。旅行商品の販売の中核をになう地域総合型会社群（JTB首都圏、JTB関東、JTB西日本など10社）においては、地域の事情に応じて法人営業に重点を置く事業会社もあれば、店舗販売に重点を置く事業会社もあるという分散化が生じた。

とはいえ、これはJTBの社員に、働き方の大きな変化を強いる改革だった。そこでJTBは、大きな混乱を引き起こさないように、社員一人ひとりの希望を把握し、3年ほどの移行期間を設けて、グループ内での転職と転籍を進めていった。

3－6．過去最高となった2015年度売上げ

結果はどうだったか。JTBの組織改革の成果が実をむすぶには、10年の期間が必要だった。ここまで時間がかかったのは、JTBが社員一人ひとりをいきなり荒海に放りだすよ

図1　JTBの連結売上高の推移（単位100万円）

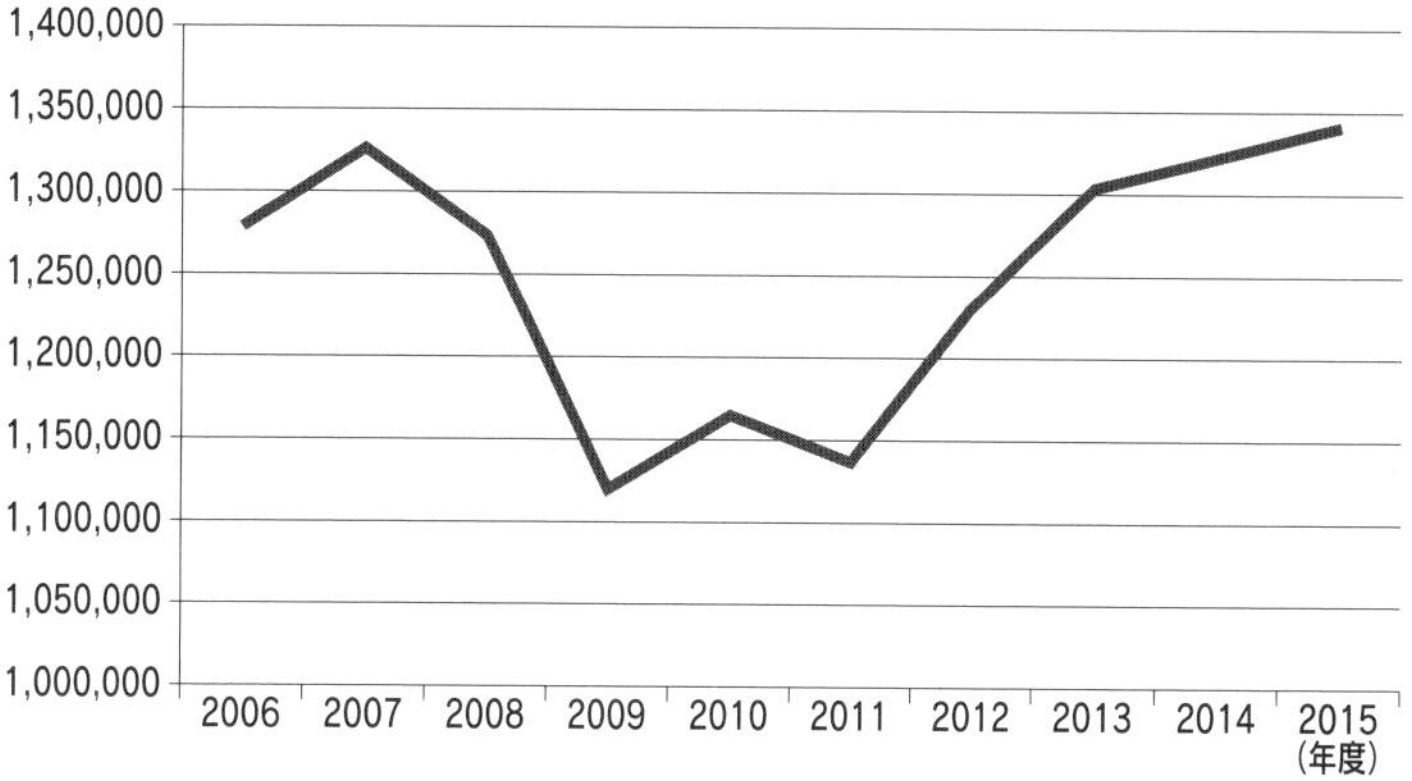

＊JTBホームページをもとに作成

図2　国内主要旅行業者の旅行取扱額（合計）の推移（単位100万円）

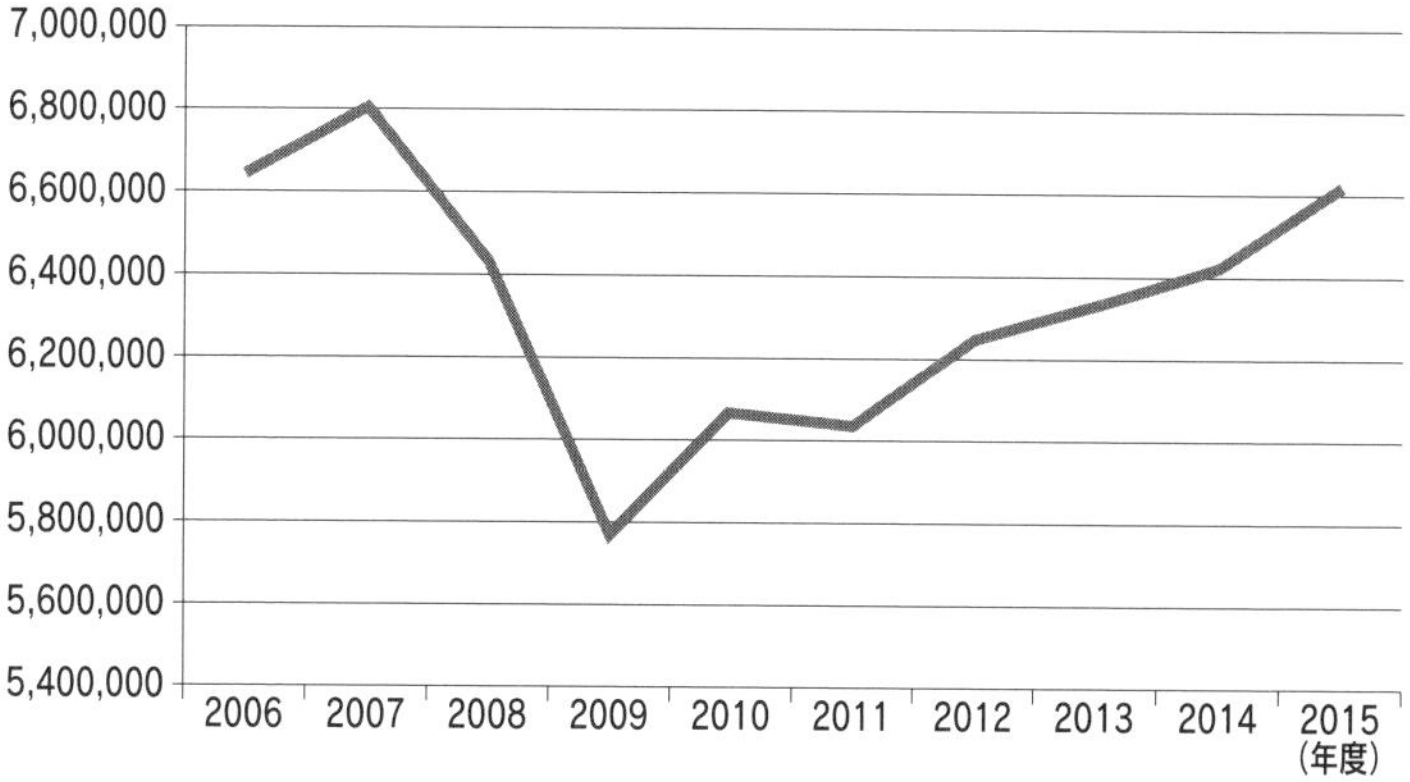

＊観光庁の「主要旅行業者の旅行取扱状況」をもとに作成　＊2015年度は速報値

うなことはせずに、移行期間をもうけて、腰をすえて改革に取り組んだからである。だが、それ以上に大きかったのは、改革後に起きたリーマンショックと東日本大震災の影響である。しかし、それら危機の影響が薄らいでいくとともに、ＪＴＢの業績はＶ字回復へと向かう。２０１５年度には、ＪＴＢグループは過去最高の売上げを達成する（図１）。

ひとりの天才の発想やひらめきではなく、組織能力でマーケティングに挑むのであれば、時代に合った組織デザインが欠かせない。デジタル化やグローバル化が進む市場では、企業の成長機会、さらには競争優位の源泉もシフトしていく。そこでマーケティングの企画や販売の進め方を改めようとすれば、組織構造から見直していくことが必要となることがあることを、ＪＴＢの復活は示している。

4. シフトのなかでの絶えざる判断

とはいえ分権化は、組織デザインの最終ゴールではない。

分権型の組織にも弱点はある。そこから生じる分権化の動きが拡大していけば、「大ＪＴＢ」という巨大グループとしての規模の経済は蝕まれていき、グループ本社の求心力は低下していく。

たしかに市場の多様化と流動化というトレンドの進行が、急速であり圧倒的であるあいだは、グループ本社への求心力を多少高めても、流れに抗うことはできない。しかし、市場の変化は一直線に進むものではない。大きなトレンドではあっても、歴史の流れのなかでは、その進行が緩む局面もある。そしてそこで企業は、さらなる問いに直面する。

「この緩和の局面は、いつまでつづくのか」

「その先では、流れの再加速化が起こるのか、反転が起こるのか」

市場は変化する。加えて、その変化の速度は時々において揺らぐ。

企業はそのなかにあって、自らのあり方を選択しなければならない。そして、そこでの選択肢はひとつではない。市場の多様化と流動化に追従していくのか。あるいは、グループの体力があるうちに、新しい分野での事業をインキュベートし、既存事業を縮小するリストラクチャリングに取り組むのか。後者の道に踏み出すのであれば、集権型の組織を維持するほうが、一気にことを進めやすい。

デジタル化は時代のトレンドである。しかし、この流れを受けた動きは、産業の各所でまだら模様に展開していく。そのなかで経営者は、絶えざる判断を迫られることになる。

【仕事・業務へのヒント】

組織の構造は、働く人の思考や行動に影響を与える。古典的な組織研究が示すように、職務や権限の明確化、上層部への情報の集中、垂直的な命令と指示の伝達などによって特徴づけられる機械的組織は、一般に不安定な環境には向かない（野中郁次郎『組織進化論』日本経済新聞社、1985年）。

2006年の改革に踏みだす以前のJTBは、この機械的組織とも似た集権型の組織デザインを採用していた。しかし、デジタル化とグローバル化のなかで進む旅行市場の多様化と流動化を受けて、JTBは分権型の組織デザインへの移行を試みる。

多様化と流動化が進む市場では、顧客に近いところで働く人たちが、個々の創造性を発揮していく必要がある。そして、この必要にこたえるには、職務や権限を柔軟にとらえ、意思決定の単位を分散化し、現場が自律的に行動できる分権型の組織デザインが望ましい。

社会のデジタル化、そしてグローバル化が進む。そのなかで企業は、自社の市場に起きている変化の構造を見定め、新しい環境に合った組織デザインを次々に見いだしていくことを迫られている。JTBの事例から学ぶことができるのは、この課題に乗り遅れずに取り込むことの重要さである。

Keyword

顧客エンゲージメント

15. データによる顧客エンゲージメントの深化

——八木 克全

本章では、顧客エンゲージメントの深化をはかるために「顧客に提供する体験の統合」と「テクノロジーの統合」の2つのデザインが必要であることを紹介し、企業が費用対効果を考慮しながら、データやデジタル・ツールを活用した顧客エンゲージメントの高度化を進めるうえでのポイントを示す。

デジタル・ツールを活用した新しい顧客エンゲージメントのモデルを確立した例として、UBER（ウーバー）やAirbnb（エアビーアンドビー）などのスタートアップ企業が象徴的だが、日本の伝統的な企業・組織においては、ビジネスの成長機会をとらえるためにどのような転換を進める必要があるのだろうか。ここでは、企業の共通課題である「データによる顧客エンゲージメント深化がもたらす成長の機会」についても、組織のあり方に踏み込んで展望していく。

1. 事業部制とマーケティング課題

1960年代の日本では、企業の多角化経営が進み、事業部制の採用が増えていった。日本経済は、1950年代のなかばには第2次世界大戦後の混乱期を終え、高度成長期へと向かっていた。企業にとっての成長のカギは、国内の旺盛な需要にこたえる製品やサービスをいかにつくるか、そして見いだした市場にどれだけ自社の製品やサービスを送り込むことができるかであり、そこで求められるのは、毎年毎シーズンの新製品や新サービスの開発から投入を効率よく繰り返していく、短期志向のマーケティングだった。

その後、登場するM.ポーター氏の5 Forces分析、P.コトラー氏のSTPマーケティングなどは、この事業部制のもとで、市場戦略の策定をするに適したフレームワークであった。しかし、市場が成熟化し、規模が縮小し、製品ライフサイクルも短くなるなかで、かつてのフレームワークにのっとった事業部ごとのマーケティングだけでは、費用対効果が折り合わなくなり、成長をめざすのであれば、新しいアプローチが必要になる。このことは経済成長が鈍化してから、マーケティング理論として繰り返し主張されてきたことだが、多くの日本企業の経営者にとって現実味を帯びて課題として自覚され、これまでの事業部制のあり方やマーケティング手法そのものを見直そうと叫ばれるようになったのは、スマートフォンやSNSやECを通じ買い物環境そのものが変わってきた、2010年以降であろう。

これまでの30~40年にわたり、正しいと信じてつづけてきた成功体質を否定して、変革していかなければならない。そのとき、道しるべとなるマーケティングには、商品のポジショニングを考えるフレームワークだけでなく、リアルタイムに状況を把握して適切に判断していくための環境整備と行動規範の徹底が必要になる。商品を中心にした個別市場における戦い方のロードマップではなく、顧客の生活を中心にした情報戦で選ばれつづけるためのロードマップに切り替える必要が出てきたからである。

2. 顧客エンゲージメント強化が再燃する背景

事業部制のもとでのマーケティングの基軸は、担当する事業領域における新製品や新サービスを次々に開発し、効率よく投入していくことだった。しかし、市場が成熟化し、製品ライフサイクルが短縮化するなかでは、個別の新製品や新サービスの投入によって新規顧客を獲得していくマーケティングだけでは限界がある。顧客を新たに獲得できる余地は乏しくなり、新製品や新サービスは一気に普及し、すぐに成熟段階を迎える。そのなかで、顧客が自社の製品やサービスを継続使用し、関連製品やサービスをセット購買するようにうながすとともに、そこから新たな価値を引きだしていくことの重要性が増していった。カギとなるのは、顧客との深い関係性、あるいは絆（顧客エンゲージメント）である。

このことは、1990年代以降のマーケティング論において、「顧客ロイヤルティ」「顧客満足」「口コミ」「顧客生涯価値」「経営品質」などのキーワードとともに、角度を変えながら繰り返し言及されてきた。だが実際には、B to Bや通販事業を行う企業でないかぎり、直接的にどの顧客へのどの施策がどう売上げに貢献して、どんな顧客が継続するかの因果関係を見いだすことが容易でないなかで、独立採算である事業部のミッションは、短期志向のマーケティングに置かれたままであった。それらの企業では、顧客エンゲージメント強化に向けた取り組みは、事業部ではなく全社（本社）の課題＝コストと見なされ、取り組みがバラバラに企画され、実施されても売上げへの貢献効果が見いだせないか、あるとしても大きくはないので、「カスタマー」と名のつく組織やプロジェクトは、コールセンターやデータ解析をするサポート部門となっていった。

しかし今、モバイル化の進展とベースにあるデジタル・ツールのコストの低減で、企業はいつでも顧客とつながり、データをトラッキングすることが、限定的ではあるが物理的には可能になった。さらに顧客はSNSやECも日常的に活用しており、日常生活の延長で「友達のように企業アカウントをフォローする」「知りたいことをチャットで問い合わせる」などもしてもらえるような環境になった。顧客からすれば、個人に紐づくデータは慎重に取り扱うという前提のうえであれば、わずらわしいやりとりをしなくても、自分に最適な情報をタイミングよく届けてくれることが「親しみやすくて、信頼できる」ということになり、リピーターを獲得しやすくなる。また企業においても、コミュニケーションだけではなく製品やサービスがインターネットに直接つながるIoTの普及とともに、顧客エンゲージメントをもう一度見直し、強化しようとする動きが、開発やマーケティングを担当する事業部レベルで活発になってきた。

3. 顧客との関係がもたらすフロンティア

次々に登場するデジタル・ツールを活用して、自社の顧客にどのような新しい体験を提供したり、そこからどのような新しい価値を生みだしたりできるか。これは規模や産業や出自を問わない、あらゆる企業にとっての喫緊の課題である。デジタル時代を迎えるなかで、製品やサービスを販売した後もつづく顧客との関係において、マーケティングの新たなフロンティアが拡大している。

２０１６年2月に損保ジャパン日本興和ひまわり生命保険株式会社は、ウェアラブル端末として人気の高いフィットビット社の機器を契約者へ貸与すると発表した。そこから得られる契約者の活動情報を、自社の保険商品開発につなげようとするねらいがあると見られる。テクノロジーを持つ異業種企業との協業によって、自社の顧客との絆を深めることで、新しい価値を生みだそうとする取り組みである。

自動車産業では、コネクティッドカーの開発競争が進む。ＩｏＴを活用することで自動車の走行支援、車両診断、渋滞緩和、あるいは危険予知などの高度化が進む。その延長線上にある未来の目標が、完全自動運転車の実現である。この開発を支えるのも、販売後もつづく自動車メーカーの顧客との関係である。

これらの事例が示すものは、「商品を知らせて契約する（販売する）まで」に留まらない、その先の関係維持につながるだけでなく、利用データによる顧客の生活実態の理解を次のマーケティングや商品開発に活用していく取り組みである。この取り組みは、STPのフレームワークで行うマーケティングとは異なり、売るタイミングのスナップショット（短期）に焦点を合わせるのではなく、そこに時間軸を足して、獲得した顧客をきっかけに今後データ活用したビジネスに拡張していくという「投資」の側面を持つ。

4. 顧客エンゲージメントの深化に必要な2つのデザイン

多くの企業では、顧客エンゲージメントの深化とマーケティングへの活用を追求するために、専門のデジタル部門をつくることで対応している。自動車、銀行、生保、損保、不動産といった購買頻度が少ないものの一度購入すると保有する期間が長い商品を扱う産業から、飲料・日用品などのように、購買頻度が高くて、顧客が感覚的に商品を扱う産業まで、さまざまな産業の企業が、顧客エンゲージメントを追求するための専門のデジタル部門をつくり、事業を今の時代に合わせたかたちで進めようとしている。

そこにはおおむね2つのデザイン（設計）が必要になる。第1は「顧客に提供する体験の統合」であり、自社やグループ会社がばらばらに展開していた活動を、顧客エンゲージメントを基軸に統合し、統一的な顧客体験を提供しようとするものであり、縦割り組織それぞれが持っていたデータや業務プロセスの統合をすすめるためのデザインである。第2は「テクノロジーの統合」であり、企業のバックエンドの基盤開発系と、顧客側のフロントエンドシステム開発系を統合するもので、一人ひとりの顧客のリクエストに対してリアルタイムに必要な情報が出せるようにシステム環境を整備し、企業と顧客のつながりを深めようとするデザインである。この両面を追求することで、デジタル・ツールを活かした顧客エンゲージメントの深化と高度なマーケティングへの活用ができるようになる。

5. ビジョン、整合化、資源配分

この2つのデザインを推進するために、どのように組織を組みなおすかについては、各企業の試行錯誤がつづいている。改革に向けた専門のデジタル部署やタスクフォースをつくり、顧客エンゲージメントを基軸としたシステム環境と業務フローを整備しながら、既存の事業部内に徐々に浸透させていくスタイルをとろうとしている耐久消費財メーカーの担当マネジャーに、「顧客に提供する体験の統合」と「テクノロジーの統合」を実現するうえでの組織上の課題をヒアリングした結果を一部、了承を得てご紹介する。

課題①：ビジョンの浸透

全社に顧客エンゲージメントの深化を支えるデジタル・ツールの運用をするよう、施策ごとにＫＰＩを定め、ＫＰＩの数値をベースに施策を検証すると、きっちりと運用されているように見える。しかしそれだけでは、施策ごとの個別数値を追いかけるだけになりがちだ。

全体のビジョンがないと、何のために個々の施策をやっているかが不明瞭になり、個別の施策をまたいで生じる顧客の体験価値の最大化がはかれない。ビジョンが定かでないと、何が正しいか、意思決定基準が不明瞭になり、その都度の意志決定が揺れ動くことになる。そのため、目の前に見えるシステム整備やデータ統合だけでなく、目に見えない将来のビジョンも、組織に徹底して浸透させていくことが両輪で必要だと感じている。

課題②：同じ顧客への矛盾した対応

個別課題への対応としては間違っていないが、顧客エンゲージメントの視点でつなげると想定外の結果となることがある。

たとえば、SNSマーケティングのチームが、収集したリスニング・データから不満点を抽出し、次にリリースする製品の改善に活かしていたとする。しかしその一方で、パーソナル・メール対応チームが、マーケティング・オートメーションを活用して、ターゲット個々に最適なプロモーション情報を送付していたりする。個々に見ると、非常にうまくデジタル・ツールを活用したマーケティングが回っているように見えるが、この2つの対応が、同じ人に向けて実施されていたらどうだろうか。ある新製品を購入し、すぐに故障したというクレームをSNSでつぶやいていたユーザーに、まさにその新製品が耐久性に優れているというプロモーション情報が、パーソナライズされたメールで送られたら、このユーザーは逆にストレスを感じるだろう。全社的に顧客IDデータと施策をリアルタイムでつなげたカスタマーセントリックな仕組みができるようになる前に、段階的に個別に施策を走らせていくと、このような問題が起こりえる。

課題③：経営資源の配分

顧客エンゲージメント強化を幅広い顧客に向けて展開していくうえでの難題は、経営資源（リソース）の配分である。企業は、さまざまな顧客に対してさまざまな接点で、製品やサービスとその情報を提供するが、すべてにわたって理想的な顧客体験を提供しつづけることは、ヒト、モノ、カネのリソースが有限であるかぎり難しい。たとえば、顧客一人ひとりにパーソナライズされた体験を提供する施策を展開する一方で、マス（社会全体）での態度変容を引き起こす施策を同時併行で実施する場合は、新しい体験提供に活用するテクノロジーと、その提供コストを引き下げるテクノロジーを統合して運用するといった工夫が必要になってくる。

6. 3つのチェックポイント

マーケティングにおける顧客エンゲージメントの重要性は、今後も一段と増していくはずである。そこでは、かつての事業部内で行われていたマーケティングとは異なる仕事の進め方や組織の運営が必要になる。運営方法はその企業ごとの業務フロー・組織体制・データ環境・習熟スキルの段階ごとに異なるであろうが、ここに、実現に向けた3つのチェックポイントをあげておきたい。

6－1．顧客視点の施策をうながす権限委譲ができているか？

顧客との接点で仕事をしていると、自身の担当外ではあるが、顧客が必要とするものが、時として出てくる。これを現場のスタッフやマネジャーが自分ごととして受け止め、かたちあるものとして提供するべく取り組む。そして、想定した効果がないとわかれば、すぐに取り下げる。このような柔軟なかたちで、顧客視点でのトライ・アンド・エラーをうながす現場づくりが必要だ。現場への権限委譲がなされていなければ、上層部のお伺いや組織間の軋轢で商機を逸してしまい、リアルタイムに必要な対応ができず、上層部や他部署の許可を得た後で、施策をやめることもしにくくなる。デジタル・ツールを駆使した顧客エンゲージメント強化を取り込んだマーケティングを推進するためには、顧客と接点の近い現場の判断を信じることが重要だ。

6－2．臨機応変な計画変更が可能か？

当初の計画のターゲットではなかった他のセグメント（市場細分）がメイン顧客となることも少なくない。このような場面で、デジタル・ツールの柔軟性を活用するためには、プロセスのなかで施策や予算を切り替えていくことを見込んだ計画としておくことが必要である。加えて、こうしたトライ・アンド・エラーの検証ための討議の場、そして必要な履歴を残すシステムを社内に整えておくことも重要となる。

6-3．オープンで柔軟なチームづくりができるか？

顧客エンゲージメントを深化させようとすると、バリューチェーンを組織的な境界を越えて再構築することが必要となるケースが出てくる。また、オープン化の進むデジタル時代のマーケティングでは、社内だけでなく社外の協力者やプロジェクト参加が必要なケースの出現頻度が増す。タスクフォース型のチームを立ち上げるにしても、恒常的なチームを構築するにしても、業務を推進しながら、そのプロセスごとに、必要な人材の入れ替えが可能になることが重要だ。そのときに既存の組織や人材、評価制度とうまく親和させながら、新しい参加者を迎えたチームを動かしていけるのか。機密事項だからといって社内の一部に閉じているだけでなく、いかに重要なデータやルールは守りながら、社内外の力を使っていけるかが成功のカギとなる。

【仕事・業務へのヒント】

最後に、私自身の経験談として、上述した3つのチェックポイントをクリアする際、マーケターやストラテジストにとって有用と考えられるビジョンやアクションを示しておく。正解となるマーケティングモデルがなく手探りがつづく領域ではあるが、業種業態を問わず、本質は共通すると感じている。読者の方に、何らかのヒントになれば幸いである。

1. カスタマージャーニーと自社内外のバリューチェーン両方のビジネス視点を持つ。
2. 顧客エンゲージメント担当を専任で置き、4つのスキルセットを相互に補完する混成のタスクフォースを必要な人材を社内外から集めてつくり、短期間で顧客体験を組みなおす。（ビジネス戦略、マーケティング、データサイエンス、データマネジメント）
3. シェアをどれだけ広げたか（横の拡大）だけでなく、ねらったセグメントにおける顧客の継続利用率がどれだけ高まっているか（縦の深化）による利益貢献・費用対効果を見る。
4. 施策への反応を顧客IDに紐づけ、リアルタイムに見られるダッシュボードを活用する。
5. 組織全体への定着化に向けた、業務プロセスの標準化とKPIの整備を行う。

Keyword

サービス・ファースト

16. 情報システム部門のデジタルシフト

――越久村 克士

　日本企業における基幹業務のＩＴ化は情報システム部門が主導してきた。しかし近年では、この伝統的な情報システム部門のあり方が、日進月歩のデジタルテクノロジーのもとで揺らいでいる。

　マーケティングや営業の現場ではＷｅｂサイトが重要なチャネルになり、Ｗｅｂを使ったデジタル・マーケティングの取り組みが急拡大している。企業活動のなかでも、マーケティングや営業という顧客接点にかかわる領域は、テクノロジーや市場変化の影響をダイレクトに受ける。この領域でのＩＴのクラウド化の進行は、マーケティングや営業などの現場への情報システム部門のかかわりを希薄化し、今後は事業部門主導で外部ベンダーと直接進めていくケースが増えることが予想される。

　求められているのは、変化に即応できる組織のあり方であり、そのためにはどのような組織の構成や人材の配置が必要か。この問題を今、企業は再考することを迫られている。

1．ＩＴ化と情報システム部門

まずは１９８０年代以降の日本企業のＩＴ化の歩みを振り返ろう。１９８０年代の企業のＩＴ化の中心は、本社業務や生産管理や販売管理などの領域だった。人間が行う仕事を減らし、業務にかかるコストの削減や、情報の共有をうながし、自社の競争力強化をはかる。これが当時のＩＴ化の主眼だった。

多くの日本企業がこの時期に、ＩＴ化の担当組織として、情報システム部門を立ち上げた。ＩＴは当時の新規領域であり、対応できる人材は社内にはいなかった。多くの企業は、個別業務に従事していた人員を再教育して、情報システム部門に配属するとともに、ＩＴベンダーを積極的に活用することで、人材の問題を乗り切ろうとした。

情報システム部門のあり方は、試行錯誤のなかで形づくられていった。ＩＴ化にあたり、多くの企業は、自社の業務をそのままシステム化するアプローチをとった。そのために各社ごとのオーダーメードのシステムが開発されていった。そしてＩＴ化の範囲がしだいに拡大し、システムの開発規模も大きくなると、開発リソースの不足から、外部のＩＴベンダーに丸ごと開発を委託するケースが増えていった。

2. カスタマイズをめぐる狂騒

とはいえ、ITベンダーが旺盛な開発需要に対応する余力も限られていた。当時のITベンダーは、すでに開発したシステムをもとに、業務を標準化した業種別のパッケージソフトをつくり、これを適用していくことで、開発をせずとも儲かるビジネスへの脱皮をはかろうとした。

このITベンダーの構想においては、ITベンダーの開発の効率化だけが考えられていたのではない。オーダーメードのシステムを発注していた企業の側にとっても、パッケージソフトに自社の業務を合わしさえすれば、開発コストが劇的に削減され、立ち上げまでの期間が短縮化するというメリットが見込まれた。

しかし多くの日本企業は、自社業務をパッケージに合わせることができなかった。現場が反発したからである。

多くの企業で情報システム部門は、コスト削減などの効果を考え、業務をパッケージソフトに合わせるように進言したが、社内の事業部門はそれに反対し、山のようなカスタマイズ要望を情報システム部門に突きつけた。情報システム部門はその圧力に抗しきれず、ITベンダーにカスタマイズ開発を依頼した。

当時は、企業のトップや役員層にITについての理解を持つ人材は少なく、営業や生産などの現場の発言力が強かった。このようなパワー関係のもとで、情報システム部門は事業部門の言いなりになる状況に陥った。

対する事業部門は、要望を伝えた後は、ITの専門家である情報システム部門に任せておけば大丈夫との思い込みのもとで、丸投げをした。現場に精通していない情報システム部門は、要件定義を行った後は、ベンダーにシステム構築を一括委託し、ウォーターフォール型のプロセス（本書第2章参照）で開発が進んでいった。カスタマイズ要件が膨らんでいたため、完成まで1年から数年かかったケースも珍しくない。

ところが、ようやく完成したシステムを事業部門に見せると（すべての要件を盛り込んでいるにもかかわらず）「機能が足りてない」「使い手が悪い」と、さらなる要望の嵐が吹き荒れ、情報システム部門は対応に追われることになった。しかし予算の制約などもあり、要望がすべて受け入れられることはなく、一部しか使われないようなシステムが大量につくられていった。

3．情報システム部門の構築された役割

こうした過程のなかで、日本企業における情報システム部門の役割は、事業部門の要望をITベンダーに伝え、ITベンダーの提案を事業部門に紹介するという、窓口的なものとなっていった。ITベンダーへのエンジニアリング依存度が高まり、情報システム部門とITベンダーの距離感は縮まっていった。一方で、情報システム部門と事業部門の距離感は広がっていった。

ＩＴベンダーの側にとっても、パッケージソフトをカスタマイズすると開発規模が大きくなり、収益が大幅に増えることになった。そのなかで多くのＩＴベンダーは、「SIer(System Integrator)」と呼ばれるシステム・インテグレーションを主体とする業態へと変化していった。この業態は日本で特有といわれる。海外では、企業が業務をパッケージソフトに合わせ、カスタマイズは最小限にするため、SIer的な業態は発達していない。加えて海外の企業では、必要なエンジニアリング・リソースも社内に構えて、パッケージソフトに手を入れる体制となっていることが多い。

さて、その後の日本企業のＩＴ化については、バックエンド業務の一定の情報化が完了すると、情報セキュリティや内部統制といった全社課題への取り組みが、情報システム部門に求められるようになっていた。これらの課題のもとでは、制約が増えることをきらう事業部門と、責任を取りたくない情報システム部門の対立が生じやすく、情報システム部門と事業部門との距離感はさらに広がっていった。

4．大手情報サービス企業「シーグル」の事例

4−1．情報サービス分野での事業拡大

近年の企業のＩＴ活用にとってインパクトが大きいのは、クラウド化の進展であろう。特にデジタル化をふまえてマーケティングや営業などの現場では、クラウドサービスの

利用が爆発的に増えている。ＩＴベンダーがクラウド環境上にソフトウェアを搭載したSaaS（Software As A Service）を構築し、事業部門がＩＴベンダーと契約すれば、開発などを行うことなく即時にシステムが使えるようになっている。

そのなかでの情報システム部門の役割は、既存の自社システムとの連携や、Ｗｅｂサイト運用などのエンジニアリング業務へと変化してきている。これは、従前の情報システム部門とは違った役割であり、一方では、あらためてエンジニアを事業部門に置く必要が出てきている。

以下では、架空の独立系大手情報サービス企業、シーグル社のストーリーを描く。このストーリーを皆さんに紹介することで、リアリティを共有しながら、情報システム部門のデジタルシフトについて考察を加えていきたい。

シーグルは日本の高度経済成長期に、求人情報誌を手はじめとして、いくつもの新たな情報サービスを立ち上げてきた。現在では、この分野における国内最大手企業のひとつである。

シーグルは、インターネットが普及する以前から、紙媒体を中心に事業を展開してきた。シーグルは、これらの情報誌について、マスメディアを使った広告で認知拡大をはかるとともに、強力な営業網により掲載広告主を開拓していくことで事業拡大を果たした。手がける領域も、人材から不動産、旅行、車と、次々に拡張していき、90年代までに大きく成長を遂げていた。

4-2. Webの情報サービス

しかし2000年代に入ると、Webサイトを使った消費者の情報取得行動が拡大し、シーグルの情報誌も、売上げが伸び悩む事態となった。この事態に対処するためにシーグルは、デジタル（Webサイト）を新たなチャネルとすべく、各種の紙媒体で展開していた情報サービスのデジタル化を開始した。しかし当初は、うまく切り替えが進まず、紙もWebの売上げも芳しくないという事態に陥った。

シーグルの動きは速かった。シーグルは「Web上で消費者にいかに情報を探してもらいやすくするか」という視点から事業の改善を行い、Web上の情報の量と質を高めた。またWebサイトを閲覧した消費者を、広告主に送客するモデルを導入し、送客に応じてコミッションを得るビジネスモデルを確立した。営業についても、広告営業から提案営業へのシフトを進めた。

コンテンツ制作にも大きな変化が生じた。紙媒体では一度出版すれば、次号までは情報の更新は行えない。しかしWeb媒体においては、常に情報を更新することが可能となる。さらに、消費者の行動もリアルタイムで把握できる。

Web媒体のコンテンツ制作では、消費者の使いやすさが第一である。単にデザインをきれいにしたWebサイトを制作すればよいわけではなく、消費者がサイトを訪れた目的にかなった構成になっていることが重要となる。そしてこれを、消費者の行動データをもとに継続的に改善していかなければならない。

Ｗｅｂの情報サービスでは、Ｗｅｂサイトを柔軟に運営し、そのコンテンツや構成を、消費者の行動データをもとに、継続的に改善していくことが生命線となる。その徹底を支えるのが、Ｗｅｂサイトのアクセス数や、広告の表示数を簡単に把握でき、広告主の情報掲載に迅速に対応できる仕組みや体制であり、これらのブラッシュアップをつづけるエンジニアリング・リソースが事業の重要な基盤となる。

４－３．デジタル時代のＩＴエンジニア配置

シーグルでは、紙媒体を中心に事業を展開してきたため、当時はＷｅｂに必要なエンジニアは社内にほとんどいなかった。そのために外部ＩＴベンダーの助けを借りて、急ピッチでＷｅｂサイトの開発を進め、各媒体のデジタル化を数年のあいだに成し遂げた。

だがこれで開発業務は終了、とはならなかった。これは、Ｗｅｂを使ったデジタル・マーケティングのひとつの特徴である。シーグルの多数のＷｅｂ情報サービスが動きだし、利用者や広告主からのダイレクトな反応が寄せられるようになると、それらに次々と猛スピードで対応していくという、以前には体験したことがない課題に取り組む必要が生じた。

シーグルはＷｅｂサイト開発の内部化に舵を切る。当初は本社のＩＴ部門にエンジニアをかかえ、少ないエンジニアリング・リソースを有効活用し、各情報サービスへの支援にあたった。そのうえでさらに、新たな情報サービスを提供するプロジェクトを立ち上げ、

図1　改革後のシーグルの組織

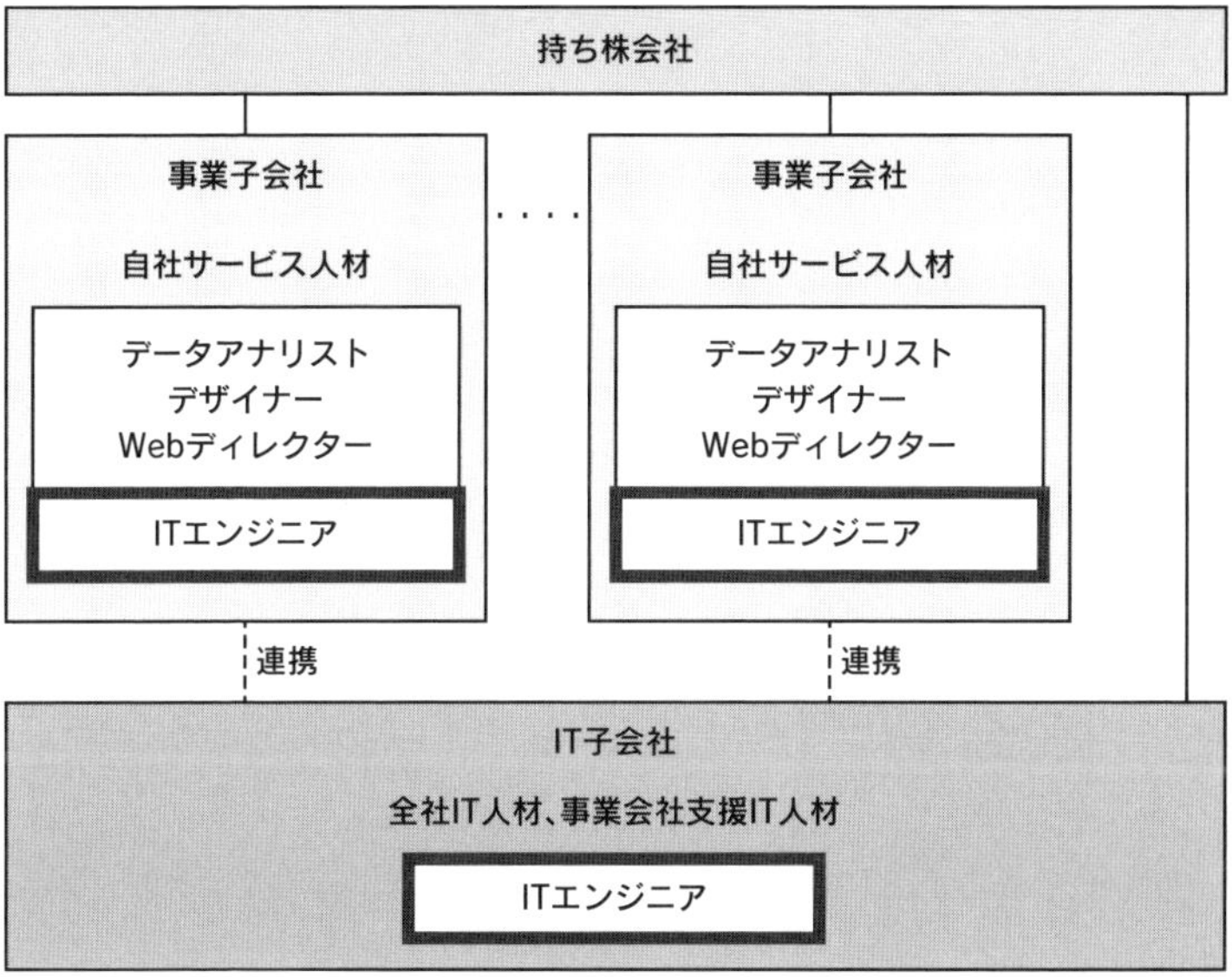

ＩＴ部門が中心となり成果を上げていった。

デジタル・ワールドは変化が早い。有力な競合サービスの出現、スマートフォンなどの新規デバイスへの登場などがつづき、シーグルは変化対応のスピードを、さらに高める必要に迫られた。シーグルは組織構造の改革を行い、持ち株会社のもとに住宅情報、人材情報など各事業子会社がぶら下がる体制へ移行した。権限を事業子会社に委譲し、意思決定の迅速化を図ったのである。

この改革以降のシーグルでは、ＩＴエンジニアを各事業子会社が社内にかかえ、事業子会社内でWebサイトなどの情報システムの開発を行うようになった。必要なITエンジニアの採用もそれぞれの事業子会社で行う。こうして情報サービスごとにプロジェクトチームを設け、ITエンジニア、データアナリスト、デザイナー、Webディレクター、そして営業担当などの人材を集めて、目的を共有しながら開発を進めることが可能になった。

一方でシーグルは、持ち株会社直轄のテクノロジー子会社も設立している。このテクノロジー子会社も内部にITエンジニアをかかえ、グループの大規模案件の開発や、新規事業に向けた研究開発、さらに各事業子会社への技術支援や情報提供などを行っている。シーグルでは各情報サービスの最適化をめざす縦糸のエンジニア集団だけではなく、グループ全体のIT課題に対応する横糸エンジニア集団を内部組織化するようになっている（図1）。

5. ITエンジニアに求められるマインドシフト

シーグルに見られるように、かつてのウォーターフォール型の情報システムの開発は、デジタル・マーケティングの世界では影を潜めている。この新世界のキーワードは「サービス・ファースト」である。サービスを最優先するとともに、その提供速度を最大化することに注力するのだ。そこでは、いかにサービスの魅力向上につながっても、時間をかけた取り組みは許されない。日々寄せられる各所からの要望、あるいは明らかになる消費者の行動を取りまとめ、優先度をつけて各種の追加改修開発を並行して進めるスパイラルアップ型の開発の必要度が増している。

組織体制だけではない。デジタル・マーケティングの世界では、エンジニアに求められるマインドも、かつてとは大きく異なっている。「まずはリリースする」という意識が、デジタル・マーケティングのエンジニアには欠かせない。

従前の開発方式では、すべてのテストを１００％クリアしないかぎり、新情報サービスのリリースはできなかった。しかしデジタル・マーケティングでは、早くサービスをリリースし、早くユーザの反応を見ることが、何より重要になる。うまくいかなかったときには、変えればよい。責任を問うことよりも、早く世に出し、そして早く変えることを優先するマインドが大切になっている。

【仕事・業務へのヒント】

デジタル・マーケティングにおいては、自らが変化しつづけることが欠かせない。そこでは、変化を恐れず楽しみ、失敗を責めずにスピード感を持って対応していくマインドや組織文化が大切となる。

この変化を楽しむマインドや組織文化が、マーケティングや営業にかかわる部門だけではなく、ＩＴエンジニアにも共有されている。このような関係の実現が、デジタル・マーケティングの推進にあっては極めて重要になる。

スパイラルアップ型の組織体制は、笛を吹けば実現するものではなく、企業は腰をすえて、前とは異なるＩＴエンジニアのマインド涵養から取り組んでいかなければならない。加えて、以前はＩＴベンダーに依存しがちだったＩＴエンジニアを、自社内の現場に近い部門に配置していく必要性が増している。

先日、あるＩＴベンダーの海外カンファレンスに出席する機会があった。そこでは日本人エンジニアが英語で講演を行っていた。プログラム言語は世界共通であり、ＩＴエンジニアには海外で活躍するチャンスも十分にある。日本企業におけるＩＴエンジニアの配置、そして情報システム部門のあり方は、デジタル時代を迎えて新たなステージに突入している。

Keyword

フィンテック

17. 金融と決済のデジタルシフト

——横田浩一

ブロックチェーン技術の進化により、フィンテックによる金融分野でのイノベーションが進んでいる。特に銀行のＡＰＩが解放されたことで、多くのベンチャーやＥＣ事業者など他業種が金融業界に参入できるようになり、ＩＴと金融の融合が進んでいる。金融とＩＴの領域は、もっともイノベーションの余地のある分野だ。

特に仮想通貨、電子決済、地域通貨などの分野では可能性は広がり、資産運用分野などでもＡＩの活用など、金融×ＩＴの親和性は高い。これはブロックチェーンという分散型の技術が導入されたことによる技術の進化の背景がある。

政府もこのフィンテック活用の流れを後押ししようとしている。金融庁は２０１７年に、金融とＩＴを融合したフィンテックの普及をうながすため実証実験ハブをつくり、企業の取り組みを継続的に支援する。フィンテックとマーケティングの融合は今後注目すべき分野だ。

1．フィンテックという新たな波

フィンテック（FinTech）とは、ファイナンスとテクノロジーを組み合わせた造語である。日本ではここ数年より新聞記事によく取り上げられるようになった。

フィンテックは、主に、ＩＴを活用した革新的な金融サービス事業を指す。特に、近年は、海外を中心に、ＩＴベンチャー企業が、ＩＴ技術を生かして、伝統的な銀行などが提供していない金融サービスを提供する動きが活発化している。

PayPal や Square など、金融スタートアップが注目されたのは２０１３年頃であり、その後も中国におけるスマートフォンでのＱＲコードの読み取りによる決済アプリの急速な普及などが世界的に注目されている。

わが国においては、決済の現金比率が高いことや、金融資産が高齢者にかたまっていることがフィンテックの普及の阻害要因とされてきた。しかし、東京オリンピックとパラリンピックに向けて、政府が電子的決済の一層の普及を支援する方針であることや、高齢者の死亡により若年層への資産の相続が起きつつあること、さらにはアベノミクスや確定拠出年金普及による投資商品への資金流入などによって、フィンテックが普及する環境が整ってきている。

日本の金融機関は、大規模で高セキュリティのＩＴシステムを採用してきた。しかし、ベンチャーが提供するアプリなどによる決済が広がり、金融とＩＴの垣根が低くなるとともに、将来的には金融業務への新規参入者が多くなり、既存の金融機関の脅威になるとの予想が広がっている。さらにその影響がおよぶ分野は決済だけでなく、海外のベンチャーなどの動きを見ると、ビットコイン、個人間送金、投資アドバイザリー、ローン借り換え支援、中小企業向け金融サービス、金融アドバイザーのマーケティングなど多岐にわたると見られる。

フィンテックは、事業会社のマーケティングも揺さぶる。その理由としては、現金から電子的な通貨へのシフト、仮想通貨などへのシフト、個人や企業の行動記録と資金移動がデジタルにリアルタイムで記録されるという事実、スマートフォンという決済チャネルの登場、ネットワークによってつながるP2P市場、そしてネットワークで確認される信用情報など、決済を超えた幅広い領域を巻き込んださまざまな変化が生じていることがあげられる。

2. 日本における動き

金融庁は、2017年4月に銀行法を改正し、投資条件を緩和するとともに、仮想通貨の規制を発表し、ガイドラインを示した。日本銀行は2016年にECBとブロックチェーンについての共同研究を実施している。全国銀行協会は2016年にopenAPI検討会を開催し、小規模事業者などとの契約可否判断、中間的業者との責任分担などの論点整理を行っている。

APIとは、Application Programming Interfaceの略語であり、アプリケーションから、OSなどのプラットフォーム機能を呼びだして利用するための橋渡し(インターフェース)となる仕組みのことである。たとえばGoogleは、Google Maps APIというAPIを公開しており、これを使うことで、スマホアプリなどの製作者はGoogle Mapの機能を呼びだし、利用することができる。

今後については金融分野においても同様に、大手金融機関などが汎用性や利便性が高いプログラムをAPIとして公開することで、アプリ製作者は金融サービスのための機能をゼロから開発する必要がなくなり、コストが削減される見通しである。その結果、ベンチャー企業やEC事業者などによって新しいサービスの開発が促進され、利用者の利便性が高まっていくと見られる。政府もこの動きを後押しする方向で制度の整備に動いている。

2017年には、ブロックチェーン検討会が銀行分野における決済の活用可能性と課題についてまとめた。ブロックチェーンやDLT(分散型台帳)は、分散型と呼ばれるシステムである。わが国では、現在現金や小切手などの「紙の分散型インフラ」と、ブックエントリーシステムなどの「デジタルの集中インフラ」については法制度が構築されているが、「デジタルの分散型インフラ」の法制度の構築はこれからである。現在のところ日本におけるベーシックな金融サービスは、店舗、ATM網、巨大な中央電算センターなどであり、これらは今後の金融機関の経営における重荷になる可能性がある、また、変化の止まらない世界の金融ネットワークとの関係をいかに構築していくかも、日本の金融機関にとっての大きな課題である。そして、この課題への取り組みがいかに進むかは、その先に

図1　岐阜県高山市の飛騨信用組合での地域通貨「さるぼぼコイン」の実験

あるマーケティングの根幹となる支払いの方法を揺さぶっていく。

3. 広がる実証実験

国内のフィンテックの取り組みにおいて先行していると見られるのは、ＳＢＩホールディングスである。この企業グループが力を入れているのは、仮想通貨の基幹技術であるブロックチェーン（分散型台帳）である。筆頭株主となった米国企業のＲ３社の技術を活用し、口座手続きを簡素化する実証実験を進めている。ＳＢＩホールディングスは、タイのサイアム商業銀行とも提携し、ブロックチェーンを活用した送金事業を開始している。傘下のSBI証券は国内でウェルスナビなどと提携し、コンピューターが最適な資産運用を指南する「ロボアド」を提供している。これからはフィンテック企業の取り込みが金融の生き残りを決するであろう。

岐阜県高山市の飛騨信用組合では、「さるぼぼコイン」という地域通貨の実験を進めている。スマートフォンによる決済アプリを使用した実証実験に使われたのは、次のようなシステムである、まずは事前に決済アプリにチャージを行う。買い物時は、アプリを起動して「支払う」のボタンを押す。「PINコード」(暗証番号)を入力して、スマートフォンのカメラで、お店のレジにあるQRコードを読み込み、支払金額を入力する。支払先と支払コイン(金額)を店員に見せて、金額に間違いないかを確認する。そして間違いがなければ「確定」ボタンを押して、支払いを完了させる(図1参照)。

あるいは、訪日外国人旅行者の受け入れに向けて、指紋や手のひらの生体認証を活用した決済や、旅館・ホテルのチェックインの実証実験が各所で行われている。経済産業省が推進する訪日外国人の受け入れ連携基盤「おもてなしプラットフォーム」構築に向けた「IoT活用おもてなし実証事業」が神奈川県湯河原町、箱根町などで進む。

そこでは訪日客の同意のもと、買物、飲食、宿泊、レジャーなどのサービスを受ける際に必要な個人情報を共有し、生体認証などによる手ぶらでの決済やホテル・旅館のチェックイン、体験プログラムの参加などのサービス提供が試みられているほか、スマートフォンへの情報提供なども行われている。参加する訪日客は、登録した言語でのサービスが受けられるほか、宿泊先や自宅を登録しておくことで、毎回の手続きも不要となる。参加するサービス事業者は、訪日客の行動履歴や購買履歴など、一事業者では収集が難しいビッグデータを解析に活用できる。このシステムで使われる指紋生体認証では、人の指紋の特徴のみを抽出して数値化・暗号化する。この情報だけで指紋の画像に復元することができないため、不正利用は不可能だという。初回の指紋登録の際に個人情報を登録しておくことで、以降は指紋生体認証のみでサービスが受けられるようになる。

今後はこうした決済、さらには資産運用などの分野で、デジタル化、AIを活用した取り組みが進むことが予想される。

4. 金融機関はどう動くか

フィンテックは、当初は既存金融を脅かす「破壊者」と見なされていた。しかし近年は、協業できる分野の広さへの認識が広がり、多くの金融機関が利便性の高いサービスをフィンテック関連の企業と協力してつくる方針をかかげるようになっている。

なぜなら、メガバンクは振り込みや入出金明細の照会といった口座情報へ接続するための仕様であるAPIの公開を控えている。APIの公開に踏みきるのであれば、ユーザーインターフェースの構築に長けた企業と協業していくほうがメリットは大きい。

外部企業との連携が進めば、金融機関にとっても、家族構成や購買履歴など銀行が従来アクセスできなかった情報が得られる。そして、その情報をもとに顧客に接触すれば、学資ローンや住宅ローンなどをタイムリーに売り込むことも可能になる。

すでに大手金融機関は組織対応をはじめている。たとえば三菱東京UFJ銀行では2017年にデジタル企画部を設置。フィンテックへの対応を進めている。主な取り組みの領域は、ビッグデータ、AI、デジタルマーケティング、ロボティクス、ブロックチェーン、そしてRegTechである。

加えて重要になってくるのが、大手金融機関とITベンチャーとの協業である。三菱UFJフィナンシャルグループでは、2016年よりMUFGデジタルアクセラレータプログラムを展開している。フィンテック（決済、融資、資産管理、資産運用、デジタルバンキング、マーケット取引など）、先端技術（AI、ブロックチェーン、IoT、量子コンピューティング、ロボティクスなど）、その他（リスク管理、セキュリティ、デジタルマーケティングなど）の領域において、金融サービスを変えていく革新的なビジネスを立ち上げようとする事業プランを募集するもので、過去の提供実績は問わない。これから金融関連分野に取り組もうとするスタートアップ企業や、すでに金融関連分野の事業を行っている企業が対象となる。プログラムへの参加がかなった企業には、メンターのサポートや提携、出資の可能性もある。このように大手金融機関が、スタートアップなどの小企業と組んでフィンテックを推進する動きを見せており、金融分野におけるオープンイノベーションの動きがさらに広まると見られる。

2017年には東京都大手町に、「フィノラボ」という金融ITベンチャーの育成拠点およびミートアップの場が、電通国際情報サービス、三菱地所、電通により開設された。

5. 試行錯誤を加速化する社会的仕組み

政府もこのフィンテック活用の流れを後押ししようとしている。金融庁は2017年に、金融とITを融合したフィンテックの普及をうながすため実証実験ハブをつくり、企業の取り組みを継続的に支援することを発表した。実証実験ハブとは、フィンテックを実験段階から早く実用化につなげるため、金融庁が橋渡し役となって企業間の連携をうながす仕組みである。必要な規制や顧客保護、法令順守などへの対応も支援する。三菱東京UFJ銀行、三井住友銀行、みずほ銀行によるブロックチェーン技術を応用した本人確認情報の共有システム開発などが案件にあがっている。

期待されているのは、「日本版サンドボックス」の実現である。サンドボックスとは「安全に遊べる砂場」のことである。すでに英国の金融行為規制機構が開始している「レギュラトリー・サンドボックス」では、新サービスを投入したい民間企業に対し、規制上の考慮をすることでサービスを安全に試行できる環境を提供している。そこでは、実践的な試行錯誤を早期に行い、時間やコストを削減し、次世代サービスを短期間で育成していくことがめざされている。

このように今後の金融分野は、デジタル化でさらに大きく変化していく。そこでは、オープンイノベーションを推進しながら、アントレプレナー人材とうまく協業できる人材や組織の必要性が、金融機関さらには事業会社においても高まっていくと見られる。新たなドミナント・ロジックに向けた変化を実現できるかどうかが、組織の存続を左右する。

【仕事・業務へのヒント】

今までは規制に守られてきた金融機関が、デジタルシフトによって変化を迫られている。事業会社においても、これまでの情報システム部門は「システム屋さん」として、事故のないように努めていればよかったが、今後はマーケティングの最前線、そしてBtoBの提携セクションの窓口となっていかなければならない。

大きな変化のなかで新たなベンチャーは生まれる。そこに欠かせないのが協業である。このスキルを持った人材が必要とされ、それに対応できる組織が必要とされていく流れが今後は続くだろう。

特に金融分野でのAPIの公開が進むと、大小を問わない多くの企業に、新たなチャンスが生まれる。そして金融機関に求められるサービスのあり方も変化していく。その影響は金融の領域にとどまらない。次なるマーケティングのモデルを構想する際には、フィンテックの動きへの注視を怠ってはならない。

Keyword

CMO

18.

マーケティング統括者に期待される役割

――吉田 満梨

マーケティング活動の実践者であるマーケター（marketer）への企業の期待は、近年高まる傾向にある。日本企業においてもチーフオフィサーとして、全社的なマーケティングを統括するCMO：Chief Marketing Officer（最高マーケティング責任者）を新たに設置する事例が増えている。

しかし詳細に見ると、そこでCMOが果たすべきとされる役割は、一様ではない。マーケターに求められる固有の能力とは何かについては、これまでに十分な議論が尽くされてきたわけではない。そもそもマーケティングとは何かについても、「顧客価値の実現」のような抽象度の高い定義から、具体的なプロモーション施策やマーケティング・リサーチ手法を指してマーケティングと呼ぶ場合もあるなど、多様な理解がある。

本章では、まずは従来のマーケティング研究におけるマーケターの役割について基本認識を確認したうえで、とりわけ近年になってわが国で注目度が高まっているCMOの役割を明確化する。そしてさらに今日の豊富なデータ環境が、CMOのはたらきをどうサポートするかを考察する。

1．そもそもマーケティングとは何なのか

マーケティングとは何か。この問題を議論する際にしばしば引用されるのが、アメリカ・マーケティング協会（ＡＭＡ）による定義である。最新の定義では、「マーケティングとは、顧客、依頼人、パートナー、そして社会全体にとって価値のある提供物を創造し、伝達し、流通し、交換するための活動であり、一連の制度、そしてプロセスである」とされる。

ＡＭＡによるマーケティングの定義は、繰り返し改定されており、先の定義は、２００７年に新たに改定され、２０１３年に再承認されたものである。ＡＭＡの前身である全米マーケティング教師協会により１９３５年に発表された、「生産者から消費者への製品・サービスの流れを導く経済活動の遂行」という、最初の定義と比べると、マーケティングの主体と活動内容が拡大し、より一般的な定義になっていることがわかる。

このようにマーケティング概念が一般化されてきた理由のひとつとして、１９６０年代終わりから１９７０年代にかけて学会で展開された「マーケティング概念拡張論」の影響があげられる。その代表ともいえるＰ．コトラー氏の論文では、「２つ以上の社会単位の間で、相手方に対する価値の創造と提供によって、望ましい反応を生み出そうとする試み」をマーケティングの一般概念として提示している（Kotler, P.（1972）, “A Generic Concept of Marketing,” *Journal of Marketing*, Vol. 36, No. 2: 46-54.）。このように定義することで、マーケティングを実践する主体は、営利企業だけではなく非営利組織をも含むこ

とになり、その内容も、マーケティング・リサーチやプロモーション活動といった経済的な取引を実現するための取り組みだけではなく、顧客価値を実現するための統合的活動といったより一般化されたものになる。

こうしたマーケティング拡張論は、マーケティングに関する手法や技術の適用領域の拡大に貢献しようとするものだったが、多くの反論も巻き起こした。反対論者が批判したのは、経済的取引を前提とした元来のマーケティングと用語上の混乱を生じさせること、実務家にとって問題の焦点をあいまいなものにしてしまう恐れがあることなどの問題だった。

実際に、マーケティング・コンセプトは、1980年代には、大きく2種類の誤用を生んでいたことが指摘されている（Houston, F. S. (1986) "The Marketing Concept: What It Is and What It Is Not," *Journal of Marketing,* Vol. 50, No. 2: 81-87.）。この時期にマーケティング・コンセプトは、それが必ずしも企業価値に結びつく有効な方法ではない場合にも、あらゆる状況において最適な経営哲学であるかのように扱われ、他方では、広告や販売、プロモーションの活動にすぎないものとして矮小化され、両者の混同のなかでお粗末な取り組みが展開されてしまったという。一般化されたマーケティング・コンセプトは、多様な領域で活用されるようになった反面、個別の状況での具体的行動指針を教えてくれるわけではなく、それを実践する人々によって、さまざまな解釈のもとに用いられていくことになった。

2. マーケティング研究におけるマーケター像

さらに、その実践者であるマーケターが組織のなかで果たす役割についても、一般化されたマーケティング・コンセプトのもとで、表面的に理解されるにとどまってきたと、B. J. ジャウォースキー氏は指摘する（Jaworski, B. J. (2011) , "On Managerial Relevance," *Journal of Marketing*, Vol. 75, No.4: 211-224.)。たとえば、企業活動の前線で働くマーケターやブランド・マネジャーにとって重要な問題と、トップマネジメントの一員であるＣＭＯにとってのそれは、当然異なることが予想されるが、両者の違いについての明確な議論はなされてこなかった。

その背景としてジャウォースキー氏は、アカデミックなマーケティング研究の多くは、「組織をより市場志向にするためには、何をなすべきなのか」といった、実践者にとって有益な行動指針を提供することよりも、「市場志向が強い企業ほど、経済的な成果も高くなる」といったような概念間の関係性を検証することを重視しがちであり、各種のマーケターの実践へのコンテクストをふまえた貢献は軽視されてきたことを指摘する。マーケティング研究のなかでのマーケター像は、マーケティングリサーチャー、ブランド・マネジャー、そしてＣＭＯといった立場の違いを包括した一般的な存在としてのマーケターという、極めて抽象的なプレイヤーだったのである。

3. CMOの役割は何か

こうした課題意識のもと、ジャウォースキー氏は、自らの実務者としての観察、そして既存研究にもとづいて、CMOが果たすべき中心的なタスクを「戦略」「組織と実行」「測定と管理」という3つのカテゴリに整理し、そこには合わせて7つの職務があることを特定している。

第1の「戦略」に関しては、CMOは3つの大きな職務に従事している。(1)企業内でマーケティングの役割を確立すること、(2)顧客（セグメント）の声を理解し、(顧客以外も含む）市場知識（マーケット・インテリジェンス）を得ること、(3）全社や事業部、製品・ブランドごとのマーケティング・プログラムなど、企業全体のマーケティング戦略を総合的に検討すること、の3つの役割が指摘される。

第2の「組織と実行」に関しては、(4）CEOの行動計画を支え、企業内の他部門とマーケティング活動の調整を行うこと、(5）マーケティング組織の運営を行うこと、(6）重要なマーケティング活動の変革を見極め主導すること、の3つの役割が指摘される。

第3の「測定と管理」に関しては、(7）マーケティング成果を評価するための数値化の方法を開発し、投資収益率（ROI）やフリーキャッシュフローを明確にする役割が指摘される。

また、別の研究では、CMOの役割として、企業成果に影響を及ぼす最低3つの役割があることを指摘している（Boyd, D. E., R. K. Chandy, and M. Cunha Jr. (2010), "When Do Chief Marketing Officers Affect Firm Value? A Customer Power Explanation," *Journal of Marketing Research*, Vol. 47, No.6: 1162–1176.）。第1に、企業が追求すべき新たな市場機会と対処すべき脅威の特定を支援する「情報機能」、第2に、マーケティング機能に関連した投資の種類と水準を決定する「意思決定機能」、そして第3に、顧客や広告代理店、パートナー企業といった外部のステークホルダーとの関係の構築・管理を行う「関係機能」である。先のジャウォースキー氏の分類は、これら3つの機能を包含するものであるといえる。

デジタル時代に、こうしたＣＭＯ、そしてマーケターの職務は、どのように発展し変化していくのだろうか。それを考察するにあたり、歴史を振り返ることは有用だろう。以下ではまず、これまでの歴史のなかで増加するデータの利用可能性が、マーケティングの諸機能をどのようにサポートしてきたかを概観してみよう。

4. マーケティングにおけるデータ分析の活用

マーケティングに関係する体系的なデータ活用は、１９１０年頃から行われてきた。この時代には、アメリカのいくつかの企業で商業調査部門が設立され、組織の内部データと、アンケートなどによって収集された組織外部のデータを分析して、広告などの企業活動に関する意思決定に活用されるようになった。１９２０年代になると、広告受容に関するＡ

IDA（Attention, Interest, Desire, Action）モデルが開発され、世界最初の市場調査会社としてA.C. Nielsenが設立されるなど、店舗における製品売上データも意思決定に積極的に活用されるようになった。その後も、パネルデータ、POSデータ、Web上のクリックストリーム、顧客の位置情報など、今日に至るまでマーケティングの意思決定に活用可能なデータの範囲は拡大しつづけている。

一方で、こうしたデータの利用可能性の拡大にともなって、それを効率的に分析し活用するためのさまざまな分析モデルの構築もつづけられてきた。大沢豊氏によれば、特に1950年代にはコンピュータの利用とベイズ型の意思決定論を背景にしたマネジメント・サイエンスが隆盛し、そこで発展したマネージャーの意思決定を支援する「意思決定解析（decision calculus）」が、マーケティング領域にも適用されるようになった（大沢豊（1972）『マーケティング科学と意思決定』中央経済社）。マーケティングに関する数量的な解析モデルの開発は、百貨店の夜間営業の効果や、販売促進活動の効果、広告効果を分析した研究などを先駆的な業績としながら、その後も、在庫管理モデルなどに積極的に活用されるようになっていく。1960年代になると、消費者のブランド選択についての確率モデルが多く生みだされるようになり、多様な統計解析ソフトウェアの開発がこれを後押しした。こうしてさまざまな影響要因を組み込んだ消費者購買意思決定のモデル構築は、研究としては、消費者行動論やマーケティング・サイエンスといわれる領域で発展してきた。

実務の現場でも、1960年代なかば頃から、情報技術を基盤とし、企業の管理職の意思決定を支援するための「企業管理情報システム」（ＭＩＳ：management information system）や、とりわけマーケティングという職能向けに設計された「マーケティング情報システム」（ＭｋＩＳ：marketing information system）が注目を集めた（南知恵子（２００６）『顧客リレーションシップ戦略』有斐閣．）。マーケティング情報システムでは、市場分析をマーケティング活動の起点と考え、市場情報の体系的な収集と、企業の内部と外部の情報の統合をすることで、マーケターの市場理解と戦略立案を支援することが期待された。

5．マーケティング意思決定支援における課題

大沢豊氏はまた、多様な情報源のデータを統合・分析し、マーケティングの情報処理を代替するシステムを構築しようとする努力は、１９７０年代なかばには、いくつかの問題に直面するようになったと指摘する。ひとつの問題は、分析モデルが、それを活用するマーケターにとって理解や活用が困難なほどに、複雑化し高度化してしまったことである。マーケティングに関する意思決定では、売上げなどの需要構造に関するデータに加えて、競争、流通、規制などのマーケティング活動への直接の影響要因や、さらに、より大きな社会、経済、技術に関する環境変化なども考慮する必要がある。こうした複数の変数を組み込むべくモデルを複雑化するほど、利用するマーケターにとっては使いにくいものとなり、現実の業務においては、よりシンプルな分析や直観にもとづいたモデルが好まれる傾向を生みだした。さらに、組織の内部情報の収集や処理と比べて、多様な外部環境要因を考慮

しなければならないマーケティングの意思決定では、包括的なモデルの構築自体が極めて難しいことが認識されるようになった。

後者は特に、マーケティングの意思決定が、そもそも「非構造的問題」であることに起因する問題だといえる。H．サイモン氏は、意思決定の問題を、問題を解決するロジックが明確な「構造的問題」、その都度目的も環境も大きく異なるため、解決するロジックが存在しない「非構造的問題」、両者の中間である「半構造的問題」に分類したが、広くマーケターが行う戦略的意思決定のほとんどは、「非構造的問題」に属するものであり、環境に存在する多様な情報のうち、どれを意思決定において考慮すべきかを、マーケター自身ですら予め十分に知っているわけではない。たとえば、大きな影響力をもたらすイノベーションが生じる可能性が潜在するなかで、消費者や競合企業の選択行動が競争過程を通じて創発的に変化していく状況を考慮して、完全に市場の未来を予測しうるような確率モデルを構築することは、そもそも不可能なのである。

広くマーケターには、左脳と右脳、理性と感性、科学とアートなどと表現される2つの異なる能力の両立が大切であるといわれてきたのは、こうしたマーケティングの意思決定問題の特性によるものだといえる。市場知識(マーケット・インテリジェンス)の獲得、マーケティング戦略の立案、そしてマーケティング成果の評価といった職務には、データから帰納的に答えを導くだけではなく、問題全体をとらえたうえでのある種の直観的な判断が不可欠なのである。

こうした認識の深まりを経て、情報技術によってマーケティングの諸機能をサポートしようとする努力は、１９８０年代以降は意思決定の質を高めるために、コンピュータの情報処理能力と人間の判断を結合して、「半構造的問題」を取り扱う意思決定支援システム（ＤＳＳ：decision support system）へと発展していくことになった。すなわち、マーケティングの意思決定に関する包括的なモデルを構築しようとする努力から、マーケターが活用できるツールとしての、より個別で多様な分析モデルの開発へと移行していったのである。

【仕事・業務へのヒント】

本章の後半では、マーケティングにおけるデータ分析の活用の歴史を振り返ってみた。これを先に述べたＣＭＯに期待される７つの役割と対応させて考えてみよう。組織の内部と外部で蓄積し収集したデータを分析し、マーケティングに活用しようとする今日までの潮流は、とりわけ（２）市場知識の獲得、（３）企業全体のマーケティング戦略の立案、（７）マーケティング成果の評価に対して大きな貢献をしてきたといえる。そして、今後のデータ・サイエンスの発展とビッグデータの活用可能性の高まりは、これらの領域におけるさらなる貢献につながるだろう。ただし、先に見たとおり、市場知識（マーケット・インテリジェンス）の創造や、マーケティング戦略の意思決定といった、マーケターがなすべき問題解決は、蓄積されたデータから帰納的に解を導くという仕事の範囲を大きく超えるものであることには留意すべきである。

さらにいえば、ＣＭＯに期待される役割は、知識獲得と戦略立案とその評価に限定されるものではない。ジャウォースキーによるＣＭＯの７つの職務のなかの残された４つについては、データ解析によってそれを支援するというよりも、むしろ、各職務の課題をとらえるための概念やフレームワークの開発が、今後期待される領域だといえる。

実践のなかで繰り返し問題解決を行っている現場のマーケターたちは、自らの経験にもとづく実践知として、複雑な問題にアプローチをするための意思決定のヒューリスティクスや高次の信念体系を持っていると考えられる。今後については、こうした実践知を他者と共有可能な形式知にしてく努力が必要である。その結果、これまで抽象的な次元でしかとらえられていなかったマーケターという職能の特性を深く理解することが可能になれば（１）企業内でのマーケティングの役割の確立、（４）他部門とのマーケティング活動の調整、（５）マーケティング組織の運営、（６）マーケティング活動の変革において、ＣＭＯに重要な示唆を提供することになると期待される。

Keyword

オーセンティシティ

19. デジタル時代のアナログ製品のリポジショニング

——吉田 満梨

消費の対象としての無形財の比重が高まっている。旧来の有形財への需要が、そうしたデジタルな無形財へと置き換わりつつある一方で、従来のアナログな有形財にユーザーが新たな意味を見いだすというケースも見られる。

カメラといえばデジタルカメラを指す。このような今にあって、アナログのフィルムカメラである「チェキ」（富士フイルム）がシリーズで年間５００万台という異例の売上げを実現している。

消費の主流がデジタル財に移行していることは、旧来のアナログな製品にとっては不利なだけではない。本章では、デジタル時代にアナログ製品の再評価が進む要因として「オーセンティシティ」に注目しながら、こうした変化をふまえたリポジショニングが、既存事業にさらなる成長機会をもたらすことを確認する。

1. 富士フイルム「チェキ」の再ヒット

富士フイルムホールディングスは、2017年3月期、9期ぶりに連結営業最高益を更新した。好業績を支える事業のひとつが、カメラなどのイメージング事業であり、特にデジタルカメラ全盛のなか、同社のインスタントカメラ「チェキ」の国内外における販売が、ここ数年で大きく伸びていることに注目が集まっている。

チェキは、富士写真フイルムが1998年11月に発売し、大ヒットしたインスタントカメラ「instax mini」の愛称である。1990年代のなかば、国内のインスタントカメラ市場は、写真シール印刷機「プリクラ」のブームのなか、写真をコミュニケーションツールとして活用する女子高生などの新たなユーザーの登場によって、1994年から1997年までに2倍近くまで拡大していた。しかし当時のインスタントカメラは、本体が大きく重いため、携帯しにくい、フィルムが高価で気軽に撮影できない、といったユーザーの不満があった。

これに対してチェキは、本体を従来品よりも重量約半分（335グラム）と軽くし、フィルムの価格を従来品の約3分の1に抑えることで、こうした問題を解消した新商品だった。10枚入り1パックで700円、2パックで1250円の専用フィルムは、世界で初めて86㎜×54㎜のカードサイズに小型化することでコストを下げ、また本体の小型化も可能にした。カードサイズの写真は、定期入れや市販のカードファイルに入れることができ、また

ＩＳＯ８００の高感度フィルムで画質も高かった。

チェキは、女子高生など若い女性への積極的なプロモーションの効果もあり、当初の年間出荷目標だった30万台を１９９９年7月下旬までに突破、供給が需要に追いつかないほどの人気を博した。その後も、より低価格、高機能の新機種を投入し、２００２年には販売台数１００万台を達成、中国など海外での販売も開始した。しかしその後、デジタルカメラが本格的に普及しはじめると、チェキのブームは下火となり、２００４〜２００６年の販売台数は年間10万〜12万台とピークの10分の１程度にまで落ち込んだ。

2. きっかけは韓国のテレビドラマ

ところが２００７年に、細々と輸出をつづけていた韓国での販売台数が微増し、２００８年には中国でも伸びはじめた。きっかけは、韓国のテレビドラマのシーンでチェキが使用されたことだった。その後、中国の歌手のミュージックビデオのなかでも、恋人との思い出を振り返るシーンなどに使われて話題となった。購買層の中心は10〜20代の女性であることが判明したため、主に写真店のみだった販路を雑貨店やコスメティックショップなどに拡大、「かわいい雑貨」としてのプロモーションを強化した結果、２０１０年には海外販売台数で前年比2倍を記録した。最初のブームが起こった２００２年頃には1割に満たなかった海外販売比率は、２０１２年頃には韓国・中国での売上増により9割を超え、全体の販売台数も２０１２年3月期には１２７万台と以前のピークを上回った。そして韓国と中国での戦略を日本に逆輸入するかたちで、国内需要も再び活性化することに成功した。

2014年度の富士フイルムの計画では、デジカメの販売計画台数は前期比57％減の200万台に絞り込まれた一方で、インスタントカメラのチェキは、同30％増の300万台に設定され、その後350万台に引き上げられた。チェキと専用フィルムの販売は欧米でも大きく伸長しており、2015年度には年間のグローバル販売台数が500万台を突破し、イメージングソリューション部門の営業利益は、前年度比55・5％増の322億円となった。

3. デジタル時代におけるアナログ製品のリポジショニング

デジタル時代のなかにあった、〝アナログ〟なインスタントカメラが、再びヒットしている現象をどのように説明できるだろうか。注目したのは、チェキという製品の価値が時代のコンテクストの変化のなかで、うまく「リポジショニング」されていることである。

製品の価値は、「便益の束」としてとらえることができる。以前のインスタントカメラの中心的な便益が、デジタルカメラによってより高度に満たされるようになっても、それ以外の便益を見いだし、訴求することによって、インスタントカメラを再び成長期に向かわせることは不可能ではない。こうした価値の見いだし方は、「リポジショニング」と呼ばれる。

フィルムカメラの時代には、仲間で撮影した写真を、現像してプレゼントする習慣があったが、デジタル撮影された写真は、ネット上で簡単に共有できる。消費のコンテクストが大きく変化したことによって、どのような機能や属性が相対的に価値を持つのかも変化したといえる。

フィルムカメラしかなかった時代には、インスタントカメラの最大の特徴は、撮影現場で現像でき、すぐに写真を確認できる点にあった。しかし、デジタルカメラが登場すると、こうした機能は、液晶画面で画像をすぐに確認できるデジタルカメラによって置き換えられてしまった。ただし、その場でデータではなく紙の写真を仲間と共有できる、余白にコメントを書き込めるといった特徴は、チェキならではのものとして残りつづけた。現在のチェキは、誕生日や結婚式などのパーティーやイベントで活用されているほか、富士フイルムの公式サイトでは、「余白に一言を書いてメッセージカードとして活用する」、「デコレーションしたチェキを本のしおりにする」、「しまってある靴の箱に、その中身を写したチェキを貼って整理」といった多様な用途を紹介している。

さらにチェキの再ヒットの要因としてしばしば指摘されるのが、フィルム写真ならではの風合いや、何度も撮り直しができないことなど、〝アナログ〟であるインスタントカメラの制約ともいえる特性が価値として評価された点である。現在のチェキの主要な購買層である10~20代の若者にとっては、写真といえばデジカメやスマホの液晶画面で見ることが当たり前であり、簡単に共有やコピーができるものと考える世代である。そうしたユーザーにとっては、「紙の写真をその場で手に取って見ることができる」「現像されるまで仕上がりがわからない」「焼き増しができない」といったインスタントカメラの特性が、たったひとつだけの写真という特別感をともなうものとして、新鮮に受けとめられたことが、再ヒットを支えている。

同様に、デジタルの時代になってアナログであることの魅力が見直され、消費傾向にも影響を与えている市場は、他にも複数存在する。たとえば、一般社団法人日本レコード協会によれば、2009年には10万2000枚にまで落ち込んだアナログレコードの生産数量は、2015年には66万2000枚にまで回復している。1970年代の販売実績1億9000万枚と比べれば、ささやか数字だが、こうした新たな市場に向けて、ソニー、パナソニック、そしてアマダナといった家電・オーディオメーカーがプレイヤーの新製品を投入しており、継続的な需要の伸びが見込まれる。このトレンドが先行している米国では、購入者の大部分は、物心ついた頃からCDやデジタル配信された音響データに馴染んでおり、レコードをじかに聴いたことがなかった35歳以下の若者だという。こうした新しいレコードファンたちからは、聴くために裏返したり、針を置いたりといった手間がかかることが、ながら聴きができずしっかり聴くことにつながることや、しっかりとした形のある存在感のあるジャケットを収集したり、インテリアとして部屋に飾ったりできることなど、デジタル情報化された音楽の便利さとは異なる、アナログならではの要素を評価する声があがっている（『日本経済新聞』2015/11/08、12ページ）。

また、パソコンやスマートフォンが普及し、手書きで文字を書く機会は減少しているにもかかわらず、筆記具の売上げは堅調に推移していることも、近い事象として見ることができる。2013年は、『30日できれいな字が書けるペン字練習帳』がムック本の売上げランキングで1位となり、「美文字」が「2013 ユーキャン新語・流行語大賞」にノミネートされるなど、特に手書きがブームの様相を呈した年だった。そうしたなかで、パイロットコーポレーションが小学生から万年筆に慣れ親しんでもらおうと発売した、万年筆の新ブランド「カクノ」は、使いやすさと1050円という手ごろな価格が大人からも支持を集め、初年度の販売目標15万本に対して4倍以上の売れ行きを記録した。矢野経済研究所の推計によれば、2011年に797億円だった筆記具の市場は、2015年の筆記具の市場規模は958億円に伸びているという。

4. 製品の価値としての「オーセンティシティ」

こうした製品の便利さや機能性に還元することのできない、「アナログ製品のよさ」とは、一体何なのだろうか。ひとつの手がかりとなるのが、財のオーセンティシティ(authenticity)が消費者の知覚に与える影響である。オーセンティシティとは、「コピーではなく、オリジナルであること」や「正真正銘の本物であること」を指す概念であり、日本語では「真正性」や「本物感」とも訳される。

デジタル化された画像や文字のデータは、コストなく簡単に複製でき、共有できる点では便利である。だがその反面として、オーセンティシティには乏しくなる。これに対して、インスタントカメラで撮影した写真や、手書きの文字によるメッセージは、完全な複製は難しい、唯一無二のものである。デジタル技術の普及によって、逆にそうしたアナログな表現物のオーセンティシティが消費者に評価され、結果として価値を高めていると考えられる。

とはいえ、コピーできないことや希少であることが、オーセンティシティに直結するわけではないことには注意が必要である。希少であってもオーセンティックでないもの、逆に、多くの人が使用している工業製品だがオーセンティックなもの、はいずれも存在している。

G．R．キャロール氏とD．R．ウィートン氏は、ある対象に「オーセンティシティがある」、あるいはそれが「オーセンティックである」という場合には、少なくとも2つの異なる意味が存在していることを指摘している（Carrolla, G. R. and D. R. Wheaton (2009) "The organizational construction of authenticity: An examination of contemporary food and dining in the U.S.," *Research in Organizational Behavior*, Volume 29: 255–282.)。

第1に、もし対象が、ある型式（あるいはジャンルやカテゴリ）に忠実である場合、それはオーセンティックである。伝統的なカウンターのみのスタイルで、昔ながらのレシピでお酒を提供するバーを「オーセンティックなバー」と呼んだり、本場の味に忠実なフランス料理を提供するレストランを「オーセンティックなフレンチ」と呼んだりするのは、こうした意味での用法である。

第2に、対象が道義的に偽りのない信念を反映していると考えられる場合にも、そこにはオーセンティシティが認められる。何かを提供する人や企業が、自らのこだわりや価値観に対して、偽りのない振る舞いをする場合に、それらが体現された提供物にはオーセンティシティがあるといえる。地元で栽培されたオーガニック野菜の使用にこだわるレストランや、生産効率を無視しても細部にこだわった製品デザインを採用する企業などは、いずれもオーセンティックと見なされる。

どちらの用法にも共通するのは、ある対象にオーセンティシティがあるか否かは、事実として客観的に判断できるようなものではなく、特定の社会的なコンテクストのなかで社会的に構築されるような問題だという点である。そしてオーセンティシティとは、時代や社会的なトレンドによって揺らぐことのない、その対象の「らしさ」や「こだわり」に関係するものであり、それは必ずしも顧客にとっての利便性や便益とは結びつかず、むしろ時にはトレンドや効率性に逆行する可能性すらある価値である。しかし、それらがオーセンティックなものとして顧客に知覚され、共感を得ることができれば、顧客の主観的な対象への評価にポジティブな影響を及ぼすことになる。

振り返るとオーセンティシティは、それが喪失の危機に直面した場合に、社会的に重要な関心事となってきた。W. B. S. ベンヤミン氏は、その1936年の著作「複製技術時代の芸術作品」のなかで、版画や印刷、写真といった複製技術の登場によって、オーセンティシティと結びついた「いま・ここ」のみに存在するという芸術作品の一回性の喪失と、芸術作品と人間との関係性の変化を論じた。同様に、安定した大量の商品供給を可能にする工業化されたものづくりが行き渡ることで、逆に不安定な手作業のものづくりが再評価される現象は、今日の地酒やクラフトビールのブームにも見ることができる。あるいはグローバル化によって人々が伝統的なアイデンティティから切り離されていると認識されると、ローカルな伝統文化が見直される傾向が強まったりする。だからといって関心が一時的な傾向にすぎないことを意味するわけではないが、このように場合によっては、外部環境の脅威の影響で、オーセンティシティへの関心が強くなることはたしかに考えられる。

【仕事・業務へのヒント】

デジタル時代という新たなコンテクストのもとで、消費者は伝統に裏打ちされた本物感や、商業主義に流されないこだわりをアナログ製品に見いだすようになっている。デジタル化が進むからこそ、富士写真フイルムのチェキに見られたようなオーセンティシティが消費者にとっての製品の価値を高めるという現象が、市場の各所に見られる。

最後に、オーセンティシティを求める消費者には、3つの異なる理由があるとのG．R．キャローラとD．R．ウィートンの指摘を確認しておこう。第1に、伝統的なスタイルや手法でつくられたオーセンティックな製品は、今日の大量生産社会、さらにはデジタル社会のなかで失われていく個々の消費者にとっての「自己」を回復してくれる可能性を持つ。製品はしばしば、その所有者にとっての抽象的な自己に具体的な表現を与え、自らのアイデンティティの構築や維持や調整において重要な役割を果す。

考えるに、デジタル時代を追い風としたシェアリング・エコノミーの台頭などは、一方では「所有による自己」の解体を引き起こす。今後は、この時代の流れを補完するオーセンティシティの提供に、さらなる事業機会を見いだすことができそうである。

第2に、小規模で目立たない製品なのであればこそ、そうしたレアな製品を所有し使用することが、消費者にとっての自己表現になる可能性がある。こうした消費者は、必ずしも脱物質主義的な傾向が強いわけではなく、工業製品も抵抗なく使用するが、他者から自らを差異化するために、伝統や本物といえる何かに裏打ちされた、オーセンティシティに関心を示す傾向がある。デジタル時代にあって多くの人々が、変化のなかでの自己喪失感や不安を強めているのであれば、メジャーになりきれなかった既存事業に、逆に価値を見いだすことができる余地が広がる。

第3に、消費者は時に、自らの社会的なステータスや威信をつくりだすための道具として、オーセンティシティを利用する。そこでは消費者が、アナログ製品が持つ微妙な差異を明確に説明したり、評価したりできるようにサポートするマーケティング活動が重要となる。所有したり利用したりする財の「真正性」や「本物感」を、個々のユーザーがいかに周囲に示すことができるようにするかがマーケティング上の重要問題となる。

Keyword

バリュー・ベイカンシー

20.

破壊だけではない デジタル・ディスラプション

——栗木 契

市場に出現する脅威は、自社の強みの再確認をうながし、危機は機会の再発見につながる。

この金言は、デジタル環境のなかでのマーケティングにも有効なようだ。既存産業において成功をおさめてきた多くの優良企業にとって、デジタル・ディスラプションは、その地位をおびやかす脅威と危機となる。しかし、デジタル・ディスラプションがこれらの企業にもたらすのは、脅威と危機だけではない。

たとえば、日々私たちが消費者として利用している小売産業に、何が起きているか。デジタル・ディスラプションの進行とともに、消費者がリアル店舗を訪れる動機は、ブランドの世界観の体感や、リアル空間としての居心地のよさなど、サイバー空間では手に入れにくい体験型の価値にシフトしている。そして、そこに出現しているバリュー・ベイカンシーに、いかに挑むかが、既存企業と新興企業の双方にとっての新たなマーケティングのフロンティアとなっている。

1. 脱百貨店という選択

「GINZA SIX」が、2017年4月20日に銀座にオープンした。日本初、銀座初など、241のショップがそろい、中央通り沿って「セリーヌ」「ディオール」など6つのラグジュアリーブランドが、2~5層の大型メゾネット店舗を構える。

GINZA SIXは、松坂屋銀座店の跡地に隣接街区を加えた2街区一体整備（第一種市街地再開発事業）により誕生した大規模複合施設で、商業施設は4万7000㎡の売場面積と、銀座エリア最大規模となる。商業施設の運営は、J．フロントリテイリング株式会社、森ビル株式会社、住友商事株式会社、L キャタルトン リアルエステートの4事業者が共同で行う。

2013年に閉店した松坂屋銀座店は、銀座では最も古い歴史を持つ百貨店だった。しかし、J．フロントリテイリングは、「GINZA SIXでは、百貨店はやらない」と表明する。これは、GINZA SIXでは、販売や経営のフォーマット（業態）を百貨店とは違ったものとするということである。

銀座は、日本さらには世界有数の商業地として、多くのショッピング客や観光客を引き寄せつづける。このことに変化はなくても、そこに求められる小売のフォーマットは、時代の文脈のなかで変化していく。

2. 広がるバリュー・ベイカンシー

伝統的な小売産業のあり方は、近年のアマゾンをはじめとするEコマース企業の台頭によって大きく揺らいでいる。Eコマースの利用が広がるなかで、顧客のショッピング行動は変化し、リアルの小売店舗に求められる価値や魅力もまた、そのなかでシフトしている。デジタル化が進むなかで、街中のCDショップやビデオレンタル店などが次々と姿を消していく。その一方で、新たな販売や経営のフォーマットを取り入れた店舗が登場し、多くの消費者を集めるという現象も見られる。

デジタル・ディスラプションは、リアル空間に何を引き起こしているのか。企業の経営者やマーケター（マーケティング担当者）は、そこにバリュー・ベイカンシーが出現していることに目をこらす必要がある。

バリュー・ベイカンシーとは、市場における価値の空白地帯を意味する（M. ウェイド、J. ルークス、J. マコーレー、A. ノロニャ『対デジタル・ディスラプター戦略』日本経済新聞出版社、2017年）。現代の消費者は、Eコマースの利用を増やすなかで、そこでは満たされない体験をリアルのショッピングに求めるようになっている。このデジタル・ディスラプションのなかで浮かび上がってくるリアル店舗の新たな価値を、既存の小売企業が十分に提供できていないのであれば、そこにはバリュー・ベイカンシーが生まれていることになる。

バリュー・ベイカンシーは、デジタル・ディスラプションが、既存企業あるいは新興企業にもたらす新たなチャンスだといえる。以下では、GINZA SIXが、このバリュー・ベイカンシーをいかにとらえようとしているかを確認していく。

3. 販売と経営のフォーマット

百貨店の業態シフトが進む。新たな販売や経営のフォーマットをめざして、百貨店はどこへ向かうのか。ピークの1990年頃には10兆円ほどあった国内の百貨店の売上げは、25年ほどが経過した現在では、6兆円を切るところにまで縮小している。

この数字を読むうえで注意しなければならないのは、百貨店という業態の定義である。ここでいう6割程度にまで縮小した売上げとは、日本百貨店協会に所属する店舗を対象とした数字である。

百貨店とは何か。巨大な商業空間を設け、歩くだけでわくわくするような環境のなかで、ファッション衣料、服飾品、化粧品、生活雑貨、食品などを販売し、レストランや各種の催事などのサービスを提供する。これが百貨店というものなのであれば、百貨店協会の所属店舗の外側に同種の商業空間が広がっていることを見逃してはならない。ショッピングセンターである。

ショッピングセンターとは、複数の小売店などを集積させた、計画的に開発され、管理される商業施設の名称である。「イオンモール」や「ららぽーと」などのように、車でのアクセスのよい郊外に広大な土地を確保して開発された巨大モールを主力とする企業体もあれば、「ルミネ」や「東京ソラマチ」などのように、大都市の中心商業地の施設を主力とする企業体もある。

4. 仕入れか、賃料か

百貨店とショッピングセンターでは、店内のショップやブランドの多くが重なる。しかし、並ぶのは同じ商品であっても、その販売や経営のフォーマットには違いがある。

両者のビジネスモデル上の重要な違いは、出店者との契約方式である。百貨店が仕入れ方式をとるのに対し、ショッピングセンターは賃貸借契約をむすぶ。百貨店は仕入れをベースとした業態である。店内に並ぶ商品は、百貨店が仕入れたものであり、そこでは仕入れと売上げとの差益がビジネスのベースとなる。

一方のショッピングセンターは、テナントからの賃料を収入源としており、短期的には、店内の商品の売れ行きによってショッピングセンターの収益の見通しが大きく揺らぐことはない。もちろん中長期的には、テナントの売上げが低迷すれば、賃料の引き下げに踏みきらざるを得ないこともある。しかしショッピングセンターでは、毎期の売上げを高めようとするインセンティブよりも、高い賃料を設定できる施設環境を整えようとするインセンティブが強くなる。

5. 百貨店は、坪当たり売上げが高い

百貨店を駆動しているのは、売上げ志向だ。伝統的な百貨店の収益の大枠は売上げによって決まる。大量の集客を実現するべく、百貨店は、年間52週に渡る密度の高い催事とプロモーションを展開する。さらに百貨店は、外商部隊を持ち、店舗の外でも売上げを高めようとする。

これまでに百貨店が採用してきた仕入れ方式も、売上げ志向を支える。百貨店に並ぶ商品は、百貨店が仕入れたものだ。そのため売場構成については、百貨店の裁量で展開することができる。同じブランドの商品であっても、レディースやメンズといった商品分類によって別フロアに展開する。あるいは時計については、ひとつの売場に集める、といった展開が可能になる。

さらに百貨店は、エスカレータ脇やレジ横などの店内の隙間的なスペースを見逃さずに商品を並べるなど、売上げ増の工夫を重ねる。仕入れ方式だから、ブランドの特定の商品だけを切り出した陳列を行うことが可能だし、百貨店にはショップの内装工事などを管理する施設部などが内部にあり、ショップに必要な什器や資材、レジなども百貨店側で用意できる。

このように変化をつけながら、高密度の商品集積をはかることができることが、大都市の中心市街地に立地する百貨店に巨大な売上げをもたらしてきた。

6. 変わる時代の文脈と、脱百貨店

売上げ増に活路を求めてきた百貨店。そのために現在でも百貨店は、坪当たりの売上げにおいて優れている。

ではなぜ、脱百貨店が模索されるのか。百貨店業態を基軸としてきた企業がショッピングセンター業態の利点を取り入れようとする脱百貨店の動きが生じている。この流れのなかで、日本一の商業地である銀座にGINZA SIXが誕生する。

そのひとつの理由は、百貨店がコストを投じて売上げを追求する業態となっていることにありそうだ。百貨店のひとつの強みは、出店するショップやブランドの初期コストが低いことだった。これは、成長期の市場にあって、資金繰りに課題をかかえる新興ブランドを取りこむのに適していた。しかし一方の百貨店は、設備や資材や人材など、内部に大きなリソースをかかえる必要があり、これは、今の日本のような、成長の余地に乏しい市場環境においては、無視できないリスク要因となる。

もうひとつの理由は、デジタル・ディスラプション（デジタル化による破壊）への備えだろう。Eコマースが拡大するなかでは、リアルの店舗がブランド横断的な商品集積をはかったところで、顧客に提供できる購買の利便性、品揃えの柔軟性や幅、そして商品仕入れにおける交渉力などで、ECサイトに勝つことは難しい。高額商品の販売において、リアルの店舗に残されたひとつの優位性は、エクスペリエンス（体験）の提供である。この

路線を追求していくのであれば、単に商品を揃えるだけでは不十分で、そのセレクションやブランドの背後にある世界観を、リアル空間の特性をいかして表現していく必要がある。仕入れ方式で個々の商品をコントロールすることよりも、ショップやブランドのトータルな企画力や運営力を評価して、テナントとして契約することの重要性が増す。

小売のフォーマットは、時代の変化のなかでシフトしていく。GINZA SIX では、さらにこのシフトをとらえるべく、巨大なアート空間や、会員向けのプレミアムサービスなど、体験型の仕掛けを各所に用意しているという。

デジタル・ディスラプションのなかで出現するバリュー・ベイカンシーを見逃さず、いかに商業施設の未来を見通すか。GINZA SIX は、そのひとつの重要な試金石となりそうである。

【仕事・業務へのヒント】

デジタル・ディスラプションの影響を受けるのは、ハイテク産業だけではない。第11章でも見たように、建設、エネルギー、あるいはビル管理といった古い産業においても、デジタル・ディスラプションによって今後のあり方が大きく変わる可能性が広がっている。

既存企業にとって、デジタル・ディスラプションはその地位をおびやかす脅威である。しかし、デジタル・ディスラプションが既存企業にもたらすのは脅威や危機だけではない。デジタル・ディスラプションの進行とともに、たとえば消費者が店舗を訪れる動機は、ブランドの世界観の体感や、リアル空間としての居心地のよさなど、サイバー空間では手に入れにくい体験型の価値にシフトしていく。

問題は、既存の小売企業がこのシフトにどうこたえるかである。たとえば、手に入れたい商品がすぐに見つかるといった「購買の利便性」は、Eコマースが発展していくなかで、リアル店舗が急速に優位性を失っていっている価値であり、かつ、かつてはリアル店舗が消費者を吸引するうえでの重要なポイントとなっていた価値である。そのために既存の小売企業のなかには「購買の利便性」の向上に傾注し、体験型の価値を高める取り組みを手厚く行ってこなかった企業も少なくない。

ここにバリュー・ベイカンシーが出現する。

デジタル・ディスラプションがもたらすバリュー・ベイカンシーは、既存企業と新興企業の双方にとっての市場機会となる。既存企業と新興企業のいずれにとっても、バリュー・ベイカンシーを次なる自社の市場機会としていくためには、デジタル化の進行によって個人や組織の購買行動や生活行動や作業工程にどのような変化を生じているかを振り返り、調べあげ、その多面的な変化の様相を熟考する必要がある。この努力を怠る企業にとっては、デジタル・ディスラプションが脅威と危機以外の何かをもたらすことはなく、そこから機会が生まれることはない。

第3部

変わるマーケティング人材
（採用と育成がシフトする）

Keyword

AIエンジニア

21. ＡＩ人材採用の課題

――遠野 宏季・横田 浩一

近年、ディープ・ラーニングをはじめとしたＡＩ技術が目覚ましい発展を遂げ、これらの技術をビジネスへいち早く応用しようと世界中の企業がしのぎを削っている。日進月歩で進む最新の機械学習のトレンドを正しく理解し、経営や自社サービスの開発に落とし込むことのできるＡＩエンジニアは、この競争のカギを握る存在であるといえる。

しかし日本国内において、最新のＡＩ技術の専門的な研究を行う国内の大学研究室は限られており、従来の新卒一括採用システムでは優秀なＡＩ人材の採用が困難となっている。これからの企業には、個別にＡＩ人材へアプローチする方法や、社内のビジネスマン・エンジニアをＡＩ人材として教育し直すなどの柔軟な対策が求められている。

1．第三次AIブームの到来

この数年のあいだに、新聞やTVのニュースなど、幅広い場面で取り上げられるようになったテクノロジーのひとつとして、AI（人工知能）があげられる。

そもそも、歴史的には1960年代と1980年代にすでに二度のAIブームが起きていた。一度目は迷路探索などの推論・探索アプローチ、二度目には知識ベースのエキスパートシステムに注目が集まった。一方で、手法そのものに加えて、当時のコンピュータの性能の限界などから、それぞれのAI研究は停滞していった。

しかし近年になり、コンピュータの性能の向上と、ニューラルネットワークの改良により生まれたディープ・ラーニングアルゴリズムにより、第三次AIブームが幕を開けた。ブームの火付け役となった出来事は、2012年に起こった。その年の世界画像認識コンテストにおいて、2位以下の従来のアルゴリズムに比べて10％以上の精度向上を果たしたディープ・ラーニングによる手法が優勝したのである。現在ではこのディープ・ラーニングを用いた手法は、画像認識分野にとどまらず、囲碁、車の自動運転、そして自然言語処理など、多方面で注目され、活用されている。そのなかで世界中の企業が、AIの技術開発を進めており、2016年度6月現在でおよそ約974億円の投資がすでに実行され、昨年の投資額を上回る見込みである。

この分野が従来のIT分野と違うのは、各社がしのぎを削ってアルゴリズム開発しているだけでなく、それらを積極的に論文として公開するため、世界中で技術革新が凄まじい勢いで進んでいる点である。これはすなわち、巨大な資本を持たない企業であっても、最新の論文を読み解くことができる優秀なＡＩ人材がいれば、世界最先端の研究をいち早く社内に取り入れることができるようになっているということである。逆に言うと、世界的に加熱しているＡＩを用いたビジネスの競争に打ち勝つためには、ＡＩの技術を正しく理解しプロジェクトを進めることができる人材の確保が課題となる。

2. AI人材とは

世間一般にいわれている「ＡＩ人材」とは、一体どのような人物を指すのだろうか。ＡＩ人材の大前提は、近年急速に研究と開発が進む各種ＡＩ技術（人工知能の要素技術として理解されている自然言語処理、機械学習、そして強化学習など）をよく理解していることである。そのうえでＡＩ人材には、「アルゴリズムを自ら構築できる研究者型エンジニアリング」、あるいは「アルゴリズムをふまえたビジネスモデルを提案できるマネジメント型エンジニアリング」の2種類の能力のいずれか、あるいは双方を持っていることが求められる。

「アルゴリズムを自ら構築できる研究者型エンジニアリング」と従来のエンジニアリングとの違いは、統計学と機械学習の理解にもとづきアルゴリズムを選定し、さらには試行錯誤をふまえた実装を行う能力が求められている点にある。具体的には、一度仕様を決め

図1　AI人材をめぐるエンジニアの分類

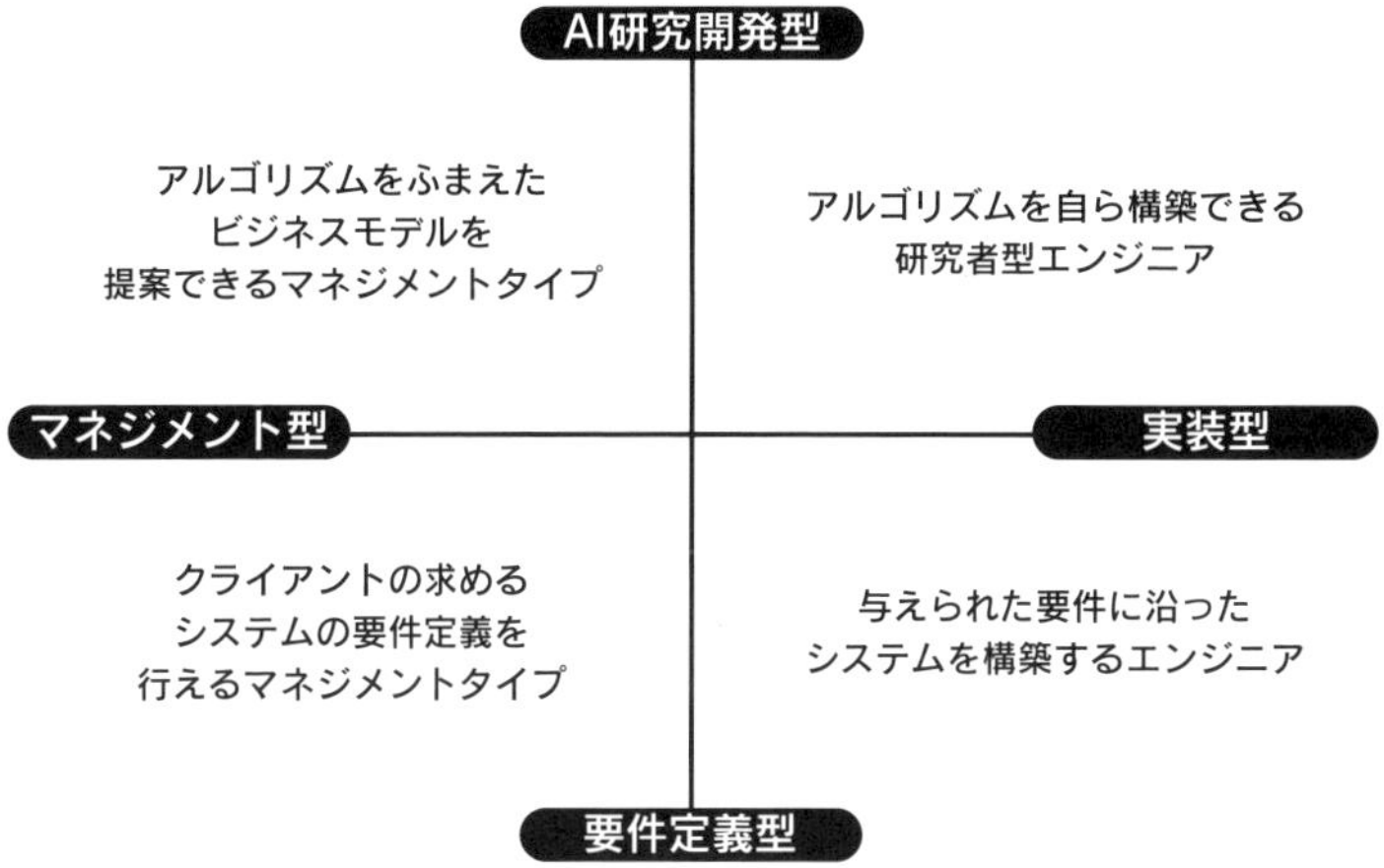

てしまえば、あとは時間をかけてシステムを構築するエンジニアリングとは異なり、データの前処理や最適なアルゴリズムの組み合わせの検討、各種パラメータ調整といった多くの試行錯誤をともなう作業を体系的につづける能力が、ＡＩ人材には求められている。

他方の「アルゴリズムをふまえたビジネスモデルを提案できるマネジメント型のエンジニアリング」に求められるのは、ＡＩアルゴリズムの本質と現状の限界を理解したうえで、幅広いビジネス知識をふまえた提案を行い、上記の研究者型のエンジニアたちをマネジメントできる能力である。すなわち、新しいアルゴリズムを自身で試すことのできる程度の素養とエンジニアリング能力に加えて、ディープ・ラーニングをはじめとした各種の機械学習、強化学習、自然言語処理などの技術的なトレンドとその限界などを冷静に把握し、エンジニアたちに指示を出せるスキルとリーダーシップを持つ人物である。加えて各企業のビジネスモデルや産業知識をふまえて、メディアの喧伝に振り回されることなくマーケティングに関する議論を行うことができる能力も必要になる。

3. AI人材採用の現状

米国の先端企業が、ＡＩ人材の獲得に柔軟に対応している一方で、日本企業の多くは、報酬、そして採用方法の双方でＡＩ人材への対応に後れをとっている。

3－1. 海外のＡＩ人材のリクルーティング事情

ここ数年のあいだに、海外での人工知能技術を持つ科学者やエンジニアの採用競争は、激しさを増している。

たとえばGoogleが、ＡＩ研究者のD. ハサビス氏が率いるコアメンバーたちとその技術を手に入れるために、設立3年程度のディープマインド社を２０１４年に5億ドルで買収したことは、まだ記憶に新しい。２０１５年にはUberがＡＩ研究のトップ校であるカーネギーメロン大学から研究者を40人も引き抜き、議論を呼んだ。その勢いは日本にも及んでおり、同年にGoogleの役員ら約40名が東京大学の本郷キャンパスを訪れ、優秀なＡＩ

研究者に年収1800万円の条件を提示してリクルーティング活動を行っている。

さらにシリコンバレー界隈では、スタンフォード大学などの優秀な研究者たちが自らAIチームを結成して起業し、キャピタルゲインを得るためにGoogleなどの大手起業に買収されるのを待つ、という状況になっており、そのなかで熾烈なAI人材獲得競争が繰り広げられている。

3－2．日本のAI人材のリクルーティング事情

一方で日本国内の状況を見ると、各企業のAI人材獲得競争は表立っては激化していない。ソニー株式会社は2017年春入社から、AI研究者専用の「機械学習人工知能研究開発コース」という新卒枠を設け、大学などからAI人材の募集をはじめた。日立製作所では、米国の開発拠点で2017年までにAI技術者100人ほどを現地で採用すると発表した。しかし海外の企業が数年前からAI人材に対し、しのぎを削って奪い合っている状況をふまえると、日本の同分野の有力企業は、AI人材の本格的な採用活動を行う体制をやっと整えはじめたという段階にある。

国内の有力企業のAI人材採用動向は、世界的には遅れているといわざるをえない。その原因としては、専門的な技能を有するAI人材の採用に対して、従来の新卒一括採用システムの枠を当てはめようとしていることがあげられる。今のところAI人材とは、ごく一握りの大学の研究室出身の学生と、海外の論文やオープンソースプロジェクトを参考に

独学で開発を行ってきたエンジニアがほとんどである。そしてなかには、すでにインターンやアルバイトを通して大きな結果を収め、高額の報酬を得ている学生もいる。

そのため彼らを獲得するためには、新卒を一括りにしたアプローチは通用せず、個別に対応して会社に勧誘するほうが効果的である。国内では、大手企業より柔軟なリクルーティングを行うスタートアップ企業が優秀なＡＩ人材の獲得に成功しており、学生のうちからアルバイトやインターンとして高額な報酬とともに良好な関係を築き、そのまま自社への就職をうながす例が多く見受けられている。

4．求められていくＡＩ人材

先に説明した2種類のＡＩ人材のうち、現在の国内有力企業では、そもそもマネジメントの対象となる研究者型ＡＩ人材を社内にかかえることすらできていない状態である。そのために当面は、「アルゴリズムを自ら構築できる研究者型エンジニア」の採用競争が激化していくだろう。

しかし一方で、ＡＩ技術の発達にともない、各種ＡＩをツールとして簡単に扱えるようなプラットフォームも続々と現れてきている。そのため、一握りの非常に優秀な人材を除き、中長期的にはＡＩを単に実装するだけの役割をになう研究者型ＡＩ人材は、価値が劣化していくことが予想される。ＡＩ化にともない、システマティックなデータ解析にたずさわる研究者型ＡＩ人材は、ＡＩに取って代わられる可能性が高いのだ。その先では、世界中で開発が進む最新のアルゴリズムと、自社のリソースとねらいをつけた市場についての知識などを包括的にふまえつつＡＩを利用する「アルゴリズムをふまえたビジネスモデルを提案できるマネジメント型のエンジニアリング」が今後重要になっていくと予想される。

５．日本企業にとっての当面のＡＩ人材採用をめぐる論点整理

現在の日本のＡＩ人材採用の課題は、人材を生みだす教育システムの不在から生じる人材不足である。教育システムに関しては、この4～5年のあいだに発達したディープ・ラーニング技術を専門に研究する大学の研究室は非常に限られており、学生は独学でアルゴリズムを実装する必要があった。さらに、古典的な機械学習アルゴリズムを研究していた教授や研究者にとっては、解析結果の要因をとらえるのが困難でブラックボックス化しているディープ・ラーニングを用いた手法は学術研究を行ううえで受け入れがたいものであり、そのことも日本の大学でこの分野の研究が遅れている所以である。

このような背景を理解すれば、新卒一括採用や、研究室からの推薦システムに重きを置いてきた企業の採用システムが機能しなくなっていることがわかるだろう。なぜなら、近年発達したディープ・ラーニング技術を研究している情報工学系の研究室は少なく、むしろ経済学や医学などの領域の学生が、分析ツールのひとつとしてディープ・ラーニングを使いこなしていることのほうが多い。つまり学生の所属学部や学科を見るだけでは、その

学生がディープ・ラーニングをはじめとした機械学習の利用や知識に明るいかの判断は難しい。そのため、より個別に、かつ多分野の学生にアプローチする必要がある。このことも今の日本企業がＡＩ人材を採用しようとする際に直面する課題である。

【仕事・業務へのヒント】

AIは、データにもとづいた市場分析や、労働集約的な業務を効率化していくうえで欠かせない技術であり、今後あらゆる産業に絡んでくる要素技術である。しかしメディアが喧伝する情報のなかには、SF的話題も少なくなく、正しく伝わっていない情報も多い。

多くの企業において、AI技術を正しく理解し、そのマネジメントと開発を進めることのできる人材の確保が急務となっている。しかしその一方で、優秀なＡＩ人材の争奪戦はすでに開始しており、従来のアプローチにとらわれない新たな取り組みを進めなければ、ＡＩ人材を着実に採用していくことは難しい。

このような状況のもとでは、企業がＡＩ人材をかかえるには、新卒・中途採用にかかわらず、外部からのやみくもな人材獲得に奔走するのではなく、社内の経営コア人材やエンジニア人材に対してＡＩ技術を学習させるほうが、費用対効果が高い場合が多いと思われる。なぜなら、多くの企業は、高度なＡＩ技術を生みだす研究開発を主業務としているわけではなく、そこで必要なのは、すでに公になった論文などに示される既存のアルゴリズムを組み合わせたものを、自社の事業やデータと擦り合せるかたちで利用していくというＡＩの活用だからである。

ＡＩの活用については、グローバルにはマイクロソフトやGoogleをはじめとした大手企業が、簡単に利用が可能な機械学習プラットフォームやフレームワークなどを提供しはじめている。したがって、ある程度の素養のある人材であれば簡単にＡＩの活用を進めることが可能となっている。逆説的だが、ＡＩが発展すればするほど、その原理をきちんと理解していない人でも、簡単に利用可能なかたちへとＡＩが賢くなっていき、ＡＩをツールとして利用するためのエンジニアの存在価値は陳腐化していくことを、中長期的な展望としては見すえておこう。

Keyword

働きがいファースト

22.

流動化する人材への制度対応

――横田 浩一

ＩＴ業界のＳＥにかぎらない。ハイパフォーマンスな若い人材については、Make（社内で新入社員から人材を育てる）からBuy（欲しい人材をその都度市場から買ってくる）への移行が生じているといわれる。

海外ではなく、国内の人材市場の話である。こうした上層人材は、経済的報酬や給料も大切だが、伝統的な日本企業の賃金制度や働き方とは価値観が違い、働きがい、働きやすさを求めていることが多い。

働きがいを得るには、内発的動機が大切となる。そしてそれを、チームや組織に広げていく環境が必要である。「自分ごと」「みんなごと」「世の中ごと」の環境が整っており、その好循環が生じている状態だ。こうした働き方、そしてそれを支える環境をつくりだすことに成功した組織が、イノベーションを起こし、優秀な人材を集め、成長させていくことになる。

1. サイボウズのウルトラワーク

サイボウズ株式会社は1997年に創業され、2006年より東証一部上場。グループウェアの販売と運用を事業の中心とするIT企業である。創業メンバーである青野慶久氏が2005年から社長をつとめる。

青野社長は、それまではいわゆるITベンチャーだった会社をさらに大きくし、安定化するために、その当時の同社の問題だった「離職率が高い」「いい人材を採用できない」という課題に取り組んだ。まずは人事評価を相対評価から絶対評価、結果主義から能力主義へと切り替え、組織をプロジェクト別組織から職能別組織にあらためた。そのうえで「より多くの人が、より成長して、より長く働ける環境を提供する」との企業ポリシーを定め、働き方の多様性を実現する取り組みをはじめた。これらによってチームワークもよくなり、ピーク時には28％だった離職率が、低下していきている。

サイボウズでは、ライフスタイルに合わせて9つの選択肢のなかから働き方を選択することができる。この「選択型人事制度」の縦軸は時間の自由度であり、成果重視で勤務時間もフレキシブルな裁量労働型の働き方と、残業はなく決まった時間をしっかり働いてもらう働き方と、そのあいだのある程度は残業するワークライフバランス型の3つに分かれる。横軸は場所の自由度であり、その自由度によって3つに分かれる。サイボウズの社員は、この3×3計9種類のなかから働き方を選択することができる。

図1　サイボウズの「選択型人事制度」

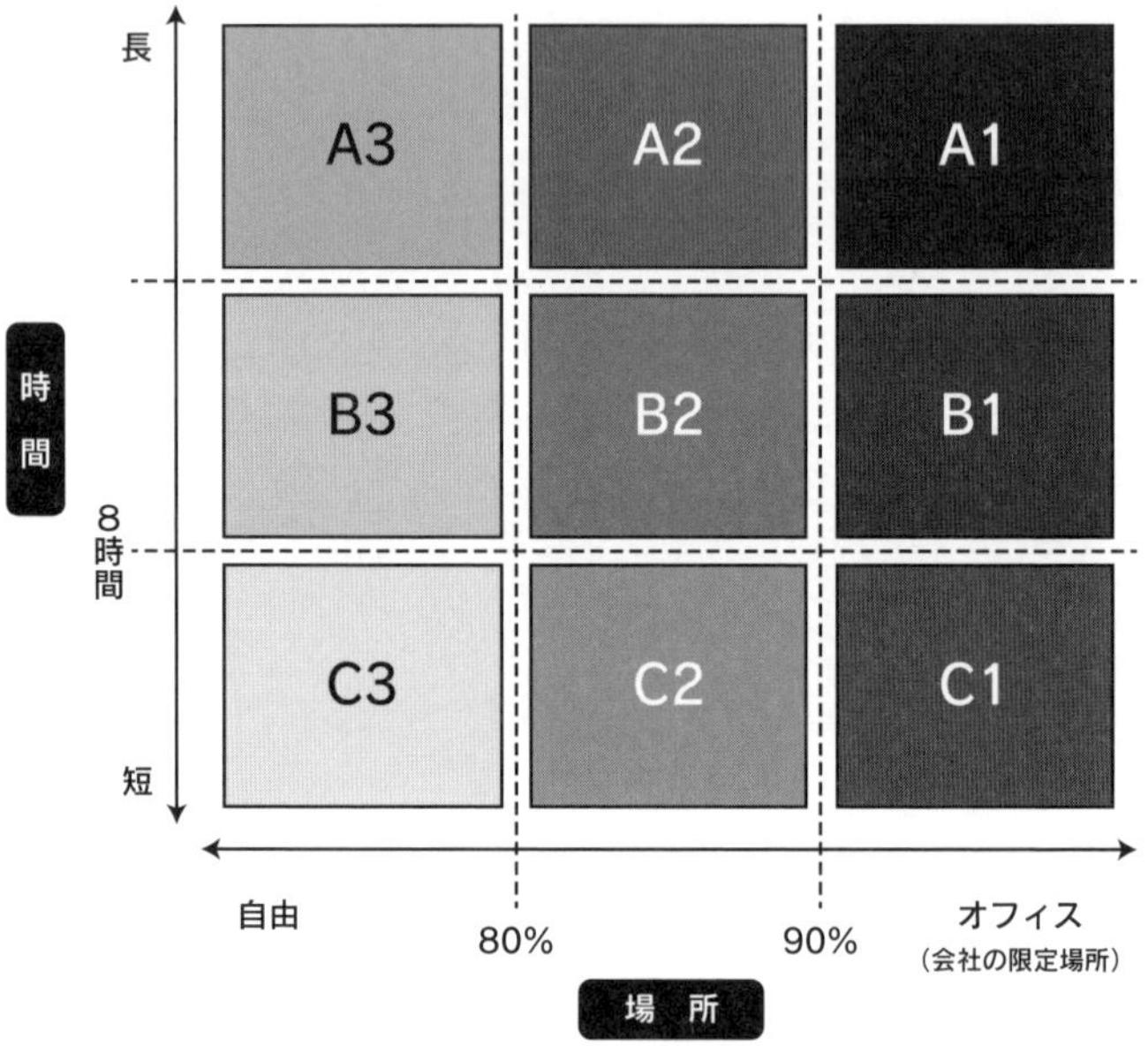

サイボウズは２００６年から育児・介護休暇を最長６年間取得できる制度を設けている。また、２０１０年には在宅勤務制度を導入している。

そして２０１２年に導入したのが「ウルトラワーク」である。一言でいえばウルトラワークとは、働く時間についても、場所についても、まったく制限がない働き方である。先の「選択型人事制度」が中・長期の働き方を９つのタイプから選択する制度であったのに対して、ウルトラワークは〝単発で〟〝リスクをとって〟自律的な働き方に飛びだすことを可能にする制度である。ウルトラワークの使い方のルールは、グループウェア上のスケジュールに登録すること、所属部署メンバーと共有すること、上司の承認を得ること、必要に応じて部署内のルールを設けることである。サイボウズのグループウェア上には、日報のみならず社内のほとんどのコミュニケーションの記録が残る。また、青野社長は育休をとったイクメン社長として有名だが、もともと大部屋にあって一般社員と机を並べていた自分の席を、一番席にいないからとの理由でフリーアドレスにしている。

2. Make から Buy に対応した組織

サイボウズに起きていることの背景には、人材の流動化が進んでいる状況がある。転職の柔軟性が増せば、おもしろいことに取り組める会社であることが、企業の採用ブランドになる。

日本企業においては、終身雇用が一般的だったために、人材の流動化が遅れていた。しかし、さすがにその日本においても労働市場は流動化が進む方向に進んでいる。特に上層人材（ハイパフォーマー）やＩＴ業界のＳＥなどにおいて流動性が高まっている。その背景としては人と組織の関係が、労働力投資とリターンという契約的なものに移行してきていることが指摘される(守島基弘「プレジデント」２０１２年５月号)。このような環境下で、できる人をひきつけ、かつそこで意欲的に働いてもらうために、各種の人事施策が必要になってくる。以前のような、従業員は使用人であり、何でもいうことを聞く、という関係から、対等とまではいかなくても、それぞれの自主性を前提とした人間関係のなかでのパフォーマンスを導く契約的な方向への移行である。

サイボウズは、すべての制度は、精神がともなわなければ活用できないと考えており、人事制度についても、福利厚生のためではなく、生産性向上のために存在するとの位置づけを大切にしている。ウルトラワークも、生産性を上げる使い方をすることが前提である。「この日は全員がオフィスに集まろう」といっているときに、一人だけオフィスに来ない人がいても困る。しかし、その制度をうまく活用することによって働く目的を考え、働き方を選べるようにもなる。これは制度の形式面での待遇が整っている大企業が多いなか、制度の精神をふまえた活用を重視している事例である。

あるいは、パフォーマンスを出している人が「会社を辞めたいと」といいだすと、「引き留める」、「給与引き上げを提示する」、「新しい仕事を提案する」などの対応を行うのが普通だ。しかしサイボウズは違う。この会社では、「引き留めない」「残った人が盛り上がれる会社をつくろう」「残ったメンバー一人ひとりの夢を実現できる会社をつくろう」と考える。自社の理想に対し共感するチームをつくることが第一と考える。これがサイボウズ流である。

3.「働きがい」と「働きやすさ」

サイボウズの人事制度に起きていることは、「働きやすさ」の充実の面と、いいチームをつくることによる「働きがい」の向上の面とがある。

F．ハーズバーグ氏は、モチベーションには「働きがい」と「働きやすさ」の2つの側面があると指摘している。「働きがい」とは、働くことを通じた意義や意味を感じとれるなど、組織の構成員がポジティブな報酬を受け取ることであり、「動機づけ要因」といわれている。一方「働きやすさ」は働くために不安や不満、あるいは心配がない状態のことであり「衛生要因」といわれている（Herzberg, Frederick ら *The Motivation to Work* (2nd ed.)．1959)。

「働きがい」を生みだす典型的な要素は、以下である。

・会社や部門に貢献している実感
・社会に貢献している実感
・仕事を通じて自分が成長している実感
・信頼関係のある仲間
・自分が難しい仕事を成し遂げた実感
・チャレンジする機会

「働きやすさ」を支える典型的な要素は、以下である。

・公正公平な評価
・ワークライフバランスの実現
・社内のコミュニケーションのよさ

4. 仕事の「自分ごと」化

デジタル化が進み、人と組織の関係が変わっていく時代であるからこそ、企業のなかで、働きがいと働きやすさをいかに生みだすかの再検討が求められる。そしてデジタル化は、組織のなかでの働き方についての物理的あるいはコミュニケーション上の前提も変える。

このようななかにあって多くの企業が、人事制度の再考を迫られている。そこでは、金銭的な報酬や、昇格などによる外発的動機づけの観点だけではなく、会社や部門、社会に貢献している実感、公正公平な評価を得ることができているという感覚、それを支えるコミュニケーションのよいチームへの一体感、さらにはチャレンジをするなかで目的を達成することによる成長感、そしてワークライフバランスのよさによるモチベーションの向上などにも目を向ける必要がある。サイボウズが人事制度において行ってきたことは、この働きがいと働きやすさを、デジタル時代のなかで高めようとする取り組みだったといえる。

自らワクワクすることに自発的に取り組む内発的な動議づけを基盤に、主体的に他人や社会と共創して仕事やタスクを進めていく。こうした働き方をうながすモチベーションづくりが大切になってきている。社内外の多様な関係者とのつながりが活性化すると同時に、それぞれが「他人ごと」でなく、「自分ごと」となり、さらに「みんなごと」「世の中ごと」として機能するようになる働き方が理想だ。「自分ごと」とは、誰から与えられたものではなく、自分からはじまる営みにワクワクしながら取り組んでいく、内発的に動機づけられた状態を指す。すなわち、自分がかかわるべきこと、自分がこだわること、自分がやりがいを持つこととして、対象への主体的なオーナーシップを持っている状態のことである。

社会や企業は、多様なアクターが活動するネットワークの上につながりを機能させることで成り立っている。デジタル化は一面で、このつながりの各所において機能不全を引き起こす。たとえば上司しか見ていない、他人や社会に関心を持とうとしない、あるいは会社内ではプライベートのことをいわないビジネスパーソンの増加などが目立つといった変化の指摘がある。組織のなかでこのような人が多くなると、オープンイノベーションどころか、普通のチームをつくることすら難しい。つながりを上手に機能させ、いいチームや組織をつくることが必要になる。

そのためには、仕事が「自分ごと」になっていること、そして、「自分ごと」を「みんなごと」「世の中ごと」に発展させてしていく働き方が重要になる（玉村雅敏・横田浩一ら『ソーシャルインパクト』産学社、２０１４）。ここでいう「みんな」は一緒に働く仲間や取引先などのステークホルダーのことである。今は、企業が売上げの成長によって、メンバーの方向性の違いをある程度吸収できた時代ではない。成長が難しい環境下で、「お金や経済的な成功が一番」と考える人と「ワークライフバランスが重要」「持続可能性が大切」と考える人が同じ組織やチームのなかで価値観をすり合わせることは難しい。そのなかで注目されているのが、組織やチームにおいてCSVやビジョンやミッションを共有することである。その組織やチームにおいて同じ目標を共有し、確認し合いながら「自分ごと」を「みんなごと」「世の中ごと」とすることで、さらに「自分ごと」としての実感を強めていくという好循環の実現が理想である。

5.「自分ごと」の好循環が生みだすフロー体験

「自分ごと」である内発的動議づけができた状態、すなわち働いている状態の理想をとらえた概念として、米国の心理学者のM．チクセントミハイ氏が提唱した「フロー体験」がある（チクセントミハイ『フロー体験─喜びの現象学』世界思想社、1996）。フローとは、何かすごいことに集中している状態であり、他のことが頭にない状態で、100％心理エネルギーを発揮できる状態にあることをいう。

フローが生みだされる主な条件は以下である。

・自分の能力に対して適切な難易度のものに取り組んでいること
・対象への自己統制感があること
・直接的なフィードバックがあること
・集中を妨げる外乱がシャットアウトされていること

そして、フローを生みだす環境条件は以下である。

・安全地帯にいること
・明確な期待とフィードバックがあること
・明確な責任範囲があること

・現在へのフォーカスがされていること
・成長に合わせた適度な挑戦ができること

これらの条件が、「自分ごと」「みんなごと」「世の中ごと」の好循環を生みだすにも必要だ。こうした働き方、そしてそれを支える環境をつくりだすことに成功した組織がイノベーションを起こし、優秀な人材を集め、成長させることができる。金銭的な報酬や組織内でのポジションなどの外部的要因だけでなく、自らワクワクすることに自発的に取り組む内発的動機づけも大切にし、メンバーが主体的に他人や社会と共創して仕事や事業を進めていくようにうながしていく。デジタル時代のなかで人材の流動化が進むからこそ、企業にとって、こうした働き方やモチベーションづくりが一段と大切になっている。

【仕事・業務へのヒント】

これからの日本では労働人口の減少が進むなかで、ワークライフバランスの向上のために「働きやすさ」の環境整備がまったなしとなっている。女性、シニア、外国人といった働き手を求めて、多くの企業が「働きやすさ」の改善に取り組んでいる。だが同時に、生産性の向上のためには「働きがい」を大きくすることも必要だ。「働きやすさ」ばかりを追求して「働きがい」のない職場となってしまっては、フロー体験を生みだすような魅力的な働き方は生まれない。

仕事を「自分ごと」ととらえて、「みんなごと」「世の中ごと」と広げていき、働きがいを持って、周囲を巻き込んでいくことができる社員は、組織やチームに変化や新しい視点を持ち込むイノベーション人材となっていく可能性が高い。デジタル化が進むとともに人材の流動化が進む一方で、組織のなかでの働き方も変わる。多くの企業において、仕事の「自分ごと」化をうながし、フロー体験を生みだしていく動きをうながす人事制度の再構築が求められている。

Keyword

就社と就職

23. 若者の就業意識と採用

――岡本 和之・横田 浩一

デジタル時代における就職活動、採用活動のキーワードは「不確実性」である。この不確実性の高まりによって新卒人材市場の性質は刻々と変化している。これからの環境に適した若者の就業意識とはどのようなものか、そして、そうした意識を持つ人材はどのような企業に集まるのか。これらの問題を本章では読み解いていく。

今のところ顕在化はしていないが、デジタル時代における人材獲得において潜在的に厳しい状況に置かれているのは大企業だ。企業が時代に対応していくには、今までのようなMake or Buyの二分法の議論を超えた人事戦略が必要となる。デジタル時代は、企業の人材マネジメントの考え方に、根本的な見直しを迫っているのである。

1．カオス状態にある採用活動と就職活動

デジタル時代を迎えた日本の新卒採用・就職活動は混沌とした状況にある。デジタル化にともない、新卒採用市場には就職支援ナビサイトなどが登場し、従来にはなかった学生と企業との出会いが格段に広がった。その一方で、ネット上に増えつづける企業情報は求職者が処理しなくてはならない情報過多を引き起こし、どの企業に行くべきかの判断を学生が行うことをかえって難しくするという問題も引き起こしている。

最近ではこの状況に追い打ちをかけるように、2016年卒採用からの採用活動時期の変更が行われた。この変更によってスケジュールがどのように進むか、そして他の求職者や企業がどう動いていくかなど、企業や学生、あるいは大学の支援センターが蓄積してきた学習内容は、著しく損なわれることとなった。採用活動全体が、「どう進行するのかわからない」という「不確実性」の波に飲まれてしまったのである。デジタル時代をむかえた採用・就職活動は、大量のデジタル情報と不確実性が渦巻くカオス状態にある。

2．デジタル化が就職活動にもたらした不確実性

就職活動は、意思決定の連続としてとらえることができる。一般に意思決定は、①情報の収集（決定に必要な情報を集める）、②代替案の創出（自分にとって選択可能な選択肢

をリスト化する)、③代替案の評価と選択(選択肢のなかで、最もよさそうなものを選ぶ)というステップからなる一連のプロセスとなる。かつての就職活動においては、学生はまさにこの各ステップを行き来しながら活動を進めていた。就職支援ナビサイトやその前身である「リクルートブック」の登場以前にあっては、求職時に学生が手に入れる情報は大学の掲示板などから得られる極めて限られた情報であり、自らが情報を入手できない企業は「存在していない」に等しかった。そのため、エントリー段階であれ、選考段階であれ、求職者が大量の代替案、あるいは無数の選択肢を前にして思い悩む、ということは起こりえなかった。

しかし、デジタル時代の就職活動においては、①情報の収集の効率が飛躍的に高まった一方で、求職者は情報の嵐のなかに放り込まれることにもなり、②代替案の絞り込みが極めて困難となってしまった。デジタル時代以前よりも多様で多量な情報をさまざまなチャネルからキャッチできるようになったため、学生は求職にあたって必要な情報を幅広く入手できるようになった。その反面、この情報の大量化は、どの情報を重視し、どの情報を軽視するかという高度な処理能力と取捨選択のためのコストを求職者に課すことにもなったのである。経営学者のJ.R.ガルブレイス氏はかつて、自らが有する情報量と、自らが処理しなくてはならない情報量の差を「不確実性」と呼んだが、デジタル化が就職活動にもたらしたのは、まさにこの不確実性だったのである。

3. 「就社」と「就職」

3－1. 安定を実現する2つの方法

このような不確実性の高い環境において、求職者たる学生はどのように就職活動をしているのだろうか。やはり、不確実性が高い環境下では、学生は「安定的な大企業」を志向するようになるのだろうか。

一口に「就職活動」といっても、求職者は無意識のうちに、それをさまざまな角度からとらえている。近年では、企業で働くことについて、今までの「就社」（常見陽平『「就社志向」の研究―なぜ若者は会社にしがみつくのか―』KADOKAWA、2013）の考え方から、「就職」として考える学生が顕著に現れてきている。

ここでいう就社とは「その企業に入る」という意識であり、就職は「その職業に就く」という意識である。類似の切り分け方としては、ジェネラリスト志向かスペシャリスト志向かという分類もある。もちろん、就社派と就職派にきっぱり分かれるほど学生の意識は単純ではなく、両者を追い求める学生も多い。ここで取り上げたいのは、そのなかにあって、就社ではなく就職への意識の比重を高める学生が増える傾向にあるという変化である。

不確実性が高いのは、何も就職活動においてだけではなく、企業が存在する市場環境もデジタル化による不確実性が高まっている。そのため、求職者は働くうえで「何かで確実性（＝安定）を担保する」という志向を強く持つことになると考えられるが、この安定を「何に」求めるのか、というところで就社と就職の違いが生まれる。すなわち、安定を企業の能力に求めるか、自らの能力に求めるかという違いである。

就社型の想定する安定が、「安定したものの中にいることによる安定」だとすれば、就職型の想定する安定は「変化する環境に自分が対応できることによる安定」である。現在の若者は、大企業の倒産、合併というニュースを見て育ってきた世代である。彼らは、「安定したものの中にいる安定」を見いだしにくくなっており、そのことが、学生たち、特に優秀層の学生たちが就職型の求人に向かう動きを強める一因となっている。

3－2．就社型の学生

とはいえ一方で、「最近の若者は安定志向だ」という言説も根強い。たとえばマイナビ求職者就職モニター調査の「入社予定の企業を決めたポイント」という質問への回答では、「企業経営が安定している」という回答が2016年7月の調査でも、2017年7月の調査でもともに一番大きな割合を占めており、この通説を支持している。

この多数派の学生は、安定を企業の能力に求める志向を持つ就社型の学生だといえる。こうした学生は、いわゆる有名大企業への入社を希望する傾向にある。自分がその企業でどのような仕事ができるのか、どのようなスキルを身につけられるのかといったことも重視するとはいえ、その企業がどれだけ大きく、どれだけ世に名が知れているかということを何よりも重視する。マイナビの調査は、この就社型の学生が根強くいることを示唆する。

しかし、彼らの求める「安定したものの中にいることによる安定」には、ある危うさが存在する。その危うさとは、所属する企業の安定が崩れた際には、その環境の変化に対応できる能力を自らが有していない状態で放りだされてしまうという危うさである。その意味では、就社的な働き方では本質的な安定は得られないとも考えうる。

3－3．就職型の学生

就社型の学生が「企業の能力」を求めて就職活動をする一方で、就職型の学生は、「自らの能力」がつく環境を求めて就職活動をする。自らの能力で生きていけるようになることによって、確実性を担保するのである。彼らの求める能力とは、経営学者である小池和男氏のいう「知的熟練」、すなわちひとつの企業に長く留まりながら、そこで複数の作業を経験することによって形成される技能ではなく、外部人材市場においても広く価値が認められるような汎用性の高いスキルである。汎用性の高いスキルの代表としては、英語などの言語スキルはもちろんＩＴやＰＣにかかわるデジタルスキルがあげられる。「自らの能力で生きていける」とはつまり、個人で事業を立ち上げられることや転職市場で通用する人材になることだと解釈できるが、デジタルスキルは、まさにこれを可能にする。株式会社インテリジェンスが運営するＤＯＤＡの２０１６年の調査では、ビジネスパーソンが考える「自分に必要なスキル」について、第一位はコミュニケーション能力、第二位はＰ

Cスキルであった。

加えて、近年では、既存の製品やサービスにデジタル技術をいかに組み合わせるかがマーケティングやイノベーションのカギとなっている。これは、企業にとってもデジタル時代を生き抜いてゆくうえで、デジタルスキルの保有を志向する人材の獲得が重要となることを意味する。デジタルスキル獲得への意欲が高く、マーケティングやイノベーションをリードしていく人材の候補群が、就職型の求職者たちなのである。

現在のところ顕在化はしていないが、潜在的には新卒採用市場をめぐって以上のような変化が進行している。デジタル時代を迎えた今、単に頭数をそろえるのではなく、これからの時代に適合した人材を確保するためには、就職型の学生を惹きつけることができるような人事戦略が重視されるべきである。マーケティングが専門化し、高度化するなかでは、就職型の人材がきちんと育つ環境を企業内に醸成しなくては、企業が生存競争に勝ち残ることは難しい。

4．デジタル時代の人材獲得は、大企業ほど厳しくなる？

では、就職型の学生はどのような企業に集まっているのだろうか。筆者の見るところ、彼らは、デジタル事業を中核とした、いわゆるメガベンチャー（大企業並の規模や知名度がありながら、体質や事業はベンチャー企業のそれである企業）に集まる傾向にある。

イメージとしては、図1と図2を参照されたい。あくまで予測であるため慎重にならな

図1　求職者のタイプ

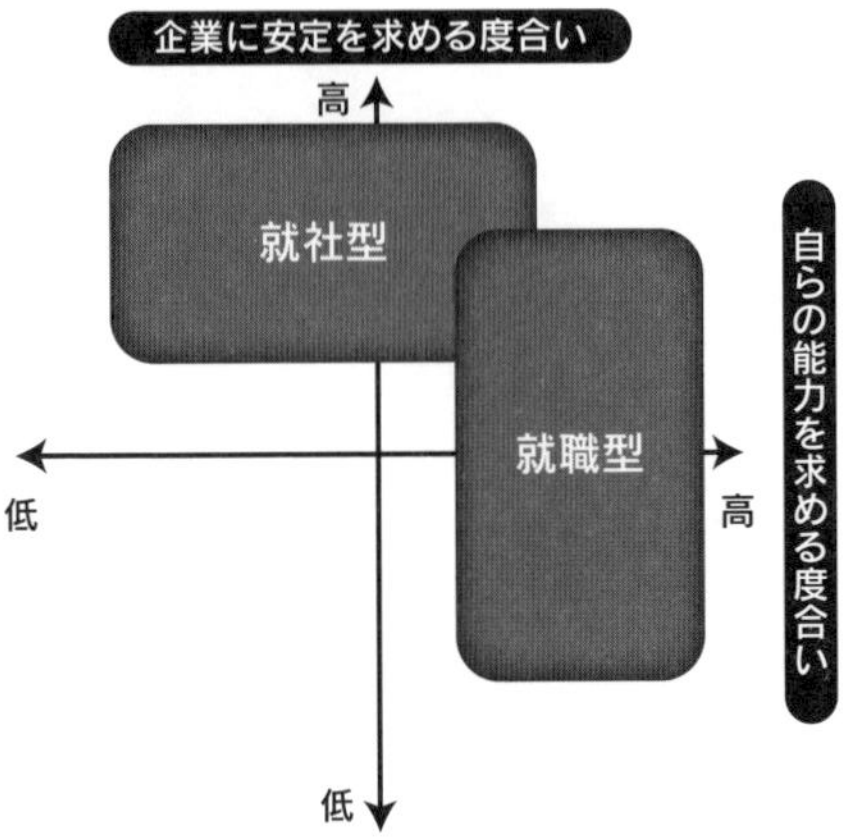

くてはいけないが、就職型の学生は今後もメガベンチャー系の企業へと流れていく可能性が高い。なぜなら、大企業への入社後は「長期的にジェネラリストとして働く」ことが多い一方で、メガベンチャーなどでは「企業間の移動が比較的柔軟で、スペシャリストとして働く」傾向にあるからだ。

たとえば、メガベンチャーの代表格とされる株式会社サイバーエージェントでは、「ENERGY」や「ウェルカムバックレター制度」といった制度を整えている。「ENERGY」を構成する8つの制度のひとつである「エンジニアFA権」では、各事業部で活躍するエンジニアが自己成長するためのチャレンジ異動を支援してもらえる。自らが望む専門分野へと飛び込む機会が制度として用意されているのだ。「ウェルカムバックレター制度」では、退社後2年以内であれば、元の待遇以上で出戻り者

図2　企業のタイプ

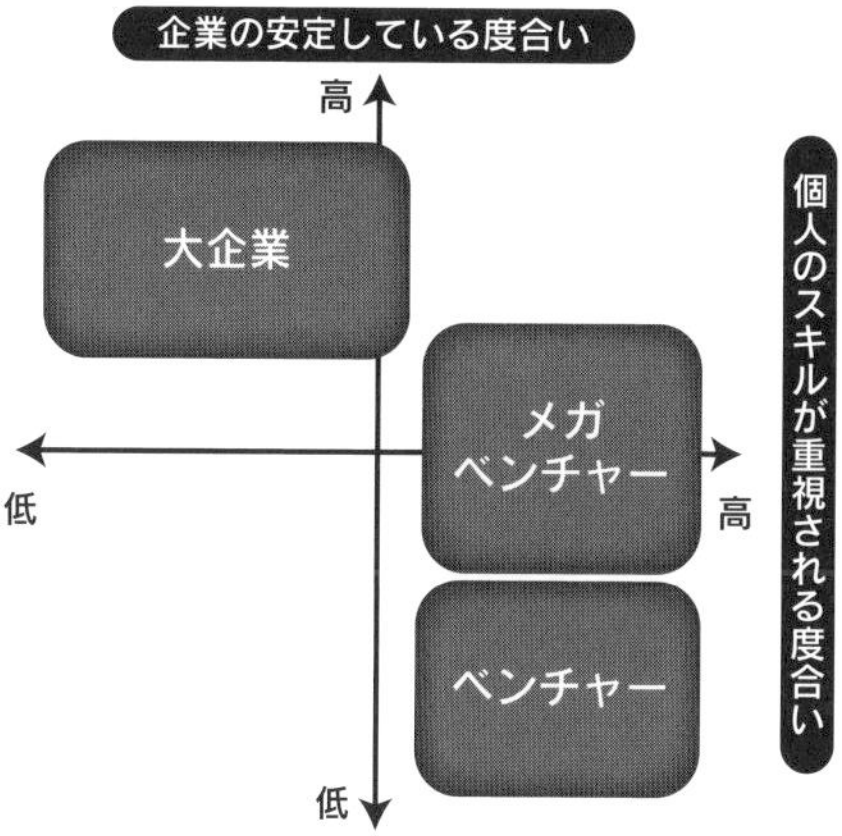

が迎え入れられる。これは、キャリアの節目での他社への転職、あるいは労働市場に出ることを、ポジティブかつ柔軟にとらえることをうながす制度である。

一般的な有名大企業の人事施策と比較すると、メガベンチャー系の企業は専門性と柔軟性を持った働き方を推奨する傾向にある。こうした人事戦略こそが、「自らの能力で生きていけること」を望む就職型の学生を惹きつけている。

これは裏を返せば、有名大企業には、就社型の求職者ばかりが集まっている可能性を示唆する。デジタル時代以前のような安定成長が見込めた時代には、たしかに就社型の人材は重要な役割を果たした。しかし、これからの企業は、多角化や新市場の開拓、あるいはイノベーションの創出といった、より高度な企業活動が求められる環境を生き抜いていかなければならない。そうした環境に適した人材は、就社型ではなく就職型の人材である。

有名大企業は、サッカーをやりたいのに野球をやらなくてはならないという社内環境であることが少なくない。過去のジェネラリスト重視の時代はそれでもよかった。しかし、デジタル時代においては、そのミスマッチが優秀な人材のやる気の喪失や外部流出、あるいはそうした人材をそもそも採用できないといった問題の深刻化をもたらすだろう。

5. Make or Buyを超えて

それでは、デジタル人材の候補群である就職型の求職者を惹きつけるためには、どうしたらよいのだろうか。企業の人材開発や人材採用においてはしばしば、Make or Buy という二分法の議論がなされる。「自社育成に比重を置く（Make）か、外部調達に比重を置く（Buy）か」という議論である。

しかし、デジタル時代において就職型の人材を惹きつけるためには、Make or Buy を超えて、Make と Buy の統合をめざす人事戦略が必要となる。それが、“Make by Make, Buy by Make”である。

“Make by Make, Buy by Make”においては、第1に、就職型の求職者を惹きつける社内育成環境の確立が必要である。社外でも通用する専門人材へと新卒採用者を育成（Make）できることを打ちだしていくことによって、さらなる就職型の求職者の獲得（次なるMake）が進む。Make が次なる Make を呼び込むのである。

第2に、就職型の人材は組織を離れてしまう傾向も強いと考えられるので、Buyも必要となる。ただし、このBuyは単なるBuyではなく、成長できる環境を提供する（Make）ことで、それを求めて中途採用でも人がやってくる（Buy）状態を実現することが重要である。

単なるMakeではなく、Makeの駆動によって次なるMakeとBuyとをドライブしていくことをめざすのが“Make by Make, Buy by Make”である。MakeとBuyを統合しなくてはいけない理由は明白だ。成長できる環境の提供なくしては就職型の人材はやってこないが、その人材がいつまでも同じ場所に留まっているとはかぎらないからである。そしてその人材が出ていった穴は、新しい人材で埋めなくてはならない。

優秀な人材ほど「次」や「先」を見ているものである。だからこそ企業は、人材を囲い込むのではなく「循環させる」という前提に立ち、他社にいる就職型の人材やデジタル人材にとっての「次」や「先」として自社が選ばれるようになることを目指さなくてはならない。“Make by Make, Buy by Make”では、囲い込みによる「クローズドなMake」ではなく、人材の循環を前提とした「オープンなMake」が志向されていることに注意したい。前述のサイバーエージェントの人事制度は、組織からの退出をポジティブにとらえることで就職型人材を惹きつける「オープンなMake」の好例であろう。人材の動的平衡、人材のプラットフォームとしての企業観が、デジタル時代の人事戦略のカギなのである。自分の能力が伸びる環境（Make）がオープンに用意されている。就職型人材、デジタル人材が行きたいのはそうした企業だ。

6．実行するうえでの考え方

Makeに力を入れていくとの情報を打ちだしていく際には、ＲＪＰ（Realistic Job Preview）を意識した取り組みが欠かせない。ＲＪＰとは、現実的な仕事情報の事前開示のことを指す。企業が採用活動に際して、求職者に仕事や組織の実態について利点だけでなく、欠点も含めたありのままの情報を提供することである。すなわち、ＲＪＰとは、自社ではどのようなことが提供でき、また提供できないのかをきちんと伝えようとする企業の姿勢である。ＲＪＰにもとづく求人情報は、求職者にとっての不確実性を低減させ、本章冒頭で論じた問題の解決に貢献する。また、入社後のリアリティショックを和らげる効果、自社が求めていない人材のセルフスクリーニングが行われる効果なども期待できる。何より、自社と求職者との信頼関係を築くうえで、ＲＪＰは当然行われなくてはならないものである。

また、企業内における採用と育成の接近も重要となる（服部泰宏『採用学』新潮選書、２０１６）。採用と育成の接近は、効果的な採用活動の実施を支える。具体的には、採用では何を見る必要があり、また何を見る必要がないのかがわかり、採用活動をより妥当性の高いものにできる。仮に、採用する人材に求めたい能力要件を「変わりやすい能力」と「変わりにくい能力」とに分類できるとしよう。「変わりやすい能力」は、企業は採用後の育成において伸ばせばよいため、採用時には「変わりにくい能力」をきちんと評価していくことが肝要である。「変わりやすい能力」への評価に引っ張られて、肝心の「変わりにくい能力」の評価がブレることは、採用面接においては失敗とさえいえる。採用においては、「何を見るか」以上に「何を見ないか」を決めることが重要なのである。こうした観点をもとに採用と育成の接近を行うことは、魅力的なMake環境をつくるうえでも、RJPを実施するうえでも、必要不可欠なものとなるだろう。

【仕事・業務へのヒント】

昨今の学生にとっての就職活動は、デジタル化による情報過多、採用活動の進行の見通しの不透明化、そして企業の事業環境の安定性の低下から、不確実性の高いものとなっている。こうした不確実性の高まりが、就職活動において学生が行わなければならない意思決定の難度を高めている。

企業はこの状況を理解し、採用活動にあたっては今まで以上にRJP的なアプローチを取り入れ、リアルでクリアな情報の提供につとめなくてはならない。加えて、採用と育成の接近も重要となる。採用の担当者が育成の状況に通じることは、より適切な人材の採用につながるとともに、育成の担当者が採用の状況を理解することで、より的確なアプローチによる人材の育成が実現する。こうした取り組みが、意識の高い就職型の学生を惹きつけていくはずである。

Keyword

グローバル・タレント・プール

24. グローバル化した内部労働市場の整備

——江夏 幾多郎

才能ある人材の獲得にグローバル企業がしのぎを削っている。日本企業においても、将来的な全社経営の担い手を、全世界を視野に募集し、本社を含む世界中に活躍の場を提供しようとする動きが広がりつつある。

人材の問題の多くは、適切な採用によってのみ解決するわけではない。企業は人材の適材適所の配置を実現しなければならない。そこでグローバル企業が直面するのが、人材情報の偏在という問題である。以前には日本企業の多くは、本社や海外の各拠点が独自の基準で人材情報を個別に蓄積しており、そのデータベースが共有されることはあまりなかった。

こうした状況を打破するためには、グローバルベースで自社内にどのような才能がいるかを一元的に確認できる仕組みとして「グローバル・タレント・プール」を構築していくことが必要となる。デジタル技術がこの流れを後押ししている。

1. グローバルな企業内労働市場

企業の規模にかかわりなく、かつてなく多くの企業が、海外市場に向き合い、収益や新事業の種を模索するようになっている。かつて経営学者のC．A．バートレット氏とS．ゴシャール氏は、多国籍企業の理想型として、世界各国の市場に個別に向き合う事業単位がそれぞれの裁量のもとで知識創造とイノベーションを達成し、その成果がすばやく企業グループ全体で共有され、それが個別の事業単位の知識創造とイノベーションを加速化する、という循環的なネットワーク構造を示した。バートレット氏とゴシャール氏は、このようなネットワークを実現している企業を「トランスナショナル企業」と名づけている(C．A．バートレット・S．ゴシャール『地球市場時代の企業戦略：トランスナショナルマネジメントの構築』日本経済新聞社、1990年)。

こうした組織は長らく理想論と見なされてきたが、実現に向けた動きもある。こうした理想型の組織を実現するためには、第1に、組織内の意思決定や情報処理の仕組みの整備が欠かせない。第2に、知識の創造や伝達の実際の担い手である人材の確保と活用が必要である。組織力の発揮という点からいえば、ごく少数の天才的な人材を確保することよりも、一定水準以上の知識や意欲を有する人材を、世界中の労働市場から大量に確保しつつ、業務や教育訓練の機会を通じて彼らを交流させることのほうが重要となる。

本章では、このなかの人材の活用の問題に焦点をしぼって、多くの日本企業が現在直面している課題を検討する。グローバルに事業を展開する企業であれば、世界中の自社とグループ企業の職場をひとつの労働市場（多国籍内部労働市場）に見立てた「グローバル・タレント・プール」を構築することができる。グローバル・タレント・プールを実現するためには、まずはタレント（必要な才能を持った人）の量的な確保が必要条件となる。そのうえで、世界のさまざまな国や地域で生まれ育ったタレントが各種の経験や協働を重ねながら成長できる企業内の環境を整備することが十分条件となる。

2. 日本型人事管理における曖昧性の弊害

グローバル・タレント・プールを構築するための必要条件と十分条件の両面において、今日の日本企業は不利な立場にある。

必要条件に関しては、グローバル・タレントの確保がままならない現状がある。日本国内においては、いわゆるグローバル人材の養成のみならず、定義自体がままなっていない。しかも、日本の教育機関への海外からの留学生の呼び込みや留学経験者を引き留めること、さらには海外の労働市場において各国の優秀層を企業が直接獲得することについても十分な進展が見られない。

こうした現状に関連して次のような指摘がある。日本企業においては、そのグローバルな事業展開にもかかわらず、日本人のみが理解・受容できる職場の業務体制や文化・風土が存在しており、その結果として日本企業の世界各国の拠点では、現地人材に十分な登用機会が与えられていない。

こうした指摘に日本企業が向き合う際には、いくつかの注意が必要である。第1に、一言で「日本人」といってもさまざまである。近年の働き方や価値観、ライフスタイルの多様化にともない、長時間労働や転居をともなう異動の頻発、不透明な職務範囲、そして企業主導のキャリア開発といった旧来の日本的な人事管理のあり方を受け入れられる人が、同じ日本人のなかでも若年層を中心に減少しはじめている。

第2に、日系のグローバル企業における海外の従業員の現状理解と、本国側の現状理解は一致しないことが少なくない。たとえば、「従業員の能力や成果に応じた待遇を企業が与える」ことについては、本国側は「(低く見積もっても部分的には)行っている」と見なす反面、そこで働く海外の人たちは「(原則として)行っていない」と見なす。あるいは「日本固有の文化により経営や業務が左右される」ことについては、海外の従業員たちが問題提起をするのに対し、企業側が問題提起の内容を否定する、あるいはそもそも理解できないといったことが起こる。

なぜ、日本企業には、その自己認識に反して、日本人中心主義と少なくない人たちから受け取られてしまう実態があるのか。その根底には、世界中の人材を公正かつ効率的に育成し、活用する仕組みを、日本企業がつくりきれていないという問題がある。

伝統的に多くの日本企業は、「職能資格制度」に端的に見られるような、従業員の意欲や能力を総合的にとらえ、賃金や昇進や昇格を決定する仕組みを採用してきた。とはいえ日本国内においてさえも、従業員と企業が合意可能なかたちで「意欲」や「能力」を明確に定義し、それを従業員一人ひとりの評価に適用することは、困難でありつづけた。そのため多くの企業において、年齢、特定の等級への昇格などを能力の高さや伸長度に読み替えるという「能力主義の年功主義化」、さらには、評価者個人の感覚や価値観にもとづく恣意的な評価が横行した。

こうした現状のもとでは、従業員の成長や活躍を、企業が体系的に支援することは困難である。そして従業員は、職場、仕事、同僚や上司に恵まれるかどうかという、偶然に実を委ねるしかなくなってしまう。文化や気質が自分と近い者をより高く評価してしまうという、評価者の心理的バイアスを矯正することが、日本企業の経営管理システムの下では難しくなるのである。

そうなると、建前では「登用の機会を全世界の従業員に対して開く」といいながら、実態としては組織の中枢を占める日本人経営者や管理者にとって、海外の自社人材が身近であるとはいいにくい状態が生まれる。さらにイノベーションを社内に起こすことを期待して海外で採用された人たちが、登用の機会を実際に手にすることなく日々を過ごすことになる。そして、この実態が現地社会に知れわたることで、企業が望む人材がますます採用しづらくなるという悪循環が生じる。

こうした問題があるかぎり、仮に日本企業が有能な人材を海外で獲得できたとしても、彼らをグローバルに活用できるとはかぎらない。人事管理の基準が不透明であることによる弊害としては、「やはり日本人のほうが自社に貢献できる」といった、主観的で身内贔屓的な認識が生じやすいことに加えて、「優秀な外国人はどこかにいるのだろうが、それが社内のどこかわからない」といった、風通しの悪い組織をつくりだしてしまいがちなことがあげられる。社内に優秀な従業員がいたとしても、彼らの能力やポテンシャルが、所属する海外拠点のレベルでしか把握されていないのであれば、グローバルな人材の配置の最適化や、成長機会の的確な提供が行えなくなる。

3. グローバル・タレント・プールの構築

この現状を打破するために必要なことは、極めてシンプルである。世界中の従業員一人ひとりの能力や貢献を明確かつ公正に把握し、その情報にもとづいて各人に報酬や活躍の機会を与える。この理想型にいかに近づいていくかをめぐって、企業間の競争が世界中で展開されている。そして日本企業の真価が、この競争のなかで問い直されている。

グローバルに通用する評価制度や社員格づけ制度を設計し、運用するためには、まずもって、「明確」「公正」とは一体どういうことなのかを、国内外の自社の優秀な従業員、そして潜在的な採用候補者を念頭に考え、定義しないといけない。「公正」の原理がさまざまであり、実際の人事管理は複数の原理の混合のなかでなされるものだが、日本人の経営者や管理者にとっての公正性が、外国人あるいは日本の若年者にとっても同じだとはかぎらない。もっとも、仮に公正性についての定義が定まり、管理を行う側がその定義にもとづく人事管理を的確に行っていたとしても、従業員の側から見たときの実行の透明性が確保されていなければ、元も子もない。人事管理の基準と、それにもとづく評価の結果につい

1．公　平：	従業員の企業への貢献にもとづいて、地位や経済的報酬を配分する。
2．平　等：	全ての従業員に対し、同じ水準の機会や報酬を提供する。
3．必要性：	従業員ごとに異なる個人属性や生活ニーズに配慮した支援を行う。

人事管理におけるさまざまな「公正」

ての情報を、広くグローバルに社内で共有することは、現在ではデジタル・ツールの発展により、技術的な障壁は低下している。

特にグローバル企業にあっては、人事制度を構築し、運用する立場の人たちは、従業員との阿吽《あうん》の呼吸は成立しないことを前提としなければならない。そのうえで、彼らの能力の高低や貢献の大小を測る基準を確立し、報酬や昇進の機会をいかに提供するかについての検討を進めなければならない。後述するように、従前の人事管理基準が全く通用しないわけではないが、国籍や世代を超えて等しく理解され、共感されるため、「なぜそういう基準を採用するのか」という点を確かなものとする必要がある。優先するべきなのは、ビジネス上の目標の達成、そしてそのために必要な人材の確保と活用なのであって、既存の人事管理の体系が守られるか否かは結果論にすぎない。

全従業員の年々の査定・職歴・教育歴などの人事情報をひとつのデータベースにまとめれば、グローバルベースで自社内にどのような才能がいるかを一元的に確認できる仕組みである「グローバル・タレント・プール」が構築できる。それにより、企業内にどこにどのような才能を持った人が存在しているかを、本社や各拠点は容易に知ることができるようになる。そして、それらの才能を確保し、活用したい拠点間での競争、さらには本社と現場との間での競争が生じる。それは、一定の緊張を生みつつ、組織全体を活性化する。

加えて、社内の人材情報が世界的に一元化されると、そのなかでの自らの位置や価値について、従業員個々人がより明確に理解するようになる。彼らは自らの成長やキャリアへの意識を高めるようになるだろうし、そうした従業員に留まってもらうため、企業の側も活躍の場を用意しようとするだろう。そして、こうした活動を進めた企業が、社外からも優秀な人材を惹きつけることになる。

4. 先端的日本企業の取り組み

グローバル・タレント・プールの構築に積極的に取り組んでいる日本企業のひとつに、エレクトロニクス・メーカーの株式会社日立製作所がある。同社では、育成と登用と処遇の手法をグローバルに共通化するべく、全世界で20万人以上いる従業員を対象に、統一基準にもとづく人事情報のデータベースを構築している。

そのカギとなるのが、いかにして世界中の従業員の能力や貢献を公正かつ明確に把握するかだが、日立製作所では事業目標と連動させながら、全従業員のパフォーマンスを測る指標の標準化も順次進めている。さらには、全世界に存在する管理職層の各職務の価値を、世界共通の基準で測定することで、グローバルに公正な評価の実現、さらには国境を超えた異動の円滑化をめざしている。この「日立グローバル・グレード」という制度のもとでの従業員の報酬のベースは、各人の保有能力に加えて、従事する職務によって決まる（守島基博・山口岳男・白木三秀・山本紳也「日本企業の経営グローバル化と人材マネジメント」『経営行動科学』28巻1号、2015年)。

こうした人事管理の手法は、欧米系のグローバル企業でよく見られるものであり、日本人以外の人材の獲得や活用を活性化すると予想される。ここで問題となるのが、日本人の経営者や管理者や従業員からの理解や共感を、この手法が獲得できない可能性である。だからこそそこでは、日本人の経営者や管理者が、こうした変革のベースにある危機感を共有し、望ましい未来のかたちを社内に向けて語ることができるようになっていくことが欠かせない。

世界中から人材を惹きつけ、彼らに留まってもらうには、人事制度の欧米化が唯一の道筋なのではない。「幅広い職務経験を通じて成長してもらう」「従事する職務の価値ではなく保有能力によって報酬のベースを決定する」といった日本型の人事管理を、そこへの距離が国籍間で生じないように徹底していくことからも、グローバル・タレント・プールの充実は進んでいくはずである。

自動車部品メーカーの株式会社デンソーもまた、近年になり管理職層の職能資格制度のグローバル化を進めている。同社の「グローバル発揮能力モデル」の大枠は、経営や人事の方針にもとづいて定められており、詳細については全世界の高業績者の行動や能力を精緻に分析して導出される。従前の枠を越えて、幅広い職務経験を提供しながら、世界中の従業員に成長と活躍を果たしてもらうため、同社では伝統的に利用してきた職能資格制度の骨格は維持しつつも、その具体的展開をグローバルなベースで再構築しようとしている

（「第91回ワークショップ　グローバル競争下の雇用システムの新展開」『ビジネス・インサイト』24巻第3号、2016年）。

【仕事・業務へのヒント】

グローバルに多様な人材を公平に処遇し、機会を均等に与える。グローバル企業が、いかにこのような人事管理を行おうとしても、一部あるいはすべての従業員がその発想や手法に対して違和感をいだいてしまうことは避けられない。

そのなかにあって違和感を解消してもらう、あるいは違和感は消えないまでも「やってみるか」と思ってもらうためには、まずは新しい制度を導入しようとする企業の側が、違和感をいだいている人たちへの理解と共感を深めることが必須となる。結局のところ従業員たちは、経営者や人事担当者の本気度を見ているのである。

本気度は、運用のフェイズにおいて特に問われる。企業活動において、人事管理ほど言行不一致になりやすいものは少なくない。また、完全な制度というものはなく、不完全さを従業員は敏感に察知する。経営者や人事担当者は、想定外の事態の発生を最小化しようとするだけではなく、想定外の事態が発生した際の対応を機敏、かつ従業員たちにオープンに行うことが望まれる。

グローバル企業の内部労働市場における企業と従業員の交換関係については、国や地域ごとの特有の文化・慣習・制度を文脈に行われるのが従前のものであったが、その壁を超えなければならないケースは近年加速度的に増加している。特定の文脈にとらわれない交換関係は、内なる多様性を包含した世界単位の文化のもとで再‐文脈化される必要がある。この交換関係の再‐文脈化のカギをにぎるのが、企業の事業戦略や経営理念をめぐるコミュニケーションである。それらは、「目下の状況に対応するために必要な変化を行う」、そして「いかなる状況下でも自社（自分）らしさを保ちつづける」という矛盾する2つの志向性のバランスをとる際に、経営者と従業員の双方によって、常に参照されるものでなければならない。

Keyword

社内マーケター

25. 人事部門のマーケティング力

――江夏 幾多郎

人事部門には、現場の従業員そして管理者と、社内におけるさまざまな利害関係者がかかえる問題を見つけ、彼ら自身による問題解決をサポートすることが求められてきた。こうした人事を行うためには、所定の業務を正確かつ着実に行うだけでは不十分である。

今日のような企業の競争環境が激しく、従業員と所属組織のかかわり方が多様化するなかでは、人事部門の定型業務に加えて、「何をなすべきで、何をなすべきでないか」といった判断を、臨機応変に行うことが求められる。そこでは、顕在化した問題だけではなく、当事者が理解しつつも表明していない問題、あるいは彼ら自身が認識していない問題についても、その存在を想像し、適宜対応することが求められる。

デジタル化が進むなかで、人事部門においても定型業務はAIなどに置き換えられていく動きが進むだろう。今後は、人事業務におけるデスクワークの比率は下がり、自部門以外の人たちとかかわることがますます増えることが予想される。

1. 人事部門が直面する課題

あなたの会社の人事部門は、現在どのような重要課題に直面しているか。経営目標、さらには人的資源としての従業員のあり方が変化し、企業内外でのデジタル化も進展するなか、多くの企業の人事部門が共通して直面している課題を列挙していこう。

- 労働時間の長期化に歯止めを効かせられない評価基準が不明確な報酬制度、さらには生産性の低い業務形態。
- 従業員のワークライフバランスの困難とストレスの増大。
- 職場における、属性と価値観の両面でのダイバーシティの欠如。
- 異なる雇用形態、異なる世代のあいだでの、明確な根拠をともなわない待遇格差。
- 仕事のなかでの前向きな挑戦を避けるような職場環境。
- 業務遂行や人材育成のために不可欠であるはずの職場の人間関係の希薄化。
- 従業員個人のキャリア形成の選択肢を広げる労働移動の機会の未整備。
- 現在～将来の従業員に求められるコンピテンシー（仕事を通じて成果を上げるための思考・能力特性）についての実効力ある定義の欠如。
- これらを総合した結果としての、これからの雇用関係のあるべき姿についての合意された定義の欠如。

今日の「働き方改革」をめぐる議論を振り返ると、論者による程度の違いはあるものの、これらのさまざまな問題の根底には伝統的な日本型の雇用慣行や雇用制度の問題があることが、共通して指摘されてきた。日本企業に広く見られる「メンバーシップ型」の雇用関係においては、幅広い従業員が定年までの長期的な雇用保障が確保されてきた。その反面、彼らには、職務内容や評価項目における曖昧な規定が適用され、その結果として「いつでも、どこでも、なんでも」という企業主導型の就労を受容することが求められてきた（濱口桂一郎『新しい労働社会－雇用システムの再構築へ』岩波新書、2009年、熊沢誠『新編　日本の労働者像』ちくま学芸文庫、1993年）。

以前は、こうした雇用形態が従業員の安心感や企業の成長のベースになると認識されていたが、近年ではこの認識が労使双方において揺らいでいる。所属企業が変わるなかでも継続的なキャリア発達が行えるような働き方や、そうした労働力活用のあり方を前提とした経営手法の模索が進んでいる。

2. 課題の見極めという課題

もっとも、この問題の解決への道のりは、決して平坦なものではない。「働き方改革」においては、仕事へのニーズが多様化している働き手一人ひとりの働きやすさや働きがいを平等に確保すると同時に、企業が競争力を維持し向上させていくことがめざされている。しかしこれらの目標には、両立が困難という課題が立ちはだかっている。

報酬の原資となる限られた資金は、企業と働き手のあいだでの奪い合いの対象となりかねない。また、企業の競争力の確保のため、働きやすさや働きがいの面でも従業員間に格差を設けざるをえなくなるかもしれない。実際これまでも、企業が期待する貢献を果たす従業員が、そうではない従業員に比べて、魅力的な仕事や社内の人間関係を手にしてきた。その他にも、かつてのような「いつでも、どこでも、なんでも」という就労形態を受け入れられない従業員のための新しい雇用ルールが、「休日や定時外も含め、やりたいことをやりたい時間にしたい」という選択肢を他の従業員から奪うことにもなりかねない。

何が問題で、この問題と他の問題がどのように関係しているかが明らかになったとしても、さらに、それらにどのように対処すべきか、そしてそのなかで人事部門が対処すべきものはどれか、といった課題の検討につづいて取り組まなければならない。

企業内の人事問題は、局所的なものから広範なもの、あるいは、偶発的なものから構造的なものまで、さまざまである。一般に局所的あるいは偶発的な問題については、人事制度の立案ではなく運用のなかで、人事部門というよりは現場の管理職が事後的に対処するというかたちで対応が進む。反面、発生頻度が高い構造的問題については、それを未然に防ぐための人事制度の改正や立案を、人事部門が主導して行わなければならない。人事部門には、この見極めが求められる。

3. 人事担当者の「現場」

こうした課題に向き合おうとすれば、人事担当者の業務は、人事部門のなかでは完結しない。

近年の人事部門には、経営戦略の実行や組織変革への積極的関与が、これまで以上に求められている（D. ウルリッチ・W. ブロックバンク『人事が生み出す会社の価値』日経BP社、2008年）。変化が激しく、予測が困難で、複雑で曖昧な経営環境（VUCA）においては、組織が追及すべき目標、利用できる技術、参入する市場、企業としての利害関係者の定義が質的にも量的にも揺れ動く。デジタル化とともに経営環境の複雑性が増大するなかで、組織が進む方向をその都度ふまえて、必要な人材能力を定義し調達していく。あるいは、現有の人材能力の価値を最大限に活かせるような組織や戦略のあり方を経営層に提言していく。全社戦略と直結する領域において、人事部門の活躍の余地や必要性が大きくなっているのが、近年の現象である。

従業員との接点も、これまで以上に増やさなければならなくなっている。従業員が企業に求めるものにおいても、組織人の枠にとらわれない成長機会の確保、あるいは副業を含む仕事以外の活動とのバランスなど、新たなニーズが登場してきている。伝統的な労使協議の枠組みのなかで幅広い従業員に共通するニーズを考慮するアプローチでは、一人ひとりの従業員に固有のニーズに十分に向き合えない。個人業績に結びついた報酬体系が導入されたことにより、従業員がより大きなプレッシャーに直面するようになったことも、人事部門と従業員の接点の意義を大きくしている。

しかし実際の人事管理が、現場の従業員との良好な関係性のなかで行われているケースは、必ずしも多くないようだ。

「『人事』と書いて『ひとごと』と読む」との揶揄がある。これは、現場の従業員、あるいは彼らを管理する立場にある人たちが直面する困難を人事部門が十分に把握せず、経営層の意向や、人事手法のトレンドを取り入れただけの人事管理を行うケースが少なくないことの現れであろう。現場の従業員や管理者から見た人事部門は、「現場のことをわかっていない」「事あるごとに新しい制度を押しつけてくる」存在である。

一方で人事部門が、経営層のニーズを十分にくみ取って、課題に応えてきたかというと、どうもそうではないようだ。人材の獲得、確保、そして育成という課題に関しては、「ダイバーシティ」「グローバル」「自律」「挑戦」といったキーワードが、長きにわたって使われつづけている。こうした現象は、そもそもこれらの概念が企業内に根づいていないことの表れだと見ることもできる。そうなる理由はさまざまであろうが、人事部門として場当たり的な対応をつづけてしまっていることもあるかもしれない。また、経営層に対し、「人事管理の依頼主」ではなく、理念や大方針の発信者としての「人事管理の当事者」になってもらうように仕向けることも必要だろう。

4. 社内マーケターとしての人事担当者

デジタル化が進むなかで、今後は人事部門においても、定型業務はAIなどに置き換えられていくと見られる。その一方で人事部門の定型業務の外に、人事部門では完結しない課題が広がっている。

そのなかで人事担当者には、どのよう取り組みが求められるのだろうか。端的にいうと、「市場を生みだし、活性化させる」というマーケティングと同等の活動を社内の従業員や社外の従業員候補に向けて行うことが、これからの人事担当者には求められる。

市場とは、財とその対価が人々の間で交換される場である。同じような関係の場は、企業のなかにもある。社内マーケターとしての人事担当者の役割は、経営層から現場の従業員にいたる社内の人たちがどのような悩みや要望を持っているかを把握し、新たな解決策を立案することである。さらには経営者、あるいは従業員が「気にはなっているが、周囲に投げかけるほどのことではない」と考えているような、漠然とした悩みや要望を探り、その重要性を吟味することも求められる。一方で、「それぞれの立場において役割を遂行するために、持つべき悩みや要望」を見いだし、人事部門から経営層や現場提案するという展開も必要である。

「ここに悩みや要望がある」という事実、さらには、「この悩みや要望は人事管理を通じて対応するべきである」という判断の基準は、常に予め存在するわけではない。生身の人事担当者が目の前に現れ、当事者と接点を持つことで、はじめて経営層も現場の従業員も悩みや要望を想起する。社内の市場を生み、育ててゆくために、人事担当者は、企業内の「顧客」との関係を構築し、その関係性に深く棲み込むことが求められる。

この社内マーケティングにあたっては、以下のような6つの行動特性を人事担当者が身につける必要がある。営業担当者が社外の顧客と向き合うために求められるものとも類似するのではないだろうか。

①相手に対する敬意や関心を持つ。
②相手のことを調べ、よく知る。
③関係に人格性（個人対個人という性質）を持たせる。
④質問を投げかけつつ、傾聴する。
⑤問題の解決案を常に手元に持つ。
⑥その場かぎりの関係に終わらせないように意識する。

5．「決断経験」を重視したサイバーエージェントの人事制度

インターネットメディア事業を行う株式会社サイバーエージェントでは、組織の結束を保ちながら業績を高めることをめざしてきた。そして、そのために人事部門が貢献できることとして、「社員が成長する仕掛けの充実」という課題が設定されている。この課題を実現していくために同社が重点的に取り組んできたのは、「挑戦の機会をつくる」「抜擢す

る」「個人に光を当てる」といった事項である。

より具体的にはサイバーエージェントでは、未知の領域における「決断経験」を数多く積んでもらえるような業務や権限を、入社前の内定者も含めた幅広い社内メンバーに付与している。たとえば同社では、優秀な若手社員については役員（取締役や執行役員）への抜擢を行う一方で、この抜擢の余地を広げるために、2年に1回、8人の取締役のうち2人が入れ替わる。この制度における抜擢は、一部社員への褒賞というよりは多くの社員を育成する機会として位置づけられており、実際に1986年生まれの取締役もいる（2017年4月現在）。こうしたポリシーが明確であるため、降格対象となった役員も、役員であることを必要としない新たな業務への役割シフトと受けとめ、自分自身のさらなる成長のための機会、そして自分の経験をもとに他者の成長を支援するための機会ととらえられるという。

サイバーエージェントでは、この他にも、以下のような制度によって、新規事業創出をサポートするとともに、事業運営の総合的なマネジメントの経験を持つ社員を数多く生みだそうとしている。

● 「あした会議」：役員対抗のチーム制の新事業プランコンテストである。社長の藤田氏を除く全役員が新規事業や制度変更を提案し、順位を競う。提案は各役員の担当分野以外の部門の課題や機会をとらえたものでなければならず、提案チームのメンバーについては予めドラフト会議を開いて決定する。ブラッシュアップの時間や審査の時間には、藤田氏からのフィードバックの機会があり、社員は事業への考え方や感性を社長から直接学ぶことができる。優れた提案はただちに事業化される。

●「CAJJ」：こうしたコンテストなどを経て立ち上がった事業の評価を、規模や利益ベースで行い、一定基準を下回った場合には撤退させる仕組みである。撤退基準を明確にすることで、不採算事業への固執を避ける。撤退にはいたらない場合にも、事業の改善や転換のための意見交換を行う。こうした社内コンテストから生まれた子会社の累積営業利益は100億円を超えるという。

●制度のマッピング：社内の制度設計にあたっては「挑戦と安心はセットで考える」ことが大切にされている。スタートアップでは失敗と常に隣り合わせである。したがって、安心して働ける環境を社内に用意せずに挑戦をあおるだけでは、チャレンジングな行動はうながされるどころか萎縮してしまう。たとえば、現在のサイバーエージェントには、女性社員の出産や育児と仕事の両立を支援する「macalon」、勤務地の最寄り駅の近くに住む場合に家賃補助を支給する「2駅ルール」、業務状況について上司と部下で高頻度かつ定期的に話し合う「月一面談」などがある。サイバーエージェントでは、挑戦をうながす制度と安心をうながす制度をバランスよく配置するとともに、非金銭的な報酬も重視し、事業にかかわる人たちの気持ちに企業が賞賛や配慮などでこたえていく制度の充実をはかっている。

こうした取り組み自体は、他社でも類似のものを目にすることがあるが、サイバーエージェントの人事部門の社内マーケターぶりを示すのは、これらの導入や演出の方法である。同社の人事担当者は、「人事制度は流行らないと意味がない」と言い切る。制度導入の際には、そのねらいや目標とする成果を経営層とともに検討したうえで明確に打ちだし、制度設計時点での不備を運用のなかで修正していく際に共通理解の軸がぶれないようにしている。人事制度への社員の興味を惹きつけ、最終的には社員が自社の人事のあり方について誇りに思ってもらうため、制度の名前や打ちだし方を工夫している。

大企業の人事制度とは思えないネーミング、そして社内への浸透を意識した新商品の説明会のような制度運用は、こうした背景から生まれた。また、従業員の足を少なからず引っ張るような人事制度については、少々のプラス面があったとしてもまずは廃止する取り組み（不定期開催の「捨てる会議」）も、「必要なことだけをやる」という人事部門側の姿勢を従業員に伝えることにつながっている。

【仕事・業務へのヒント】

デジタル化が進むと、人事業務におけるデスクワークの比率は下がり、自部門以外の人たちとかかわることがますます増える。こういった人事管理を行う際のカギとなるのが、「人事部門のお節介」を現場や経営層に理解し支持してもらうことである。多くの日本企業の人事部門は、この点において不利である。「いろいろな業務や変化対応を押しつけてくる」人事から、「痒《かゆ》いところに手が届く」人事へのイメージチェンジを果たすためには、人事管理にかかわる事柄についての現場や経営層のニーズや興味を直接引きだすところからはじめないといけない。

人事担当者には、人間関係のなかでよりよい方向に業務を進めるという点で、営業担当者と類似したスキルが求められることになる。また、自説や体系に強くこだわらず、なおかつ「顧客」のニーズの移り変わりに柔軟に対応するという点については、熟達したマーケターの思考や行動特性から多くを学ぶことができる。デジタル化がもたらす経営環境の変化は、このようなワークシフトを人事部門に迫っている。

Keyword

人事AI

26. デジタル人事との向き合い方

—— 江夏 幾多郎

ついに人事領域にも押し寄せてきたAIブーム。人事管理へのAIの活用については、勘と経験に頼りすぎていた従来の人事管理の限界を突破することが期待される。しかし、その特徴を人事担当者が十分に理解せず、人事AIの導入が進むのであれば、従来とは異なる意味で妥当性の低い人事管理でありつづける。

人事担当者にとって、人事AIは意思決定の代行者ではなく、意思決定のサポーターでなければならない。常識や直感の利用といった人間の能力を、すべて人工知能で置き換えようとするのではなく、人工知能により人間の能力を拡張するのである。人事AIが下す判断については常に人間の解釈を重ねる必要があるし、状況の変化を見すえて人事AIのシステム更新を行うことも欠かせない。

人事担当者が人事AIと協働するにあたっては、経営者、中間管理職、一般従業員といった多種多様な人々とかかわり合いながら人事管理を行ってきたことに改めて想いを馳せ、そのかかわりのなかで専門職としての「持論」を磨かなければならない。

1．人事管理への人工知能（ＡＩ）の活用

人事管理の対象は、人間の内面、組織活動における個人の貢献、そして人々の協調などであり、明確にその実態を把握し、介入効果の予測を行うことが難しい領域である。以前より、科学的管理法、インダストリアル・エンジニアリングなどの手法が模索されてきた。しかしチームワークや個人の成長にかかわる予測は精度が低く、担当者の勘や経験に頼った運用がつづいてきた。

とはいえ経営環境の複雑性が高まるなかで、従来の人事管理への不満も高まっている。そのなかで、ビッグデータやＡＩ（人工知能）を人事管理に活用しようとする流れが生まれつつある。たとえば、株式会社ビズリーチが提供する人事業務支援サービス「ＨＲＭＯＳ（ハーモス）」は、本書籍の刊行時点では、応募者情報、選考情報などの整理や可視化を通じて採用担当者の業務支援を行う機能に限定されている。しかし今後は、採用関連の情報に加えて、勤怠、人事評価、そして能力開発などに関する従業員個別の情報をデータベースに追加していくことで、「将来の成長や高業績を期待できる人材の候補者は誰か」といった、採用担当者の意思決定支援を行えるシステムに進化していくという。

その他にも、人事評価や配置転換（ジョブ・ローテーション）の支援システムなど、さまざまな企業が人事業務支援システムの開発に向けて取り組んでいる。従業員の日常に密着したシステムとしては、働く人一人ひとりの心身状態や位置関係についての情報を加速

図1　デジタル人事のイメージ

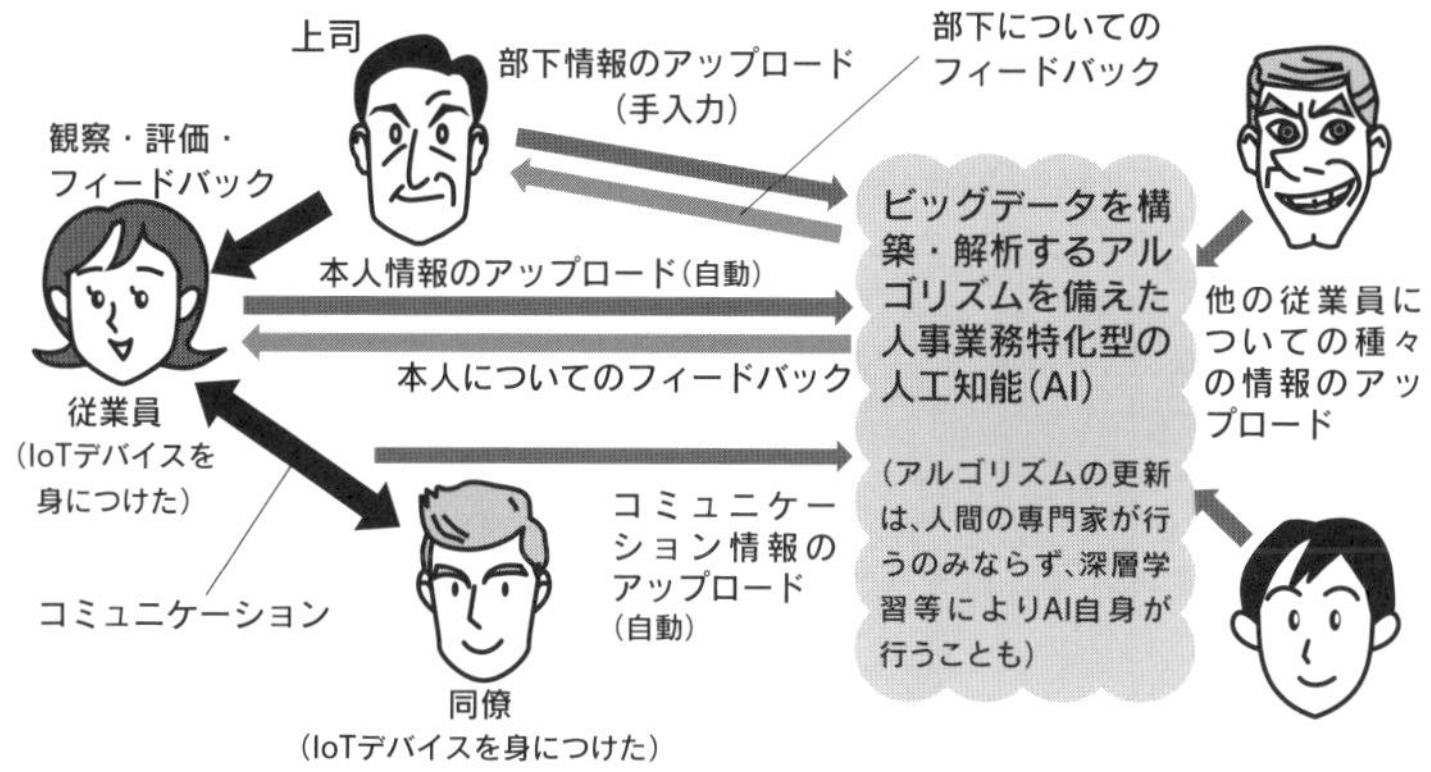

度センサーなどの情報端末（ウェアラブル・デバイス）を用いて随時収集しながら社内データベース化し、データの解析を通じて各個人にとって最適な勤務行動についての提案を行うといった実証実験も行われている。

すべての人事業務の領域に、ＡＩが加わりそうな勢いである。人事管理に活用されるＡＩ（人事ＡＩ）が生みだす提案や判断の根底にあるのは、随時追加され更新されるデータの統計的処理、すなわち変数と変数のあいだの有意な相関関係をしらみつぶしに洗いだしていくという「力技」である。こうした力技は、データの総量が多いほど正確さを増すわけだが、ＩｏＴ（Internet of Things）の時代にあっては、人間の心身の活動、人と人の接点が、センサーを備えインターネットに接続された機器で自動計測され、「ビッグデータ」の一部となる。そして、データ解析により、従業員一人ひとりごとに異なる、最適な働き方（働かせ方）についての事実にもとづく提案が可能となる。

安定した環境のなかで正確なデータが入手可能な問題についての予測や判断を行う能力については、ビッグデータと接続した人事ＡＩは、生身の人事担当者のそれとは比べものにならない高い精度を持つ。人事ＡＩは、いわば自分では何事も経験しないものの圧倒的な耳学問にもとづいて将来に向けた指針を冷静に導きだす賢者である。今後人事ＡＩが発達していくと、人事担当者は人事管理上の最新のベスト・プラクティスについての精度の高い情報を、常時参照できるようになっていくだろう。

2. 人事ＡＩをいかに使いこなすか

それでは、人事管理にかかわる人たちは、人事ＡＩの提案や判断を素直に受け取るべきなのだろうか？　この問いに対して、ここでは「否」と答えたい。

人事ＡＩをはじめとする人事テクノロジーの妥当性は、人事担当者だけではなく、経営層、現場の管理者や従業員、さらには求職者といった、その利用者や対象者たちに「意思決定プロセスがブラックボックスでない」と認識されてこそのものである。人事ＡＩの複雑なアルゴリズムの計算メカニズム、さらにはそれが提示する「まぎれもない事実」「確かな結論」についても、人事担当者が、その利用者や対象者たちに、なぜ、どのようにして導かれたかが理解できるかたちで説明できなければ、「ブラックボックスのなかで決まっている」という感覚が利用者や対象者たちのあいだに依然として残る。人事ＡＩの高度化が進み、人間の理解を超えるようになっていくと、その提案や判断の正確さとは別のところで、人事テクノロジーとしての妥当性の問題が深刻化していく。

人事ＡＩの能力を過信するあまり、利用者や対象たちにとってのブラックボックス度を高めてしまうことのないようにしなければならない。勘と経験に頼った人事管理から距離を置こうとした結果として、実態や根拠が不明確な「神仏の御宣託」をありがたく頂戴するだけの人事管理になってしまうのだとしたら、それは皮肉以外の何物でもない。

ＡＩをはじめとする今日の情報技術の目覚ましい発展は、分析能力の劇的な向上と、人事担当者の理解能力とのあいだに一段と大きな溝を生みだしている。この溝を狭めていくためにも、情報技術に関連する理論や言語について、人事担当者自身が学んでいく必要がある。

しかし、人事担当者が人間である以上免れない「制約された合理性」を無視するわけにはいかない。人事担当者の理解が可能な人事ＡＩをどう設計するかは、今後の課題である。たとえば、分析対象とする変数をあえて絞り込んだり、妥当性のより高い解を一定幅のなかで複数提示して最終判断のボールを人事担当者に渡したりといった、ある種のダウングレードが必要になるのかもしれない。

3. 社会通念と人事ＡＩ

人事ＡＩの提案や判断がどのようにして導かれたかを理解することとは別に、その判断や提案が広く社会や集団に受け入れられるものかどうかについての検討も欠かしてはならない。

今日のＡＩは、原則として所与の問題枠組みのなかで合理的に学習するものであって、そこから人間の不安定で時に矛盾する複雑な感情をもふまえた道徳的・倫理的な判断や提案を行うことは難しい。さらに今日のＡＩが行う思考のなかに、「そもそも今の会社や社会のルールは本当に合理的か」といった未来に向けた革新をうながす問いが入り込む余地はない。そのために、経営環境の変化が激しいような場合には、人事ＡＩの判断や提案は「蓋を開けてみたら的外れだった」ということになりかねない。

たとえば、「従業員の職務遂行能力の低下は、○○歳から顕著になる」ことを人事ＡＩが見つけだしたとしよう。しかし早期退職制度の導入に踏みきる前に、やるべきことがある。たとえば、そもそも「職務遂行能力」の定義は妥当だったのか。この定義しだいで、能力の低下がはじまる年齢の判定結果は大きく変わるはずだ。こうした可能性を人事ＡＩも使って検証しながら、自社はどのような職務遂行能力を今後従業員に求めていくのかを見極め、年齢管理のあり方やそもそもの是非についての新たな方針が、自社の従業員にとどまらない利害関係者にどこまで受け入れられるかも考えていく。能力の定義が職務内容や職場環境によって変わるものなのだとしたら、雇用制度改革よりも業務改革や職場改革にこそ先に取り組み、人事ＡＩの処理力はそこでこそ活用されるべきなのかもしれない。そして人事担当者や経営層は、こうした思考の結果をその都度、社内外に投げかけ、その反応をふまえた検討を行いながら最終的な決断に進んでいくことになる。

人事担当者あるいは経営層による人事管理上の決定プロセスのなかで、人事ＡＩが果たす役割は今後確実に増大していくだろう。しかし、その当面の役割は、きっかけづくり、あるいは見極めたい可能性の検証などの部分的なものにとどまらざるをえないことも確認しておくべきだろう。

4．勘と経験の領分

流動的な人事課題に、人事ＡＩをどのように対応させるべきかが、今後は問われていくことになる。一方で、人事ＡＩの導入が進むとともに、人間の勘と経験の再評価が進む可能性がある。

勘と経験は、時間の流れのなかで培われてきたコモン・センス（常識や良識）、すなわち、「一人ひとりがより豊かに生きられる」「思想の自由」といった、社会や集団のなかに広く共有される価値観とも密接に関わっている。勘と経験に頼った判断には、企業や社会の望ましい変化を妨げる側面があることは否めないが、これを全否定してしまうと、社会が社会である、組織が組織である基盤が失われてしまう。

常識や良識は、人間の主体性の源泉でもある。人事ＡＩが指し示す「過去の事実から導きだされた最適解」を無条件に受容する人事担当者は、たとえそれが解雇対象者に関する案件であったとしても、提案された解の遂行に抵抗を覚えないだろう。

一方の主体性を持った人事担当者とは、自らの責任のもとで解雇対象者を選定した後も、

「果たしてこの選定で正しかったのだろうか」と、煩悶をつづける人である。こうした煩悶は、「合理的であるか。否か」とは別の「正しい（善い）ことであるか、否か」という価値基準の面での成長の手がかりを企業に残すという点において、残されなければならないノイズだといえる。

企業内に人事ＡＩが導入され、その活用の方法が確立した後も、人事管理における人間的側面は依然として残すべきなのである。技術は人間の能力を代替するものではなく、拡張するものでなければならない（西垣通『ビッグデータと人工知能—可能性と罠を見つめる』中公新書、２０１６年）。人事管理の世界に登場したＡＩを、黒船のように恐れたり、救世主のように崇めたりする必要はない。今後必要になっていくのは、人事ＡＩを人事管理の現場＝人間社会に軟着陸させていくことである。

一見矛盾するようだが、ＡＩ人事による機械判断を正当に理解してこそ、場合によってはＡＩ人事による判断を無視しなければならないことの重要性や実行力も備わってくる。そもそも経営には、計画通りに物事を着実に遂行するという適応の側面と、既存の計画や経営環境の要請から逸脱するという創造的破壊の側面がある。ＡＩ人事が強みを発揮するのは前者の側面においてであるが、それだけを行っていると組織は均衡状態に陥っていき、成長が止まってしまう。ＡＩ人事による判断を歪曲するという人事担当者や経営層の行動は、「現状の最適解の枠を超えたい」という強い信念が根底にある場合、むしろ積極的に試みられるべきである。こうした人間性の発露が、ＡＩ人事のさらなる進化と学習を促進することになる。

【仕事・業務へのヒント】

これからの人事管理は、ＡＩ人事の発展とどう向き合い、あるいは発展にどう関与してゆけばよいのだろうか。

「解明したいが、できない」と人事担当者が嘆息する事柄は無数にある。そこに人事ＡＩを活用できる可能性は高い。しかしすでに述べたように、その提案を無条件に受け入れているだけだと、人事業務は空転する。

必要なのは、人事担当者自身が、個別業務や人事管理全般についての職場内外での経験や学習に根差した「持論（自論）」を持つことである。「論を自ら持つ」ためには、論じる対象としての人間集団（職場）に没入する必要がある。人事ＡＩの利用も学習機会としての経験の一種であるが、単にこれを使うだけでは人事管理の現場の流動性に人事ＡＩを接地させることはできない。

持論（自論）があると、現行の人事管理に潜む問題点や、人事ＡＩが行う判断への違和感を明確にすることもできる。現行の人事管理の限界を、人事ＡＩを新たに活用することで乗り越えようとする発想も、持論にもとづく問題意識があればこそ生まれる。

たとえば、多くの企業では、「個人」の意欲や能力や行動や成果などの測定にもとづいて、従業員の企業への貢献を評価してきた。ただし、人事業務に関する持論にしたがうことで、こうした手法の本質的な限界が見えてくる。たとえば、個々の従業員の意欲や行動が周りの人々の意欲や行動とどう影響し合っているかという「間人」的側面についての評価は、測定の困難さなどから十分に行いきれてこなかった。また、自分の仕事の成果は不十分ではあるが、「この人のおかげで仕事がうまく回る」と周囲に思わせる「縁の下の力持ち」に対し、これまでの企業は正当な評価をしてこなかった。

業務経験にもとづく持論によりそうしたことへの問題意識が生まれ、その意識がデジタル技術と出会う時、さまざまな道が拓けてくる。問題解決の手がかりは、日々生みだされている。たとえば、従業員同士の日々の接点づくり（ネットワーキングの頻度や時間）の実態をセンサーで把握し、どういうネットワーキング行動が職場を利するかを人事ＡＩによって解明することで、可視化していくことは、すでに技術的に可能になりつつある（矢野和男「人工知能は組織とコミュニケーションをどう変えるか」『組織科学』49巻4号、2016年）。

これからの人事担当者は、人事ＡＩに使われるのではなく、人事ＡＩを使いこなすようになっていかなければならない。そしてそのために、経験のなかで持論を磨きつづけなければならない。

Keyword

イクメン

27. 知識創造の源泉としての男性の育児休業

――水越 康介

本章では、男性の育児休業の取得率向上をめざす企業の活動を紹介する。日本でも、男性は外で働き、女性は内を守るといった考え方は変わりつつあり、女性の社会進出が進む一方で、男性の育児や家事への参加も、徐々に広がりはじめている。そのなかで先駆的な企業は、男性の育児休業の取得率向上など、さらなる取り組みに向かっている。

デジタル時代とはいえ、社会を支える家族の問題はアナログで地道な問題でありつづける。現状の日本での男性の育児休業の取得率は依然として低い。そこにはさまざまな理由があるが、世界的なトレンドをふまえれば、今後は取得率の向上がさらに志向されていくことになる。そのなかにあって、企業がどのようにこの問題に取り組んできたか、あるいは取り組んでいくかが、デジタル環境のなかで、あらためて問い直されている。

1.「イクメン」という流行語

近年、「イクメン」という言葉の流行もあり、日本でも男性の育児参加が進みつつある。男性も育児に参加することは当たり前であるという認識も、社会に広まっている。とはいえ、他国と比較すると、日本人の父親が育児に関わる時間は依然として少ないといわれる。社会にとって、父親が育児や子育てに関わることのできる現実を、いかにつくりだしていくかが課題となっている。

「イクメン」という言葉は、もともと広告代理店が考案したといわれる。それほど一般的な言葉ではなかったが、2010年に、当時の厚生労働大臣だった長妻昭氏が「イクメン、カジメンという言葉をはやらせたい」と国会で発言したことが、ひとつのきっかけとなり、その頃から急速に広まった。大臣の発言を受けて、同年6月には厚労省を中心にして「イクメン・プロジェクト」が立ち上がり、人口に膾炙《かいしゃ》するようになった。2012年6月には、超党派イクメン議連も結成されている。

厚生労働省を中心としたイクメン・プロジェクトは、まずは父親の育児参加についての啓発活動からはじまった。その後、イクメン・プロジェクトでは、当事者である父親や家族に直接働きかけるだけではなく、彼らを取り巻く社会環境にも注目し、特に企業への働きかけやイクボスの育成などにもかかわるようになった。

そのなかで、2013年度より「イクメン企業アワード」が実施されている。この背景には、仕事も子育ても同じくらいがんばりたいという男性が増えている一方で、現実には育児休業をはじめとする両立支援制度を利用しにくくさせている職場の雰囲気がある。この改善をめざし、先駆企業の取り組み事例がアワードとして表彰される。

2015年時点での男性の育児休業取得率は、2・3%（女性は86・6%）にとどまる。さらに、これらの限られた取得者においても、1カ月未満の取得が75・5%にのぼり、全体として男性の育児休業の取得が進んでいないことがわかる。一方で、育児休業を取得したいと考えている男性は、約30%いるという。育児休業をとりたいものの、現実にはとることができないというわけである。

育児休業の取得を妨げる職場の雰囲気とは、男性は育児よりも仕事をすることが当たり前であるという一種の常識と考えられる。そこで、イクメン企業アワードでは、両立支援制度の利用が企業にも大きく5つのメリットをもたらすことを強調している。「会社が従業員を大切にしているというメッセージになる」「社員の帰属意識とモチベーションが向上する」「協力し合える職場風土になる」「業務の見える化が進む」「柔軟な対応のできるリーダー・管理職の養成ができる」である。

イクメン企業アワードを受賞した企業は、具体的にどのような取り組みを行っているのだろうか。花王株式会社（2013年受賞）、リコー株式会社（2013年受賞）、株式会社丸井グループ(2014年受賞)、それから株式会社ローソン(2015年受賞)について、活動の内容を確認していくことにする（水越康介「男性の育児休業取得と企業活動に関する研究ノート」首都大学東京大学院社会科学研究科リサーチペーパー、no.167-170)。

イクメン企業アワードの受賞企業は、男性の育児休業取得率が日本全体では平均2・3％という低水準のなか、40％以上の利用率となっている。これらの先端企業のなかで、どのような活動が行われてきたのか、そしてその活動がどのような成果に結びついているのかを確認することは、広く多くの企業に示唆をもたらすだろう。

2. 男性の育児休業が導入された背景

いずれの受賞企業も、男性の育児休業にかかわる取り組みは、女性の産休、育児休業を含むダイバーシティの拡充や、残業などワークライフバランスに関連する制度の見直しが起点となっている。たとえば、丸井グループで働き方の見直しがはじまったのは、2005年ごろからであるという。ちょうど経営トップの交代があり、残業時間の削減やダイバーシティの推進などが重要であると全社的に考えられるようになった。さらに、女性の産休や育児休業が普及していくなかで、2012年度に同社は、短期育児休職制度を導入している。

リコーでは、2000年ごろから、ジェンダーフリーの観点からの改革を進めるとともに、ワークライフマネジメントの重要性が意識されるようになった。その後、2003年ごろには男性の両立支援がはじめられていたものの、より本格的には2010年に、3ヵ月以内の期間の育休取得の場合、最初の5日間を有給とすることを制度化し、翌年2011年には、日数を伸ばして10日間までを有給とすることが定められた。

花王についても、2000年ごろにはイコール・パートナーシップ推進活動として、当時まだ少なかった女性マネジャーの育成に力を入れるようになる。男性の育児休業をはじめとする活動の支援は、その延長線上ではじまった。実際の仕組みの導入も早く、2006年には育児休業の開始5日間については有給となった。

女性が働きやすい職場づくりの重要性はいうまでもないが、この活動は、男性の育児休業の取得にも影響をおよぼす可能性があることがわかる。あるいは、男性の育児休業の取得に焦点が当たるようになるためには、その前に、ダイバーシティの考え方の普及や、ワークライフバランスの見直しが進んでいることが必要だともいえそうである。

丸井グループでは、残業時間の見直しがひとつの起点となっていた。残業時間の見直しは、たとえば有給休暇の効率的な取得といった課題と結びつく。またリコーでも、ワークライフマネジメントの重要性が意識されてきた。ワークとライフの時間をうまくマネジメントしようとすれば、残業時間も含めた働き方の見直しにつながっていく。同社では、男性の育児休業の取得について、その促進方法としての育児休業の一部有給化という制度変更が行われた。

さらに育児休業の一部有給化以外にも、先駆的な各社では、いくつか共通した試みが行われている。たとえば、ポスターによる社内告知、セミナーなどを通じた当人はもちろん、パートナーや上司に向けた啓発活動、また時短制度の見直しなどが代表的である。

3. イクボスの理解をうながす

そして、いずれの受賞企業でも、男性の育児支援に際しては、職場の意識や理解が重要であると認識されている。先の上司に向けた啓発活動もまた、上司の理解こそが男性の育児支援につながることが意識されているからだといえる。

丸井グループでは、たとえば、ショップ長が育児休業を取得するかどうかを迷う状況もあった。長としては「仕事を休んでいいのか」というわけである。これに対しては、むしろ長としては逆に考えるべきであり、長だからこそ、積極的な取得を行うべきであるとの考えが社内に向けて打ちだされた。長が率先することで、それが会社として当然の配慮であることを、部下にも示すことにつながるからである。

さらに、育児休業の取得案内については、当事者のみならず、上司に対しても連絡することが試みられている。たとえばローソンでは、上司からの育児休業取得の声掛けが重要だと考え、人事部から上司に対してメール依頼を行うようにした。もともと人事部には、社員の出産状況の情報が提供され、一括して把握されている。しかし、これらのデータは、これまで育児休業に関して積極的には利用されてこなかった。そこで人事部では、社員の出産に関する情報を得た際に、その情報を該当者の上司にも連絡し、上司から育児休業の取得をうながすように依頼することにしたのである。さらに人事部からは、職場の上司や同僚へ子供の名前入りのお菓子を送るなど、部署全体で子供の誕生を祝う雰囲気をつくり上げていった。2011年度には、従前の育児休業の取得者へのプレゼントの贈り先を部署の関係者に変更したという。育児休業の際には、取得者の業務を部署内で分担する必要が生じる。この必要に対する気遣いも見落としてはならない。

花王でも当初は、育児休業の取得などの情報を含む啓発リーフレットは、出産の届け出があった本人だけに送られていた。育児休業の取得率はいったん上昇したものの、その後、育児休業の取得率が低下してしまうということが起きた。これを契機に2010年からは、啓発リーフレットについては、本人だけではなく、上司にも一緒に送付するという仕組みができた。これにより、本人だけではなく、上司を含む部門やチーム全体で理解を深められるようになった。現状では、出産の報告はどうしても出産後になるため、リーフレット配布もその後になってしまう。人財開発部門の今後の課題は、この出産にかかわる制度の告知についてより早い段階で行うことによって、育児休業を織り込んだ仕事の計画が立てられるようにすることだという。

4. 育児休業を取得するタイミングと傾向

リコーの人事部でも、出生届が申請されたタイミングで、当人だけではなく上司にも、育児休業の概要説明と取得をうながすメール案内を送るようにしている。さらに、興味深い点は、出生の時点で育児休業の取得がなかった場合には、その後、たとえば1年後にもリマインドとして連絡が送られるようになっていることである。育児休業の取得のタイミングは、必ずしも一律ではないからである。一般に女性が出産前後の産休、その後の育児休業に入るという流れとは、別の利用の仕方がされている可能性がある。

リコーでは、男女間で育児休業が必要になるタイミングが異なるととらえている。男性の育児休業の取得のタイミングとしては、妻が仕事復帰するタイミングや、子供が保育園などに通いはじめるタイミングになることがある。また、2人目や3人目の出産などの場合には、新生児というよりも上の子に対する対応が必要になる。この時に男性の育児休業が申請される。リコーでは、出産後6カ月から2年以内に育児休暇を取得する男性社員が約36％だという。

また、それぞれの受賞企業においては、その業務内容の違いから、時間の使い方は異なっている。丸井グループの場合は、育児への配慮という点において、小売業としての難しさがあった。たとえば、子供の運動会に参加しようとすれば、繁忙日である土日に休みを取らなくてはならない。しかも、運動会の時期はどこの学校でも大体同じであり、一人の希望が通れば、同じ店舗の他の社員も希望しはじめて、業務に支障が出る可能性もある。そのため、希望はあっても簡単にはいいだせない雰囲気が社内にあった。

一日の業務という点でも、特に女性に関しては、育児のための時短勤務者に対応しようとすれば、通常業務の社員を夕方以降に配置する必要がある。だが、一般に小売業では夕方以降のほうが忙しさは増す。結果として、通常業務の社員の負担が大きくなり、時短勤務の利用者と非利用者の間に軋轢が生まれるような場合もある。

こうした問題に対して丸井グループでは、店舗での勤務者をうまく割り振り、特定の店舗にだけ時短勤務者が集中しないように配置転換を行ってきた。たとえば店舗でカードの募集や受付をしてきた女性であれば、時短勤務の際にはカード事業のお客様センターに異動させることで、時間の融通が利くようになる。またこの期間は、カードの募集や受付に対する顧客からの反応を直接聞くことになる。結果的に店舗での行動が顧客満足にどのようにつながっていくかを当人に再認識させることになる。

部門間においても、男性の育児休業の取得率には違いがある。たとえば花王の場合、比較的労働時間に自由がききやすい研究所は、生産部門や営業部門よりも取得率が高くなる傾向があるという。テーマ完了時など業務の内容や時期によっても、取得しにくくなる場合があるという。こうした問題に対応するには、業務計画を前もって想定できるようにすることや、取得のタイミングについて、出生時だけではなくその後の2年間のなかでうまく調整することが重要になってくる。

5. マーケティングとクリエイティブへの貢献

企業にとっては、社員の育児休業の取得は、一時的とはいえ労働力の減少である。それを損失だと考えないようにするためには、たとえば、社員のモチベーションの向上や、さらには能力の向上がそこから生じることに目を向けるべきである。

丸井グループでは、男性が育児休業を取得することは、新しい知見を手に入れる機会でもあると考えられている。たとえば、育児に参加することを通じて、仕事よりも育児のほうが大変であると感じた男性社員もいるという。また、2人目以降の出産の場合には、1人目の子供を保育園や幼稚園に連れて行くことにもなる。比較的簡単なことであるようにも見えるが、雨が降れば途端にたいへんな手間がかかる。こうしたことも、実際にやってみてわかることがある。

丸井といえばファッションが強く、若者を対象とした小売企業という印象もあるが、近年では、ライフスタイル型として子供を連れた夫婦もターゲットとするようになっている。このとき、育児を経験している社員の存在は、自分たちと似たニーズや課題を持つ顧客への共感的理解が進むという点で重要になる。

店舗運営で新しいテナントの誘致を担当していた男性は、育児に携わるなかで、地元の写真館は自分たちが欲しい写真を提供できていないことに気づいた。そこで、より自然で自分たちが欲しい写真を提供できる写真館を探し、自分の担当する店舗への誘致を行うことになった。

もちろん、こうした影響は、育児期を超えた女性社員のライフステージの変化によってももたらされる。丸井の顧客の多くは女性であり、彼女たちのニーズや課題を理解するうえで、出産を経験し、育児に携わる女性社員の視点は重要になる。家族向けのイベントの計画や広告媒体の選定、さらには店舗内のランチやディナーの設計においても、その知見が重要となる。

あるいは類似の成果として、花王では、イクメン企業アワードの受賞に際して、次のような当事者の声が紹介されている。

「日用品を扱うマーケッターとして、自ら主夫をこなすことで主婦の目線を認識するというテーマを持つことにしました。その結果、『時間』と『金銭』の感覚が主婦にとって想像以上に重要だと分かり、業務に活用することができました」

今までとは違う体験を通じて、新しいアイデアなどを発見するきっかけが得られる。また、育児休業の取得と育児への参加は、ワークライフバランスの見直しのきっかけにもなる。リコーでは、ビジネスの中心はB to Bであり、複合機をはじめとしたオフィス向け機器の開発進む。しかし、これらの機器の提供にかかわる各種のサービスにおいても、今日では多様な視点から開発を進めることが求められるようになっている。女性視点、シニア視点など、その視点はさまざまであるが、仕事だけではない日常生活の充実は、そこに新しい視点を提供するものと考えられている。

【仕事・業務へのヒント】

デジタル時代に入り、社会のあり方が急激に変わっている。そのなかで男性と女性、父親と母親の役割分担もまた変わっていく。「イクメン」ブームや男性の育児休業取得は、もともとはデジタルの問題とは別のところではじまりながらも、期せずして2010年頃から日本では注目されるようになってきた。その背景にはデジタル化の進行があるはずである。

企業からすれば、社員にはもっともっと仕事をしてほしいところかもしれないが、それだけで長期的に見て、いい結果が生じるかは熟考が必要である。デジタル時代にあっては、企業の評判はすぐに広まる。その意味でも働き方の見直しは、マーケティング上の課題のひとつとなっている。

男性の育児休暇取得を進めるうえで大事なことは、それが当たり前になっていくことである。休みをとれないのが当たり前なのではなく、休むのが当たり前で普通のことになっていくには、企業はもちろん、社会の全体が変わっていかなければならない。「イクメン」ブームのなか、多くの人が感じていたのは、育児に参加する男性をわざわざ「イクメン」と呼んで褒めることへの違和感であった。イクメンという言葉が使われなくなる時代になって、はじめて所期の目的は達せられるのである。

Keyword

ビッグデータ

28.

マーケティング・リサーチを支えるデータサイエンティスト

——佐伯 諭

マーケティングの領域においても、生活者行動のデジタル化が進む。これにともない企業の内外にはビッグデータや非構造化データが氾濫する状況となっている。そのなかでデータサイエンティストの重要度が増している。

変化の止まない今のマーケティング業務において、データサイエンティストにはどのようなスキルや資質が求められているのか。本章ではこの問題を検討しながら、組織のなかでのデータサイエンス・チームの立ち位置、さらにはデジタルサイエンス人材の育成の課題などについても検討を加えていく。

マーケティングのデジタル化。この変化を導くのもまた人だということを忘れてはならない。

1. マーケティング・データ解析の変遷

2000年ごろのマーケティング・データ解析にあっては、パネル調査データが主流だった。もちろん当時であっても、一部ではインターネット・ログの活用が試みられていた。あるいは、いわゆるデータマイニングが、マーケティング領域でも試みられはじめていた。しかし当時は、現在ほどコンピュータの処理能力も高くなく、それらは限定的な試みとして行われていた。

当時実用化されていたのは、パネル調査ログから、マーケティングROIを解析するMMM（Marketing Mix Modeling）、ターゲット・クラスタリング、あるいはメディア接触データを解析し、メディア投資の組合せの最適化を行うMedia Optimizerなどだった。これらの解析に用いられるデータ量はそれほど大きくはなく、基礎統計学や統計分析、あるいはOR（Operations Research）などに関するスキルや知識を持った専門家たちが、当時のマーケット・リサーチャーや分析者の主流を占めていた。

現在のマーケティング・データ解析では、生活者の購買行動やメディア接触行動の変化により、より多くのコンタクト・ポイントを考慮する必要があり、ビッグデータといわれる膨大な行動データの解析を、マーケティング・リサーチ企業やマーケティング・サービスを提供する企業たちが競い合う時代になった。そしてそこに、データサイエンティストと呼ばれる専門家たちが活躍する場が生じている。

2. マーケティング・リサーチにおける現代のデータサイエンティストとは

近年のマーケティングでは、インターネットや顧客データベースなどから取得される大量の行動ログを解析するニーズが増している。これらのビッグデータを収集、集計、そして加工するデータエンジニアリングが必須のスキルとなってきており、その情報実装と運用を高度化するには、従前からの統計分析などに加えて、人工知能などの情報科学系のデータサイエンスの知識や能力が必要とされるようになっている。

当然ながらマーケティング・リサーチでは、これらの専門性に加えて、クライアントのビジネスを理解し、課題を設定する能力、マーケティングの各分野のドメイン知識が必要となる。昨今ではドメイン知識もまたより複雑化しており、「アド・テクノロジー」のようにひとつの分野として確立するようになっている場合もある。マーケティング・リサーチにおけるデータサイエンティストにはこうした専門性を備えつつ、クライアントのマーケティング課題を迅速に解決することが求められている。

3. たいへんな職業であるデータサイエンティスト

新しいテクノロジーには、光と影がある。近年のマーケティング領域でのデータサイエンスの弊害としてよく目にするのが、データサイエンティストが専門家として扱われすぎるという問題である。その結果として、手段であったはずのデータ分析が目的に転化してしまい、数字をこねくり回したあげく、実務には落ちないということが起こる。

こうした問題を回避するには、データサイエンティストもマーケターとして素養を磨き、「自らの感性で人の営みを思い描き、ターゲットに寄り添ったマーケティング課題を設定し、それを言語化する能力」を備える必要がある。そのうえで、データサイエンスを駆使して、実務に落とす必要がある。

これは、データサイエンスの専門性は軽視してよいということではない。データサイエンスの領域では技術革新が絶えない。たとえば現在では、動画、位置情報、自然言語処理、機械学習、ＩｏＴ、さらにはコネクティッドホームなどの高度化が日々進んでいる。この状況に対し、ワクワクしながら常にアンテナを張りつづける必要がある。

加えて、デジタル・マーケティングの進化によって、近年ではＰＤＣＡを回転させるスピードが上昇している。「このブランディング施策は、半年後に結果がわかるので、データ解析はその頃に行いましょう」というような、ゆったりとした時間感覚ではデータサイエンティストの価値はない。今のデジタル・マーケティングでは、リアルタイム／週次／月次のオペレーションに合わせて、発生するさまざまなデータの活用サイクルを検討し、実装しなければならない。

4. データサイエンス・チームの編成

マーケティングにかかわるデータサイエンス・チームの理想は、人の営みを想像する力と、データの力を解き放つ能力を、チームメンバー全員がそれぞれに発揮することである。だがこの理想の実現は、現実には難しい。このような人材を育成するには、時間を要する。

現実には、データサイエンス・チームは、一人のスーパーマンに頼るのではなく、メンバーそれぞれが自身の得意とする能力を発揮しつつ、相互のスキルや知識を補完し合いながら、企業内で活躍するチームとなる。たとえば5人でデジタル・マーケティングのためのデータサイエンス・チームを結成するとすれば、①ビジネス経験とマーケティング知識が豊富なリーダー、②③データサイエンスが得意なアナリストやリサーチャーに近いメンバー2名、④データ加工が得意なエンジニア、⑤情報収集力やアンテナ力が鋭い現場上がりのストラテジストといった構成が考えられる。

こうした、あるべきデータサイエンス・チームの構成は、企業ごとに変わる。たとえば、顧客データベースが十分に整備されており、情報システム部門との協力体制が十分に備わっている。そんな企業であれば、エンジニアリングについては情報システム部門に頼ることにし、データサイエンス・チームはビジネスとサイエンスの専門性に富んだメンバーを中心に構成をすることもありえる。このようにデータサイエンス・チームは、個々の企業やプロジェクトにおいて、どういう役割に何人が必要かを検討しながら、それぞれが補完することで互いに学び合い、スキルや知識の幅を広げ、チームとして成長していけばよい。

5．データサイエンス・チームの所属部門

データサイエンス・チームは、企業内のどの部門に置くべきか。

たとえばひとつの考えとして、データサイエンス・チームについては、R&Dや情報システム部門に所属させるという対応がある。ＩＴ投資の予算を活用でき、中長期の成長戦略を描けるというメリットが、そこにはある。懸念は、頭でっかちなチームになってしまい、現場のスピーディな意思決定やPDCAサイクルに追いつくことができなくなってしまうことである。R&D部門や情報システム部門のなかにデータサイエンス・チームを置くのであれば、チームの人数をやや多めにし、現場とのジョブローテーションを頻繁にすることで現場感を失わないようにするなどの工夫が必要であろう。

筆者は、マーケティングにかかわる企業のデータサイエンス・チームは、現場部門の近くにあるほうがよいと考えている。日々の売上げ責任をになうプロフィット・センターのなかのミドル部門的位置づけにあって、現場のクライアント課題を敏感に感じ取り、プロジェクトチームのデータ分析や効果検証などの役割を、責任を持ってにない、クライアントや現場部門に対して速攻性のあるソリューションを提供しつづける。このようなデータサイエンス・チームであれば、スピーディなメンバー育成を、現場感覚を保ちながら果た

す効果も期待できる。

データサイエンス・チームには売上げ責任を負わせてもよいが、データサイエンス・チームそのものが未成熟な場合には、コスト部門的な扱いとするほうがベターである。ある程度成熟したデータサイエンス・チームであれば、そのあいだを取って、データサイエンス・チームに売上げ目標を課す一方で、データ開発などのコスト部門的な役割も同時に持たせることも一手である。このようなチームのリーダーは、チームの求心力を保つうえで、非常に難しい立場ではあるが、R＆Dコストをうまく活用しつつ、現場部門に刺さるソリューションやプロフィットを迅速に生みだす仕組みを構築する可能性がある。

また、データサイエンス・チームのメンバーを組織内のいくつもの部門に分散させることにも、人材育成上は問題がある。現在のマーケティングにかかわる企業では、データサイエンスへのニーズは非常に高い。そのため、各部門に配置されたメンバーは、それぞれの現場で重宝され、短期的には最適配置となる。しかし、前述のようにスーパーマンはそう多くはなく、育成の観点や技術革新に乗り遅れないための情報収集コストなどを考えると、可能なかぎり企業内の特定部門にメンバーを集約させるべきである。

6. データサイエンティストの育成

マーケティングにかかわるデータサイエンティストの育成については、まだ歴史が浅いこともあり、体系だった方法は確立しておらず、実際にはＯＪＴを通じた育成が主流である。データサイエンティストの習熟度は一般に3段階でとらえられ、習熟が進むにつれて、「Assistant Data Scientist（見習い）レベル」から「Associate Data Scientist（独り立ち）レベル」、そして「Full Data Scientist（棟梁）レベル」へと進む。

「独り立ちレベル」以上の人材については、マーケティング・リサーチ企業の現場に近い部門に所属し、プロジェクトにあっては、データ分析や効果検証などの立案と実施にかかわるメンバーとして、責任の一端をになうことが可能であるし、になわせるべきである。そうすることで実務上必要となる実践的で効果的なスキルや知識を習得し、事業成果やＰＤＣＡに自らコミットすることでその事業ドメインのビジネス特性やビジネスモデルを理解し、直感力や感性も含めた真のデータ分析を体得できるからである。また、昨今のデジタル・マーケティング領域では、テクノロジーが急激に進化している。新しいスキルを日々の現場とむすびつけた業務のなかで習得していくことが、実践的な人材育成の方法となると考えられる。

しかし「見習いレベル」の人材については、プロジェクトの責任をいきなりになわせることは負荷が大きすぎる。データサイエンティストに必要とされるスキルや知識の教育をていねいに行う必要がある。エンジニアに必要とされるプログラミングスキル、マーケティング・データの解析に必要な統計学の知識や、データ分析スキルなどの基礎的な部分については、外部の研修も利用できる。情報処理試験やＷｅｂ解析士認定試験なども、基礎レベルの知識習得には有効である。より上級者には、ブレインパッド社やアルベルト社などが、民間のデータ分析を主業務とする企業に向けたデータ分析研修などを提供している。

これらの外部研修や試験制度は、一通りの手順や思考方法を学び、基礎力を向上させるのに役立つ。

ただし、マーケティングの各分野のドメイン知識は、外部研修などでは身につかないので、社内の実例などを用いた社内研修制度をつくっておくほうがよい。あるいは、独り立ちレベル以上のメンバーと見習いレベルのメンバーを組み合わせてプロジェクトを割り当てるなどのＯＪＴ方式で、各事業ドメインに必要な実務的なスキルや知識を早めに学ばせることも考えられる。

7. 好きこそものの上手なれ

どうすればデータサイエンス人材を、早く独り立ちさせたり、棟梁クラスに成長させたりできるのだろうか。マーケティング領域における筆者の経験では、データサイエンス人材が成長するには、「夢中になる」ことが大切である。

中途採用にせよ、新卒採用にせよ、個々のデータサイエンス人材には、それぞれのバックグラウンドがある。データサイエンス・チームのリーダーやマネージャーにとって、最も人材の成長が早いのは、「好きこそものの上手なれ」型の育成だと思われる。個々の人材の特性を見極め、データモデル構築やデータ可視化など特定スキル領域や特定ドメインでのデータ解析業務など、得意な領域から伸ばし、その領域でのリーダーとしていくことで、早く業務に自信をつけさせていくのである。まずは狭い領域でもプロフェッショナルになることで独り立ちし、その領域を軸にさまざまな業務を経験することで、さらに多方面のスキルや知識を身につけていく。このように、自ら学ぶ成長サイクルを確立させることが、データサイエンス人材の育成には重要である。

データサイエンス人材の育成にあたって注意が必要なのは、データ分析が自己目的化してしまわないように、クライアントの課題解決に直結するデータ領域や分析領域の責任者となり、プロジェクトを背負うことで、小手先の集計や分析ではなく、データの真の価値を引きだす経験を重ねさせるようにすることである。クライアントとのプロジェクトにデータサイエンティストがそもそもの課題設定からかかわり、データ分析をいかに収益にむすびつけるかという想像力をともなう検討にも参加する。そのなかで自分が解析した結果をもとにしたマーケティング意思決定や戦術が「ビジネスそのものに貢献している」という実感が生じ、データサイエンティストの成長をうながすのである。

8．外部との連携によるデータサイエンスの活用

企業によっては、データサイエンティストを社内にかかえることが困難な場合もあるだろう。そのような場合には、外部の人材や仕組みと連携することが有用である。データ分析そのものを主業務とするブレインパッド社やアルベルト社などの企業、マーケティング領域の実務までカバーする電通デジタルのような広告会社系の企業、あるいは事業コンサルティングも含めた提案力に富むコンサルティング会社系の企業など、データサイエンス

に強みを持つさまざまな企業が立ち上がっており、ねらいに応じたアウトソーシングが可能になっている。なおその際には、業務を丸投げすることは避け、必ず自社内に何らかのノウハウや知見――たとえば人材育成、データ分析の一連のプロセス化資料など――が残るように共同作業を進めるべきである。

あるいは昨今では、慶応義塾大学SFC研究所が主催する「データビジネス創造コンテスト」など、コンテスト形式のデータ分析プロジェクトも存在する。ただしオープン性の高い仕組みなので、課題設定などについては慎重に検討する必要がある。

【仕事・業務へのヒント】

マーケティングの多くの領域でデジタル・ツールの利用が広がるなかで、マーケティングにおけるデータ活用の重要性の認識が一段と高まっている。しかし企業内でのデータ価値を真に引きだすには、まだまだ試行錯誤が必要であり、データサイエンスに対する企業内のリテラシーや理解促進にも時間がかかると見るべきだろう。

企業は組織であり、組織は人でできている。事業成長を牽引できるデータサイエンティストを育成する仕組みや制度、さらには予算を用意し、あるいは自社内で困難であればパートナーシップも活用して、一歩一歩データ活用による成功体験を勝ち取っていく。この積み重ねが必要である。

幸いなことにデータサイエンス市場は活性化しており、データサイエンティストをめざす人材は多い。この状況をうまく活用して、小さくともトライを積み重ねていくことが肝要である。

Keyword

分散型組織

29. 分散する組織の結び目

――江夏　幾多郎

多くの企業において、従業員の仕事は、在宅勤務やフリーアドレスオフィスの導入などによって空間的に、ワークライフバランス支援施策や労働時間管理の柔軟化などによって時間的に、そしてキャリア意識の多様化や自律化などによって心理的に、それぞれ分散化しつつある。

こうした取り組みを、今日の労働市場や競争環境における必然ととらえ、積極的に受け入れる企業がある反面、抵抗を示す企業も少なくない。多くの企業における危惧の根底には、長らく依拠してきた組織の管理についての考え方がある。

従業員の自律性や分散性を重んじる近年の経営管理手法は、こうした伝統的な管理手法とは異なる新たな組織の求心力を構築することを、企業に迫っている。従業員の活動が空間的にも、時間的にも、心理的にも分散化していく流れのなかで、企業は従業員を特定の色に染めあげることによってではなく、従業員に選ばれる場に自らを変化させることによって、組織としてのまとまりを生みだすようになっていかなければならない。従業員の活動の分散を許容する企業は、組織としてのまとまりを保ちつつ、強い変化対応力を持ちうることになる。

1．避けることができない働き方の多様化

本書の第22章で紹介したサイボウズ株式会社は、人材の活用、組織づくり、従業員と企業の関係のあり方についての新しい発想を実践にうつしている。サイボウズは、「選択型人事制度」や「ウルトラワーク」によって、働く場所や時間についての従業員の裁量を認め、働き方の多様化をうながしている。一方でサイボウズでは、一人ひとりの働き方がグループウェア上のスケジュールに予め記録されたり、上司による事前承認のうえで決定されたりするため、働き方の多様化が進んでも社内のコミュニケーションやチームワークを保持することが可能となっている。

多くの企業が依拠してきた「官僚制組織」「強い組織文化」といった伝統的な管理手法においては、メンバーの心理や行動を組織に強く拘束することが不可欠であると考えられてきた。従業員には、企業が定めた業務内容を忠実に履行すること、そしてその際には上司や同僚や部下とのコミュニケーションを緊密にとること、さらには組織固有の特定の思考や行動の様式を強く内面化することが求められる。

そのなかで近年では、サイボウズのように、従業員の自律性や分散性を重んじる分散型組織の経営管理手法の導入に積極的な企業が現れている。その背景としては、こうした手法の導入が人材の確保につながり、企業経営を助けるという新たな前提の共有が広がりはじめていることが指摘できる。

働き方についての従業員のニーズを受け入れることは、彼ら一人ひとりに企業活動に参加してもらい、持てる力を十分に引きだすための必要条件となる。そしてその十分条件となるのが組織デザインやチームビルディングの整備である。

これまでのところ、多くの日本企業では、コア従業員については「いつでも、どこでも、なんでも」という、制約なき働き方が求められてきた。しかし今後については、「どのように働いてもらうか」を企業サイドで一方的に定めるという伝統的なアプローチでは、人材の確保がままならなくなっていく可能性が高い。

日本の労働力人口は長期的には確実に減少していく。そのなかにあって減少傾向を緩和すると期待されているのは、女性、高齢者、そして外国人といった人たちである。ところが、この人たちは、仕事と生活の調和（ワークライフバランス）の重視、特定の企業にとらわれないキャリアの選択、そして専門能力の蓄積や発揮などの追求へ向かいがちであり、日本企業が採用してきた伝統的な管理手法から距離をおく傾向がある。無制約な働き方でなければ報酬の獲得や能力の向上の機会が得られない職場が今後も保持される場合、日本は多くの人材を死蔵または取りこぼすことになってしまうだろう。

2. 働き方の多様化は、組織の破壊要因か

今日、日本の労働市場で進む変化に積極的に対応する企業は、ＩＴ系、ベンチャー系、外資系といった、産業の一部のセクターに集中する傾向がある。多くの日本企業で働き方

の多様化が進まない理由としては、制度の整備が追いつかないといった実務的な要因もあるだろう。しかし、最大の理由として考えられるのが、働き方の多様化と相いれない業務遂行様式や組織編成原理を、多くの日本企業が維持していることにある。

これまでの日本企業の多くは、従業員に対する種々の統制を通じて、目標達成のための活動を行ってきた。この統制には、直接的なものと間接的なものがある。直接的な統制手段には、分業や指揮命令の体制の確立、職務内容の明確化、業務手順やマニュアルの整備、そして成果目標（ノルマ）の確定などがある。そして間接的な統制手段となるのが、組織文化やカリスマ的なリーダーシップの醸成を通じた、従業員の価値観、そして思考と行動の様式の均質化である。間接的な統制手段は、直接的統制を介さずに企業目的に沿った従業員行動を引きだしたり、企業による直接的統制を従業員に当然のものとして受け入れられるようにしたりする効果を持つ。

これらの直接的そして間接的な統制のなかで、あるいは統制の結果として、従業員同士のフェイス・トゥー・フェイスの緊密なかかわり合いの文化が組織のなかに生まれる。たとえば、仕事のなかでの人材育成（ＯＪＴ：On the Job Training）、ホウ・レン・ソウ（報告・連絡・相談）の徹底、稟議を介したボトムアップ型の意思決定、そして職場単位での業務改善活動（ＱＣサークル）などである。社内でのレクリエーション活動、あるいは社内寮での生活など、従業員同士の緊密なかかわり合いは、往々にして業務外にも及び、非公式組織を形成していく。結果として従業員は、仕事を行う仲間たちと場所や時間をともにするなかで、企業や同僚と心理的に一体化し、この働き方を当然視する、あるいは肯定的に受け取るようになっていくのである。

このような企業体において、従業員の働く時間や場所における制約を解き放ち、従業員が企業に参加する多様な動機に寄り添っていこうとすると、どうなるか。こうした働き方の多様化に向けた動きには、組織の一体感を解体し崩壊させる可能性がある。また、業務配分や連携のルールについて、変更や明確化が求められる。「いつでも、どこでも、なんでも」という働き方をしてきた従業員が、そういう働き方をしない従業員との連携について、実務的にも心理的にも難しいと感じるのは当然だといえる。仕事や雇用に対する考えた方が異なる従業員が、いかに協働していくかという課題が残る。

3. 分散のなかでの統合

とはいえ、現在は働き方の多様性から距離をおいている企業も、いずれは方向転換をしなければならなくなっていくだろう。日本の労働力人口は減少していく。さらには、近親者の介護や育児などの理由により、従来の無制約的な働き方を改めるニーズを持つ人たちも、30~50代といった「働き盛り」を中心に多く存在しており、これからさらに増えるだろう。

制約のある働き方をする人たちを企業に受け入れることは、その企業の業務が遂行される時間や場所、さらにはそれに関わる人々の意識が分散していくことをうながす。そこには、単なる労働力確保を超えたメリットとデメリットが、企業にとってはある。たしかに多くの企業が懸念するように、多様な働き方を認めることは、規則の整備、職務内容の再規定、チームビルディング手法の再開発、あるいは職場風土の改革などに要する労力というコストをともなう。

しかし、企業が従来想定しなかった就労ニーズを持つ人を「わが社の働き方と合わない」と排除することは、機会損失というコストをともなう。無制約的な働き方を選ばない人の多くは、雇われた先で働く以外の時間にあっては、異質で多様な生活を営んでいる。自己啓発、NPO活動、副業、趣味、あるいは家事等々である。こうした人たちは、「本業」以外の活動から日々多くのことがらを学びとっている。そこでの知見は、マーケティングリサーチではとらえきれない顧客ニーズをつかむのに役立つなど、「隠れた経営資源」としての役割を果たす。

こうした人たちの能力を活用することは、組織能力における多様性の確保、ひいては「新結合＝イノベーション」の促進にもつながる。また、生活環境などの変化により「無制約的な働き方をやめざるをえなくなった」人たちを管理職や正社員からはずすことは、彼らに対して行ってきた人材育成投資の成果を回収する機会を企業自ら放棄することを意味する。

所属企業に思考や行動の面で縛られなくなった従業員が、同僚との緊密な関係やチームワークへの関与、さらには所属企業への愛着を持たなくなるかといえば、少なくとも論理的には「否」である。多様な人たちとの積極的な交流のなかで経験や能力の幅を広げた従業員が、そうした姿勢や能力を所属企業から肯定的に承認されることで、同僚との連携についても業務上のかかわりの有無を超えて積極的に取り組むようになることが期待できる。周囲の従業員にとっても、自分とは異なる経験を社内外で持つ同僚の存在、さらにはそういった人材とともにひとつの目標を追求することは、新たな学習意欲を刺激することになる。働き方を多様化し、従業員一人ひとりの活動が空間的にも、時間的にも、心理的にも分散化していく流れを推進させることが、企業の求心力の強化にもつながる動機や意欲を従業員のあいだで高める可能性があることを見逃してはならない。

デジタル環境のなかでは、従業員が同僚とつながるコミュニケーションの手法が多様化していることも、企業が組織内の統合を保ちつつ、多様性がもたらすイノベーションを加速化する動きを後押ししている。近年の企業内では、電子メールやSNS、ビデオ会議によるコミュニケーションが増加しており、対面でのやりとりの頻度は低下している。さらにグループウェアや人工知能など、対面と非対面の双方のコミュニケーションを補完し支援するツールも多く登場している。

4. 人々の多様性に企業として最も価値を置く

消費財メーカーであるユニリーバは、ステークホルダーの一員である従業員への信頼や尊厳の重視を「企業行動原則」というかたちで明文化しており、人々の多様性に企業として最も価値を置くことを、25のさまざまな形の図象が集まった「U（nilever）」という企業のロゴで示している。従業員一人ひとりがその人らしくあることを企業として期待する

という メッセージを受けて、従業員は自分らしさと企業成長の両立という、答えが予め用意されない道を歩みだすのである。

こうしたメッセージや、それを体現する企業トップとのコミュニケーションは、経営理念の実現に向けた主体的なイノベーションを人事部門から生みだす力となる。実際に同社の日本法人では、従来から存在していた在宅勤務制度やフレックスタイム制度をさらに進化させ、「WAA（Working for Anywhere and Anytime）」という勤務制度を、2016年7月に導入した。この制度は、勤務可能な時間を6～21時（平日）と定めたうえで、その範囲内で勤務の場所と時間の面での自由を、大半の従業員に対して認めるというものである。柔軟な働き方の実施は、事前に上司に申請しさえすれば理由を問わず認められ、日数に制限もない。

人事部門によるこの制度の構想と導入を支えたのは、経営理念に対する幅広い現場と経営層の強いコミットメント、そしてそれらさらに徹底しようとするグローバル法人と日本法人のトップの熱意であった。この制度に対する従業員の反応は、「責任は大きくなったが、拘束感は減って気持ちに余裕ができた」「通勤ラッシュの回避や、仕事に集中する時間を自ら選ぶことで、効率が上がった」など、おおむね好意的なものだった。この制度の導入により、「月曜日の朝に、先週の業務の報告と今週の目標を職場内で共有する」「会議の出席者をテーマに関連する人に絞り、議題を事前に送付する」など、コミュニケーションの活性化や効率化が多くの職場で進んだ。現時点では、こうした変革に付随して、労働時間に左右されずに従業員の貢献をとらえるため、評価など他の人事領域における変革も模索中だという。

【仕事・業務へのヒント】

従業員一人ひとりに、従来よりも高い自律性が認められるなかでは、達成すべき目標を従業員がより深く意識・実践できるように、企業として支援してゆかなければならない。そこでは、自分の役割だけではなく、同僚の目標や行動についてもその都度把握できるような情報共有も求められる。人々が分散するからこそ、関係性をさまざまな手法で緊密化させるべく、新たなツールを駆使する必要がある。

分散化や多様化のなかでの組織の統合は、企業の姿勢を示した経営理念についてのコミュニケーションによっても可能になる。経営理念は、従業員に「実際にすべき活動」を指し示しはしないものの、従業員がそうした活動を具体化する際の大前提を指し示す。従業員一人ひとりが自分らしい働き方を模索しながらも、そのベースに経営理念をおくことで、企業のなかで「異なるものに対する賞賛・承認」が可能になる。同僚の「異質だが身近」な働き方に触れるなかで、従業員一人ひとりの思考が活性化することになる。

30. デジタル×働き方の多様化の可能性

——横田浩一

かねてからのテレビ会議、スカイプなど、デジタル・コミュニケーションの進化により、地方での働き方の可能性が広がってきている。一方で働き方改革などの動きを受けて、オフィスでの勤務形態について、柔軟に対応する企業や組織が増えはじめている。

こうしたデジタル×働き方の多様化は、今後の地方創生に寄与するものと期待できる。日立製作所は、地方へのかかわりを深めることで、CSRを推進し、イノベーションを起こす人材を増やそうとしている。メンバーズは、デジタル人材を地方に求める取り組みを進めている。地域の事情や組織の目的によって考え方や手法はさまざまであるが、自治体やNPOや企業がこうした動きに反応した取り組みを進めることが、「選ばれる地域」になる可能性を高めていくものと思われる。

1. 日立製作所のCSR

株式会社日立製作所が、「社会イノベーション」という言葉をかかげたのは2010年頃のことである。日立製作所では2009年からの〝川村改革〟のあと、中西宏明社長が事業を整理し、統合していく過程のなかで、社会課題を解決するタイプの事業が残った。同社が個々の事業の見通しを判断していくなかで、結果として浮上してきたキーワードが「社会イノベーション」だった。

「社会イノベーション」が示すのは、社会課題を起点にしたソーシャルグッドな事業を起こしたり、改革を進めたりするという企業の進路である。

とはいえ社会イノベーションは企業内において、総論では賛成を得やすいが、実践においての壁に直面することが少なくない。なぜなら、社会課題の解決に取り組んでも、すぐに事業部門の売上げが立たないことが多いからである。社会課題の解決には、政府や自治体、コミュニティなど、ステークホルダーが多数かかわる。まずは多数のステークホルダーのあいだで共通価値を醸成し、そこから課題解決のモデルを考え、そしてアクションを起こすというステップを踏むことになる。したがって、時間がかかることが多いし、一社だけが儲かるという構図となるともかぎらない。

とはいえ、この難しさを逆手にとって考えれば、同業他社はなかなか参入せず、そこにはブルーオーシャンが広がっていると考えることもできる。社会イノベーションを長期の経営という視点で見れば、「明後日」の飯のタネを「攻めるCSR」で勝ち取るという発想が生まれてくる。

CSRのよい点は、短期のキャッシュリターンを求められないことである。日々の売上げや利益を求められる事業部門では、長期の課題に取り組むことは難しい。そうであればこそCSRを担当する部門が、コーポレートの予算で、将来の投資として長期の事業育成につながる領域に切り込むという展開イメージを描くことができる。もちろんこれは、「守りのCSR」を実施したうえでの話である。

特に今後のICT事業においては、ITそしてその制御と運用の技術であるOperational Technology（OT）を活用して、高度な社会インフラシステムを提供する社会イノベーション事業の展開の可能性が広がる。IoTやデジタル化の進展により、人々の嗜好や価値観がモノからコトへ、所有から共有へ、そしてクローズドからオープンへと変化していく動きもある。こうした変化を背景にビジネスの世界でも、製品を開発して供給する「プロダクトアウト」の発想から、顧客や社会の課題に対して、解決策や新たな価値をともに創出する「マーケットイン」のアプローチへの転換が新たに求められている。今後については、日立製作所の強みであるITとOTを最大限に生かしながら、人工知能（AI）やビッグデータの解析など、最新のデジタル技術を活用しながら、社会イノベーション事業で時代をリードすることが同社のミッションとなっている。

そして日立製作所は、今後の日々の業務についてはBusiness to Business to Societyとバリューチェーンとのつながりを重視して進めていくことを考えている。社員が社会とつながっていること、そして、自分たちのスキルが社会に貢献できることを、研修やＮＰＯとの協創のなかで感じる機会を増やしていくのだという。これは、自社の短期の売上げ発想ではなく、長期の経営をにらんでの発想である。そしてマーケティングのデジタル化が、この社会課題起点の発想を事業に取り込んでいく社会イノベーションの動きを後押ししている。

2. 岩手県釜石市での取り組み

具体的な活動としては、２０１６年6月に釜石市と日立製作所、そして一般社団法人新興事業創出機構（ＪＥＢＤＡ）の三者による、釜石市における地域活性化に向けた取り組みに関する協定が締結された。商店街の活性化や地場食品のブランド化など、地域の団体との協働で地域課題解決を進める「ちょこプロ」が、「いわて三陸復興のかけ橋」事業のマッチング支援を通して生まれつつある。

日立製作所ＩＣＴ事業統括本部コーポレートコミュニケーション本部ＣＳＲ部部長兼ブランド戦略部担当部長である増田典生氏への筆者のインタビューによれば、この活動の発端は、２０１２年に釜石市唐丹町に、増田氏が働きかけたことにある。

釜石市は東日本大震災で甚大な被害を生じた被災地である。こうした被災地には、一時的にボランティアや営利目的での外部から人々がドッと押し寄せるが、いつしか潮が引くように消えていくというパターンが多く見られ、地元の人たちには外部の人間への疎外感を高めかねないと増田氏は感じていた。

そこで増田氏はあえて、「こんなことをやります」「こんなことができます」とはいわずに、毎月現地への訪問を重ね、釜石市唐丹町の人たちが「何を必要としているのか」「何に困っているのか」に耳を傾けつづけたという。そして、釜石市がかかえる社会課題や、市役所、そしてコミュニティのあり方に興味を持った同氏は、この地でプロボノ（職務上の知識や経験を活かしたボランティア活動）型の支援を行うことを目標に定めた。

そのうえで増田氏は、2013年3月に日立製作所の東京のオフィスに、釜石市から地元の水産加工会社の社長やNPO団体の代表を招き、社内説明会を開催した。この説明会には100人以上の日立製作所の社員が参加したという。そこで手を挙げた社員から、10人程度にメンバーを絞り込み、新たなチームを編成した。活動は就業時間外を利用したプロボノである。チームメンバーの上司には主旨を説明しコンセンサスを得た。また現地への旅費や開発環境機材などについては、CSR部が負担をし、各個人や所属する部門に負担がかからないように配慮した。企業理念に沿った活動であること、そして自分たちの専門能力であるICTを活かして社会貢献ができることに社内での共感が集まった。

増田氏は、こうした交流を通じて、釜石市唐丹町には単純な情報発信だけでなく、Webサイトを地域コミュニティのハブにしたいという意向があることを知った。そこで地元公民館や漁協女性部、お寺、さらには小中学校など、地域のさまざまなステークホルダーにヒアリングを開始し、地域コミュニティのハブとしての集客数をアップするために、地産品を使ったレシピを掲載したり、分散していた唐丹町の歴史的資料を整理して掲載したりするなどの工夫を重ねた。その後は、ファクシミリで受け付けていた海産物の販売をWebで行うための仕掛けづくりの検討を進めている。

地元企業である釜石ヒカリフーズ株式会社の社長の佐藤正一氏は、「(日立のみなさんは)3年間、毎月のようにこの街にきてくれました。すごく真剣に地域を良くしようとする姿に感銘を受けたし、我々ももっとがんばってお応えしなければならないと思っています」との期待を語っている。

「震災から5年半が経過しましたが、復興は道なかば。私自身は、ここから一歩進む勇気、継続する責任感・使命感は日増しに強くなってきています。いまは、岩手県の釜石の唐丹という小さな町を、なんとか全国の人に知ってもらおうと、漁民の方、漁協の方とともに、どうアピールするかを真剣に考えているところです」

このように語る佐藤氏は、プロボノメンバーとともに、釜石市唐丹町から一歩を踏みだし、釜石市と日立製作所の提携を通じで事業をさらに拡大しようとしている。一方の日立製作所は、このように自治体、企業、そしてコミュニティの重なる部分をターゲットにしながら、協創を基本としつつ、大局的な思考を育む環境づくりによって、優れた解決法を生みだすとともに、生活の質(QOL：Quality of life)の向上にもつなげていくことを全社的な目標としている。

こうした社会イノベーションを志向した活動は、日立製作所に何をもたらしているのだろうか。

増田氏は以上の活動を振り返るなかで、営業や開発などの現場はどうしても目先の営業数字など短期の目標に向かいがちなことをあげている。そのなかでCSRという営業数字を離れて社会課題解決に向き合う領域を持つことが、企業内に将来のこと考える人材を育てることにつながることを指摘している。

3. 地方にIT人材を求めるメンバーズ

地方において若者の雇用を増やしている株式会社メンバーズというIT企業がある。

メンバーズはもともと東京に本社があるIT企業だ。2011年震災復興を機に宮城県仙台市にWeb制作拠点としてサテライトオフィスを開設、その後拡大し2012年には「ウェブガーデン仙台」を開設。現地での雇用をはじめた。2015年にはさらに福岡県北九州市にWeb制作拠点として「ウェブガーデン北九州」を開設。2年間で若者約90名を現地で雇用している。地方に拠点を置くのはデジタル人材を採用できるからで、主に大学、芸大、高専、専門学校を卒業した地元の学生を採用している。

仕事があれば地元で就職したい学生は多い。メンバーズの若手社員は「地元に就職したかったが、ITに強いという自分のスキルを活かせそうな会社がなかった。メンバーズに入ることができてよかった。地元志向なので、今は満足している」「最初仙台で入社して、北九州に戻ってきました。もともとこちらが地元なので、満足しています。仕事のやりがいもあります」と好評だ。また北九州では社員の半数以上がオフィスの近くに住んでいるという職住接近の環境だ。東京とは頻繁にテレビ会議をしており、東京のオフィスにいる場合と同じ環境をめざしている。また、東京と地方で同じチームをつくり、一体感を持って、やりがいのある仕事を提供することをめざしている。

北九州進出に関しては、「北九州市役所の情熱とサポートが大きかった」と小峰正仁取締役。オフィスの紹介や大学、高専へのメンバーズの紹介、求人の協力など大変熱心に案内してもらったことが大きいという。

同社では2016年4月から全国どこでも同じ賃金体系を導入。地方拠点を持つ多くの会社が、地域限定社員制度などをいれて東京より安い給料体系にしているなか、全国どこでも同じ賃金を支払うこととした。同社でも全国統一賃金とする以前は、同じ業務をしているのに給与の差がある地方社員が不満を持っていたり、本社と地方拠点の異動の足かせになっていたりしていた。今後も積極的に地方社員数・採用数を増やしてゆく予定だ。

2025年頃には東京でも人口は減少の時代に入る。益々優秀な人材は不足することが予想される。地方に人材を求める時代も来ているのである。

4. 働き方改革と地方創生をつなぐデジタル・コミュニケーション

働き方改革と地方創生は、日本の産業と社会が直面する大きな課題である。

働き方改革についていえば、これを政府が推進する背景のひとつとして、生産年齢人口の減少という現実があげられる。パーソル総合研究所の試算（労働市場の未来推計）によれば、すでに現在でも都市部では労働者不足の状態にあり、さらに今後この不足は拡大し、2025年ごろには583万人の労働者が不足すると見られる。

その対策となるのが、女性活用、シニア活用、外国人活用、そして障がい者活用である。とはいえ、これまでに日本企業の多くが基幹人材として採用してきた若年男性とは異なり、これらの新領域人材には、拘束性の強い長時間労働を求めることは難しく、労働環境を変える必要がある。特に、一番雇用者数を確保しやすいと見られる女性活用については、子育て世代の女性に働きつづけてもらうための対策が必要である。同様の働き方の見直しは、シニア活用、外国人活用、そして障がい者活用においても必要となる。

これまでの日本企業における働き方は、仕事と家庭生活との両立を困難にし、少子化の原因や、女性のキャリア形成を阻む原因、さらには男性の家事参加を阻む原因となってきた。日本企業におけるワークライフバランスの見直しは、社会からの要請でもある。

加えて転職市場が未発達で、単線型が主流の日本のキャリアパスでは、ライフステージに合った仕事を選択することが難しかった。これはキャリア設計を制約することで、個人の自由な生き方を制限するというミクロ問題とともに、付加価値の高い産業への人材の転職や再配置を通じて国全体の生産性を向上させる動きを制約するというマクロ問題を生みだしてきた。

こうした働き方改革への要請にこたえていくことで、地方創生という、日本の産業と社会のもうひとつの課題に寄与する可能性が生まれる。この可能性を後押ししているのがデジタル・コミュニケーションの発展である。

テレワークが可能な時代にあって、東京で仕事をする必然性は減ってきている。加えて、ワークライフバランスを追求するのであれば、その基本条件は地方のほうが優れていることが少なくない。労働生産人口が減っていく時代にあっては、新領域人材に適した地方で働くことがひとつのトレンドになっていくと思われる。テレビ会議やスカイプ、さらにはデータ共有を可能にする各種のデジタル・ツールを用いたコミュニケーションの広がりは、さまざまな職種において東京にオフィスをかまえる必要性を低下させている。働き方改革と地方創生をデジタル・コミュニケーションでつなぐことは、わが国における大きな社会イノベーションとなる可能性を秘めている。

【仕事・業務へのヒント】

日本の社会が直面しているのは、就職意識の大きな変化である。この動きをデジタル・コミュニケーションの発展が後押ししている。

「人生百年時代」を迎えた日本では、今後は若年者をはじめとして多くの人材が、単線型のキャリアではなく、転職を前提にした企業選びをするようになっていく。そしてそこでは、自身の成長機会に加えて、柔軟な勤務体制のもとで在宅ワークやテレワークが可能であったり、副業との両立が可能であったり、あるいは人生のステージごとに働き方を選べるキャリアパスが可能であったりするなど、より自由な働き方が求められるようになっていく。

地方の企業、あるいは自治体やNPOであっても、こうした就業意識の変化にこたえる魅力ある働き方や、働きがいを用意することができれば、多くの就業者を域外からも惹きつけ、労働力を確保することができる。反対に都市部のほうにそうした魅力的な職場が多ければ、地方から都市部への人口流出の流れは止まらないだろう。働き方改革をデジタル・コミュニケーションと結びつけることで、自治体やNPO、そして企業は、地方創生のチャンスとして活かさなければならない。

あとがき

本書は、株式会社電通が日経広告研究所に委託した「マーケティング組織と人材研究会」（2015年5月から2016年2月まで実施）において議論したことをベースとして、さらに多くの知見を持った筆者の協力を得て出版したものである。

当初の研究会の目的としては、デジタルシフトが進むことにより「デジタルテクノロジー、IoT活用、ROI測定」「ソーシャルメディアを活用した収益モデル構築」などのマーケティングにおける課題があげられていた。それを企業が実現するために「組織体制について、自社ビジネスにおいてどのようなものが理想か」「イノベーションを生み出す人材を育成するために、どうしたらよいか」「ネットビジネス開始に際して、それに合致した業務プロセス・組織・人材の構築を考えたい」などのソリューションが求められていた。マーケティングを実行していくために「組織・人材」や「複合的な仕組み」の課題が大きい。このような課題を調査し、どうしていったらよいかを議論することを目的とした。

研究会座長でマーケティングがご専門の石井淳蔵先生からは、マーケティングにおける課題認識において、「現代は規模だけで勝てる時代でもなく、顧客ニーズを捉えて売れた分だけつくる、売れた分を見ながら次につくるものを考える、というようシステムを揃えれば対応できる時代でもない。そこで人の力が大事になってくる。かつては規模にしろ、システムにしろ、どうしたら上手くいくのかを考えるだけで十分だったが、これからは何をするのかというｗｈａｔのところからうまく考えていかなければならない」という指摘があった。

さらに「市場と対話することが大事なポイント。お客さんの欲しいと言うものをつくるのではなくて、お客さんがそれを欲しいと言った文脈に適応する『創造的適応』が大事」「『創造的適応』とは、文脈、その人の言葉の背後にある潜在的な背景、コンテクストといったものをうまく掴む力。そのような（能力を持った）人材がこれから必要になってきて、そういう人材が会社にとってのｗｈａｔをつくってくれるということだ」と指摘された。

副座長でＨＲＭ（ヒューマンリソースマネジメント）がご専門の守島基博先生は、「今、人事の世界で起こっていることは人材不足。ある戦略・事業・仕事をやってほしい時にできる人材がいないということ。この研究会の皆さんはマーケティングにおいてそれを感じておられるのだと思う」「なぜそのようなことが起きているのかは、ひとつは戦略的人事（経営の戦略を追っていく人事手法）の限界、今までは人事は経営が示した戦略をフォローすべきとされていたが、今日それではスピードが遅すぎる。最近は人事も世の中で起こっていること、ＩＴやマーケティングや消費者の変化をしっかり見てそこから人事戦略を決めるべきだという議論が出てきていること、２つ目に育成ではなく戦略的人材確保（タレントマネジメント）の必要性が重要になってきたこと。育成はあまりにスローで手間がかかる。本当に戦略的に必要な人材であるならば外から連れてくるというのも十分にある。ただ、マーケティング人材に関して日本の場合は市場になかなか人材がいないため、まず育成なのかもしれないということ。3つ目に、もはや経験をただ積ませれば良いということではないこと。従来、社員に経験を多く積ませることが育成と考えられてきたが、経験から学ばれる能力の科学的な議論が少なく、また、職務遂行能力の詳細を考える企業や人事部門も少ない。経験はある意味手段であって目的は能力の向上である。まずポジションに必要なコンピテンシーを明確にし、育成か招聘かを考えるべきだ」という指摘をされている。

参加者の課題、問題意識もさまざまで、

- それぞれの会社でマーケティング人材の育成については感覚知を持っている。メンバー層（非役職者層）の業務配置やローテーションを担当し、そのなかで人材育成を行ってきた。
- 弊社ではマーケティング人材とはいわず、イノベーション人材という。
- 各事業部がバラバラにマーケティングやっていたものをまとめていくことにチャレンジしているが、人材の育成もやりながらと非常に苦労している
- マーケティングオリエンテッドな会社に生まれ変わるということで、さらにマーケティングに力をいれている。マーケティング人材の育成もあるが、最近は(マーケティング）人材を外部からどんどん入れて確保しようとしている。そういったなかで人事部がどういったサポートができるのかが課題だ。

- グローバル、リージョナルでそれぞれマーケティングがあるなかで、本社としてどういう組織体制で、どういうサポートができるのかを常日頃社内で議論をする場面が多くある。
- 今までは外部からの中途採用をしてきたが、現在では、新卒で多くの社員が入っており、自社のなかでどのように教育やローテーションをして、しかるべきポジションに就く人材をつくっていくのかをしっかりと考えなければならない
- 人事部も経営からイノベーションを迫られており、マーケティングはその最初の一歩を担う。また、提携先への出向も含めマーケティング人材を探しており目前の課題である。また、マーケティング人材育成と合わせ、社内の小さなイノベーションも経営から期待されているなかで、制度と合わせて、評価、目標設定をどうするのか、あるいはイノベーションが起こってくるようなスペース、隙間をどう確保していくのかも課題である。
- シーズアウトで強くなり、シーズアウトで業態転換に成功した会社であるために、マーケティング（の大切さ）を理解してもらえない。全社一体となって新しい価値を創造していくためのマーケティングプロセスをどう組織の中に根づかせていくかが課題である。広報部、宣伝部、各事業部の中にマーケティング機能があり、いかにそれらを有機的に結び付けて顧客に価値を提供していくかも課題である。技術に強い会社のなかで、マーケティングに長けた人物が極めて不足しているため、その育成にも関心がある

・いままでの事業にはマーケティングがそれほど必要なかったが、B to Cに加えて、B to GやB to Bにも取り組みはじめており、課題だらけである
・事業部のなかではマーケティング人材育成には手が回っていない。イノベーションを標榜している当社としてはマーケティング（部門の）人材であろうとなかろうと、垣根を越えて新しいものを生み出していける能力を持った人材の育成が課題である。

といった生の声をベースにはじまった研究会になった。

ディスカッションについては、マーケティング人材のコンピテンシー（どんな能力や構造が期待されるか、どのように身につくかなど）、マーケターとマーケティングマネジャーの役割、成長に関して人事部門は育成の施策、インセンティブの部分などでなにができるのか、そもそもマーケティング人材とは何か、マーケティング人材を支援する人事管理とは何か、マーケティングで正しい失敗を取れる組織はどういう組織か、マーケティングマネジャーに求められるものは何か。などが指摘された。

各社共通の議論としては、ひとつは現場主義だ。新しいビジネスは、オフィスのなかで生まれるより現場で生まれること、自立性を促進する権限委譲を重視していること、顧客、企業全体についての当事者意識を持っていることなどが特徴だ。人事部門の役割としては、顧客や企業に住み込むマーケターたちをサポートすること、

サポートの際にはアナログ情報だけでなく、デジタル情報と組み合わせていることである。

また、各企業間の相違点としては、マーケティング人材組織の定義である。業種やビジネスモデルなどにより、定義は異なる。


多くの時間を使って議論されたことは、イノベーションのための人材・組織をどう担保していくかだ。

ひらめきを生かしマーケティングを行うためには顧客に対する固定観念を排する、尊重する、より深く知ろうとする、そういう姿勢が求められる。そして、それを生かすためには、遊びのある組織、異能人材を面白がる、そしてその人に自由を与えること、目標を示してあとはお任せというスタイルが重要だ。

また失敗とうまく付き合うことも重要だ。新しい事業やマーケティングはある一定の確率で失敗する。正しい失敗を促進し、そこから学ぶことが重要だ。組織内の連携も大切だ。マーケティングは集団で行うことなので、メンバー間でコミュニケーションを重要視し、経験なナレッジの共有の仕組みを組織として作る必要がある。

マーケティングの人材や組織に働きかける際、人事部門にとって大事で難しいのが、「どういう人材に育てたいのか」「どういう活躍をしてほしいのか」という人材像やコンピテンシーの部分で、職能要件などに書かれた理想の人物像は、育成の目標や評価報酬を与えるときの基準となるがあくまで一定の目安であり、具体的には現場で読み替えをする必要がある。

マーケッターの育成について、会社から見て優秀な人材は、重要な業務につかせ、経験の幅を持たせる必要がある。また、現場でかかえこみたくなるような優秀な人材を的確に知るため、現場での従業員に関する情報上の優位性を確保しなければならない。良い人材を適材適所で育てていくため、直接的な接点構築の他に自己申告制度で従業員がどう考えているのか、情報を仕入れることも必要だ。人の成長を支援する風土、全体最適で部下の成長を応援する考え方や仕向けるインセンティブを人事部門は整えるべきである。マーケターが対象に住み込んで価値を生みだすために、まずマーケティングに関わる人がお互いに住み込んで価値を作る必要があり、人事はさらにここに住み込んで彼らが対話のなかで価値を生みだしやすくする仕組みを考えだすことが大切である。

人的資源の調達方法についても、社内で育成するMakeが良いか、外部市場から調達するBuyがよいか、インセンティブについても業績主義、または職務主義または能力主義がよいか、人事を中心とした従業員の育成、現場委譲、人事担当者のキャリアとしてプロパーがよいのか、現場経験をたくさん積んだ人が人事をやればよいのかについても議論があった。

印象に残っているのは、とあるＥＣ企業トップの発言だ。

「新たな隣人社会はもっと物を大切にしたり、作り手の思いがわかるから丁寧に長く使ったり、ある種持続可能な大量生産、大量消費時代の次の時代をEコマースはつくっていける可能性があるのではと思っている。マーケティングの組織と人材について、全員がグロースハッカーというインターネットの中でのユーザーの満足を追求するようになる。ユーザーの満足を追求するということは、ネットの中の検索性をよくしたり、コンバージョンを上げることで、マーケティングの原点と同じだ」という発言があった。マーケティングのひとつの大きな流れをわかりやすく教えていただいた。

最後になったが、本研究会、および出版に関して多くの方にご協力をいただいた。特に、研究会座長をお願いした石井淳蔵先生、副座長をお願いした守島基博先生には多くの視座から貴重な知見をいただいた。また、栗木契先生には、研究会、編著の作業を通じて共著者として多くの時間をいただき、またその作業を通じて多くの知見と視座をいただいた。また、江夏幾多郎先生、水越康介先生、吉田満梨先生には多くの章をご担当いただき、議論にご参加いただいた。研究会に関しては、日経広告研究所の平野俊章氏、電通の丸岡吉人氏、田島幸一郎氏にご尽力いただいた。また、多くの企業の方に講師、参加者として知見をいただいた。出版に関して、電通デジタルの執筆者、産学社の末澤寧史氏にはお世話になった。この場を借りて厚く御礼申し上げたい。

筆者の一人として、横田浩一

研究会有識者（肩書きは研究会実施時）
石井淳蔵氏（神戸大学名誉教授）、守島基博氏（一橋大学教授）、栗木契氏（神戸大学教授）、水越康介氏（首都大学東京准教授）、江夏幾多郎氏（名古屋大学准教授）、吉田満梨氏（立命館大学准教授）、丸岡吉人氏（電通）、平野俊章氏（日経広告研究所）、横田浩一氏（慶應義塾大学特任教授）

吉田 満梨（よしだ・まり）2 章、18 章、19 章担当
立命館大学経営学部准教授、博士（商学）
立命館大学国際関係学部卒業、神戸大学大学院経営学研究科博士課程後期課程修了、首都大学東京都市教養学部経営学系助教を経て、2010 年より現職。専門は、マーケティング論で、特に新しい製品市場の形成プロセスに関心を持つ。主要著書に、『ビジネス三國志』（共著、プレジデント社、2009 年）、『マーケティング・リフレーミング』（共著、有斐閣、2012 年）、訳書に『エフェクチュエーション：市場創造の実効理論』（碩学舎、2015 年）など

谷澤 正文（たにざわ・まさふみ）4 章担当
株式会社電通デジタル 統合プランニング事業部 部長
未来ラボ イノベーションディレクター
早稲田大学大学院商学研究科 修士課程修了（商学修士）。2002 年電通入社。ブランドのコンサルティングやキャンペーンプランニングを担当する戦略・企画ディレクター。2016 年 7 月電通デジタル出向、立上げに参画。「ブランド・グロースハック」（ウェブ電通報、2015 年）、「デジタル時代のイノベーションアプローチ」（CNET Japan、2017 年）、「脱・コモディティマーケティング実践講座」講師（宣伝会議、2017 年）、「デジタル･ディレクター養成講座」講師（宣伝会議、2018 年）、「電通流デジタルマーケティング」講師（Schoo、2016 年）など多数

大地 崇（おおち・たかし）9 章担当
株式会社電通 事業企画局プロジェクト推進部 部長
青山学院大学経営学部卒業。リクルートにてインターネット分野の事業開発、R&D、テクノロジーマネジメントに関わったのち、2006 年から電通に参加。以降、さまざまな業種において、マーケティング戦略、ブランド戦略、新規事業･商品開発支援の経験を有する。電通デジタルにおいてクリエイティビティとビジネスを結びつけた顧客体験の刷新をテーマに、エクスペリエンスデザイン、ビジネスデザイン、ビジネスデベロップメントなどのプロジェクトを数多く手がけ、2018 年より電通事業企画局にて全社事業戦略開発に従事

河合 友大（かわい・ゆうだい）10 章担当
株式会社電通デジタル プランニング第 1 事業部 事業部長
東京大学経済学部経営学科卒業。2006 年電通入社。マーケティング、カスタマージャーニーデザイン、メディアプランニングの部署を経て、デジタルマーケティングの世界へ。2016 年 7 月、電通デジタル設立と同時に出向。現在は、金融、通信業種を中心にクライアントのパフォーマンス最大化を目的とした運用コンサルティング業務に従事。事業全体の戦略立案から施策の PDCA までの統括実績も多数。また、直近では特に人材に注目し、採用、育成、社内制度構築にも尽力

【編著者】

栗木 契（くりき・けい）序章、1 章、6 章、11 章、13 章、14 章、20 章担当
神戸大学大学院経営学研究科教授、博士（商学）
神戸大学経営学部卒業。同大学大学院経営学研究科博士課程修了。岡山大学経済学部助教授、神戸大学大学院経営学研究科准教授等を経て、2012 年より現職。主著に『リフレクティブ·フロー』(白桃書房、2003 年)、『マーケティング·コンセプトを問い直す』(有斐閣、2012 年)、『ゼミナール·マーケティング入門·第 2 版』（共著、日本経済出版社、2013 年)、『明日はビジョンで拓かれる』（共編著、碩学舎、2015 年）など

横田 浩一（よこた・こういち）3 章、12 章、17 章、21 章、22 章、23 章、30 章、あとがき担当
横田アソシエイツ代表取締役、
慶應義塾大学大学院政策・メディア研究科特任教授
早稲田大学卒業。日本経済新聞社を経て、2011 年より横田アソシエイツ代表取締役。2015 年より慶應義塾大学特任教授。2011 年～ 2014 年流通科学大学特任教授。企業のブランディング、マーケティング、CSR、HRM、イノベーションなどの分野の改革に係るとともに、地方創生に携わる。主著に、『愛される会社のつくり方』（共著、碩学舎、2014 年)、『ソーシャルインパクト』（共著、産学社、2014 年)、『グローバル·ブランディング』（共著、碩学舎、2014 年)、『明日はビジョンで拓かれる』（共著、碩学舎、2015 年）など

【著　者】

水越 康介（みずこし・こうすけ）5 章、7 章、8 章、27 章担当
首都大学東京大学院ビジネススクール准教授、博士（商学）
神戸大学経営学部卒業。同大学大学院経営学研究科博士課程修了。2009 年より現職。主著に『企業と市場と観察者』（有斐閣、2011 年)、『本質直観のすすめ。』（東洋経済新報社、2014 年)、『マーケティングをつかむ　新版』（共編、有斐閣、2017 年）など

江夏 幾多郎（えなつ・いくたろう）24 章、25 章、26 章、29 章担当
名古屋大学大学院経済学研究科准教授、博士（商学）
一橋大学商学部卒業。同大学大学院商学研究科単位取得満期退学。名古屋大学大学院経済学研究科講師を経て、2011 年より現職。主著に「人事システムの内的整合性とその非線形効果―人事施策の充実度における正規従業員と非正規従業員の差異に着目した実証分析」（『組織科学』第 45 巻 3 号、2012 年。第 13 回労働関係論文優秀賞受賞対象論文)、『人事評価における「曖昧」と「納得」』（NHK 出版新書、2014 年）など

本條 晴一郎（ほんじょう・せいいちろう）5 章担当
静岡大学学術院工学領域事業開発マネジメント（MOT）系列准教授、博士（学術）
東京大学大学院総合文化研究科広域科学専攻博士課程修了。学術振興会特別研究員、東京大学東洋文化研究所特任研究員、NTT ドコモモバイル社会研究所副主任研究員等を経て 2017 年より現職。マーケティングを専門分野とし、特に製品やサービスの利用者自身がイノベーションを起こすユーザーイノベーションの研究に携わる。創造性が日常の中でどのように発揮され社会を形作るかを中心課題とし、ボトムアップの社会理論の構築を進めるフィールドサイエンスを基本姿勢とする。数理科学者として国際学会での受賞歴、経営学者として複数学会での受賞歴あり

遠野 宏季（えんの・ひろき）21 章担当
株式会社 Rist 代表取締役
京都大学工学部卒業。京都大学大学院在籍中に Deep Learning などの最新技術を活用し、製造業・医療領域を始めとした社会課題解決に取り組む株式会社 Rist を創業。自動車関連会社や画像検査機器メーカー、医療機関などと提携し、Deep Leanring を用いた画像・動画処理・検査システムの開発を行っている

岡本 和之（おかもと・かずゆき） 23 章担当
横浜国立大学大学院国際社会科学府修士過程（経営学）に在籍。横浜国立大学 経営学部を卒業後、2016 年に同大学大学院に進学。経営行動論、人的資源管理論を専攻し、主に採用、知識継承に関する研究活動に従事。2018 年修了後、経営コンサルティングファームへ

執筆者プロフィール

八木 克全（やぎ・かつまさ）15章担当
株式会社電通デジタル 執行役員 デジタルトランスフォーメーション部門長
京都大学工学部卒業。同大学大学院工学研究科修士課程修了。1998年入社以来、デジタルを絡めたプロデュース領域を経験し、デジタルマーケティング関連局立ち上げに参画。2016年より電通デジタルに所属。デジタルを活用した構造改革領域（デジタルトランスフォーメーション）で、マーケティング課題を統合的に解決するソリューションを提供。モットーは、「デジタルでイノベーションが起きるとき、必ずアナログ（既存業務・組織体制）のイノベーションがセットになって成功する」。マーケティング・ディレクター。建築学修士

越久村 克士（おくむら・かつし）16章担当
株式会社電通デジタル プラットフォーム事業部 事業部長
上智大学文学部社会学科卒業。大学卒業後、証券系シンクタンクでエンジニア、プロジェクトリーダーとして活動。その後デジタルマーケティング会社に転じ、本社部門のテクノロジー領域を立ち上げ、プロジェクトマネージャーとして活動。2017年より現職。現職ではマーケティングテクノロジー部門にて、大規模プロジェクトディレクションや、各社マーケティングクラウドビジネスの立ち上げ、テクノロジー選定、導入、技術支援、運用支援に至る一貫したコンサルティングサービスの提供に従事

佐伯 諭（さえき・さとし）28章担当
株式会社電通デジタル 執行役員
1998年早稲田大学大学院理工学研究科修了。前職の電通国際情報サービスではメディア最適化システムやCRMシステムのスクラッチ開発を専門とし、プログラマー＆SE歴7年。その後、外資系金融で金融アナリストとして信用スコアリングモデル開発などに従事。2007年より電通入社後、2015年より現職。電通入社後は一貫してデジタルマーケティング領域のデータ解析、アドテクノロジー支援などを担当。一般社団法人データサイエンティスト協会 理事。MarkeZine、日経ビッグデータ等寄稿多数

依田 祐一（よだ・ゆういち）5章担当
立命館大学経営学部准教授、博士（経営学）
神戸大学大学院経営学研究科博士課程修了。NTTに入社後、ソフトウェアの研究開発部門、NTTドコモのサービス開発部門／国際事業部門を経て　2015年より現職。主著に『企業変革における情報システムのマネジメントに関する研究　-ISのフレキシビリティと戦略的拡張性 -』（碩学舎、2013年、第30回電気通信普及財団賞テレコム社会科学賞 ）など

デジタル・ワークシフト
――マーケティングを変えるキーワード30

初版１刷発行●2018年 3月31日
　　２刷発行●2024年10月15日

編著者
栗木 契・横田浩一

発行者
薗部良徳

発行所
㈱産学社
〒101-0051 東京都千代田区神田神保町3-10 宝栄ビル
Tel.03(6272)9313　Fax.03(3515)3660
http://sangakusha.jp/

印刷所
㈱ティーケー出版印刷

ISBN978-4-7825-3493-9　C0034